轨道交通系列教材

轨道交通工程
毕业设计指导书

同济大学交通运输工程学院城市轨道与铁道工程系　编

人民交通出版社股份有限公司
China Communications Press Co.,Ltd.

内 容 提 要

本书为轨道交通工程毕业设计指导书，共包括十一章，内容包括：毕业设计的指导与管理、城市轨道交通选线设计指导、城市轨道交通车站结构设计指导、城市轨道交通区间盾构隧道结构设计指导、城市轨道交通车站施工组织设计指导、铁路选线设计指导、新建铁路路基设计指导、铁路跨区间无缝线路设计指导、高速铁路轨道结构设计指导、线路大修和综合维修设计指导、铁道与城市轨道交通图纸格式和规定。

本指导书可供轨道交通类专业方向本科生教学参考。

图书在版编目(CIP)数据

轨道交通工程毕业设计指导书/同济大学交通运输工程学院城市轨道与铁道工程系编. —北京：人民交通出版社股份有限公司，2015.3
ISBN 978-7-114-12102-9

Ⅰ.①轨… Ⅱ.①同… Ⅲ.①城市铁路—铁路工程—毕业设计—高等学校—教学参考资料 Ⅳ.①U239.5

中国版本图书馆 CIP 数据核字(2015)第 042612 号

轨道交通系列教材

书　　名：	轨道交通工程毕业设计指导书
著 作 者：	同济大学交通运输工程学院城市轨道与铁道工程系
责任编辑：	刘永超　李　娜
出版发行：	人民交通出版社股份有限公司
地　　址：	(100011)北京市朝阳区安定门外外馆斜街3号
网　　址：	http://www.ccpress.com.cn
销售电话：	(010)59757973
总 经 销：	人民交通出版社股份有限公司发行部
经　　销：	各地新华书店
印　　刷：	北京天宇万达印刷有限公司
开　　本：	787×1092　1/16
印　　张：	17.5
字　　数：	400千
版　　次：	2015年4月　第1版
印　　次：	2015年4月　第1次印刷
书　　号：	ISBN 978-7-114-12102-9
定　　价：	36.00元

(有印刷、装订质量问题的图书由本公司负责调换)

前　　言

　　毕业设计是大学教育的最后一个环节,也是最为重要的环节。之所以重要,是因为在毕业设计阶段要融会此前所学的理论、方法以及潜在的思想。四年的大学生涯,学生系统地学习了本专业的科学理论和实验课程,并参与了一些与专业相关的实践活动。对多数人来说,关注的是这些专业知识,或者是由这些专业知识构成的专业技能。实际上,在大学的学习期间,除了完成所谓的专业学习之外,有很多时间是学习人文知识,或者通过参与非专业的交往等活动来认识我们的社会、了解多元的文化、养成思维的习惯。提升能力和素养才是我们大学生活的目的。那么对于毕业设计来说,重要的是"设计",设计绝非仅仅是计算或解题,设计是思维创造的过程,通过设计思维,构想出"工程"这样一种作品。而作为工程的作品是赋有功能和灵魂的,达到这样的境界才是有意义的设计。

　　毕业设计就是要在大学的最后一堂课中去体会设计的内涵,品尝创新思维的艰辛和快乐,哪怕是理解点滴的新意都是在继承基础之上的延伸。对工程的继承,需要熟知规范、了解社会的技术现状和行业习惯、思考存在的问题、探寻解决问题的方法。对于在校的大学生来说,不熟悉技术现状是开展设计的困难所在,另一方面,恰恰是由于不熟悉技术现状而少了很多条条框框的约束,于是就会有更多的创新火花。我们所希望的毕业设计就是在专业习惯和创新之间找到平衡点,希望学生通过接受设计流程与设计方法的训练,具备基本的专业素养,同时通过设计的思维过程,能够对技术创新产生一定的认识。为此,同济大学交通运输工程学院城市轨道与铁道工程系组织相关老师编写了《轨道交通工程毕业设计指导书》,内容包含选线设计、路基设计、轨道设计、地铁车站结构设计、地铁盾构区间结构设计、线路养护维修设计和城市轨道交通工程施工组织设计等,并在本书的最后一章提供了铁道与城市轨道交通工程设计的图纸格式和相关规定。毕业设计指导书的宗旨是规范设计流程与设计方法,使学生易于理解设计过程和方法,在学习和继承的基础上尝试创新。

　　本书共分十一章,第一章毕业设计的指导与管理由许玉德执笔,第二章城市轨道交通选线设计由王治执笔，第三章城市轨道交通车站结构设计由郑云文和宫全美执笔，第四章城市轨道交通区间盾构隧道结构设计由刘建国执笔，第五章城市轨道交通车站施工组织设计由吴迪执笔，第六章铁路选线设计由刘丽波执笔，第七章新建铁路路基设计由杨龙才执笔，第八章铁路跨区间无缝线路设计由杨新文和杨文忠执笔，第九章高速铁路轨道结构设计由杨新文执笔，第十章线路大修和综合维修设计由李海锋执笔，第十一章铁道和城市轨道交通图纸格式和规定由刘建国和刘丽波执笔。

  本书仅为在校大学生做毕业设计时提供一种指导性的思路，不完善之处恳请读者批评指正，以进一步修订完善。

周顺华

2014 年 10 月

目 录

第一章 毕业设计的指导与管理	1
第一节 毕业设计的目标和要求	1
第二节 毕业设计的选题	1
第三节 毕业设计时间安排与资料组成	2
第四节 毕业设计的考核与成绩评定	3
第二章 城市轨道交通选线设计指导	5
第一节 设计流程与设计方法	5
第二节 设计文件组成与编制深度	21
第三章 城市轨道交通车站结构设计指导	24
第一节 设计流程与设计方法	24
第二节 设计文件组成与编制深度	36
第三节 设计实例	38
第四章 城市轨道交通区间盾构隧道结构设计指导	48
第一节 设计流程与方法	48
第二节 设计文件组成与编制深度	66
第三节 设计实例	68
第五章 城市轨道交通车站施工组织设计指导	73
第一节 设计流程与设计方法	73
第二节 设计文件组成与编制深度	76
第三节 设计实例	78
第六章 铁路选线设计指导	89
第一节 设计流程与设计方法	89
第二节 设计文件组成与编制深度	92
第三节 设计实例	93
第七章 新建铁路路基设计指导	103
第一节 设计流程与设计方法	103
第二节 设计文件组成与编制深度	119
第三节 设计实例	121
第八章 铁路跨区间无缝线路设计指导	139
第一节 设计流程与设计方法	139
第二节 设计文件组成与编制深度	148

第三节　设计实例…………………………………………………………149
第九章　高速铁路轨道结构设计指导………………………………………156
　　第一节　设计流程与设计方法……………………………………………156
　　第二节　设计文件组成与编制深度………………………………………179
　　第三节　设计实例…………………………………………………………177
第十章　线路大修和综合维修设计指导……………………………………207
　　第一节　设计流程与设计方法……………………………………………207
　　第二节　设计文件组成与编制深度………………………………………212
　　第三节　设计实例…………………………………………………………214
第十一章　铁道与城市轨道交通图纸格式和规定……………………………228
　　第一节　图纸组成与编排…………………………………………………228
　　第二节　线路制图要求……………………………………………………237
　　第三节　路基制图要求……………………………………………………244
　　第四节　结构制图要求……………………………………………………247
　　第五节　站场制图要求……………………………………………………252
　　第六节　图形符号及图例…………………………………………………255
参考文献…………………………………………………………………………272

第一章　毕业设计的指导与管理

本章按照同济大学本科生毕业设计工作的若干规定,结合交通运输工程学院毕业设计的要求,针对轨道交通工程方向毕业设计的专业特点,提出具体的毕业设计管理办法,包括毕业设计选题、时间节点安排、设计资料组成和毕业答辩等。希望学生根据本毕业设计相关的管理要求,在规定的时间内,良好地完成毕业设计。

第一节　毕业设计的目标和要求

毕业设计的教学目的是培养学生综合运用所学的基础理论和专业知识,通过毕业设计的训练,了解工程设计的基本流程和相关技术规范的应用,提高学生分析与解决实际问题的能力。毕业设计作为培养学生创新精神和实践能力的一次全面系统的训练,应注重以下几方面能力的培养:

(1)调查研究、查阅和应用中外文献及采集网络信息的能力。
(2)工程筹划和方案设计的能力。
(3)计算分析和规范化制图的能力。
(4)技术文件的编制设计能力。

第二节　毕业设计的选题

本毕业设计指导书中,包括了下列毕业设计类型:
(1)城市轨道交通选线设计。
(2)城市轨道交通车站结构设计。
(3)城市轨道交通区间盾构隧道结构设计。
(4)城市轨道交通车站施工组织设计。
(5)铁路选线设计。
(6)新建铁路路基设计。
(7)铁路跨区间无缝线路设计。
(8)高速铁路轨道结构设计。
(9)线路大修和综合维修设计。

学生应遵循"一人一题"的原则,结合上面的毕业设计类型,选择一个题目开展毕业设计。具体要求为:

(1)指导教师以书面形式向系部提出毕业设计题目,陈述任务来源、内容要求、难易程度、工作量大小等情况。

（2）题目公布并由学生选择完成后，指导教师填写毕业设计任务书。任务书包含设计内容、要求与指标、应完成的成果以及进程安排、主要参考文献目录等。

（3）指导老师和同学详细讨论任务书要求，正式开展毕业设计工作。

（4）任务书为考核学生毕业设计题目完成情况的依据文件，应在毕业设计开始前发给学生。

第三节　毕业设计时间安排与资料组成

一、毕业设计时间安排

毕业设计安排在第八学期的第 4～17 周，其中任务书下达、开题报告、毕业答辩等时间节点安排见表 1-1。

毕业设计时间安排　　　　　　　　　　　　　　　表 1-1

项　目	时间节点	项　目	时间节点
指导教师提交毕业设计题目和任务书	第 1 周周一	指导教师审查毕业设计开题报告	第 5 周周五
系部审查毕业设计题目和任务书	第 1 周周三	系部审查毕业设计开题报告	第 6 周周三
毕业设计任务书下达	第 2 周周一	毕业设计提交	第 15 周周一
学生提交毕业设计开题报告	第 5 周周一	毕业设计答辩	第 17 周

二、毕业设计内容要求

毕业设计要求完成一个工程项目的方案设计、分析计算、设计说明编写等工作，同时对外文翻译和文献综述也有具体要求，见表 1-2。

毕业设计内容要求　　　　　　　　　　　　　　　表 1-2

基本要求	工程设计图	文献综述	设计正文	参考文献	设计总说明（中英文）	外文翻译
独立完成一工程项目设计及一篇专题文献综述	10 张以上	4 000 字以上	15 000 字以上	总 10 篇，外文 2 篇	300 词以上	10 000 汉字 2 万～3 万西文字符

三、毕业设计资料组成及要求

提交的毕业设计包括以下内容：

(1) 毕业设计任务书。
(2) 毕业设计开题报告。
(3) 毕业设计文本。
(4) 文献综述。
(5) 毕业设计图纸。
(6) 外文文献译文。

(7)毕业设计的电子文档光盘。

(8)成绩评定书。

提交的毕业设计资料按下列要求装订。

第一部分:文本,按封面→中英文设计总说明(含关键词)→目录→正文文本→参考文献→附录→谢词等顺序装订成册。

第二部分:文献综述,按封面→摘要(含关键词)→目录→正文→参考文献等顺序装订成册。

第三部分:译文,按封面→译文→原文复印件等顺序装订成册。

第四部分:工程图纸,按国家标准中图纸的折叠装订要求整理,单独装订成册。

上面四部分均要放在光盘中。

第五部分:按毕业设计任务书、毕业设计开题报告、成绩评定书等顺序装订成册。

四、毕业设计规范化要求

毕业设计规范化是毕业设计管理工作的重要要求,也是毕业设计的组成部分,具体要求见表1-3。

毕业设计规范化要求 表1-3

起讫时间,周数	按照学校的教学安排填写
学院	交通运输工程学院/土木工程学院
专业	交通工程/土木工程
毕业设计课题名称(副标题)	资料袋封面、任务书、开题报告、设计书、成绩评定表中的填写要保持一致
封面、内容等要求	自制封面:大小、厚度、颜色按照相关要求 目录、中英文说明、参考文献、谢词等各项材料应齐全
教师评语和答辩记录要求	指导教师评语要详细、评阅教师评语要精练;答辩提问及回答情况记录、答辩记录表和成绩评定表中各分项成绩等不得遗漏
资料袋封面	所有栏目均需填写,或注明"无"
电子文档	毕业设计资料袋中必须包含学生毕业设计的电子文档光盘
留学生	不做外文翻译

第四节 毕业设计的考核与成绩评定

一、平时考核

(1)指导教师必须按照毕业设计时间节点要求,完成交付任务书、定期检查学生的日常毕业设计进展情况等工作。

(2)指导教师每周至少须对学生进行2次指导和答疑。

(3)学生应严格遵守纪律,定时、定点接受指导教师的指导,因事因病要请假。按照任务书要求,独立完成规定的设计任务。

二、毕业答辩

（1）学生毕业设计经指导教师审查合格后方可参加毕业答辩。在校外做毕业设计的学生应回学校进行毕业答辩。

（2）所有学生参加系组织的答辩，系答辩小组成员一般不少于5人，指导教师不得作为答辩小组正式成员参加其本人指导学生的答辩工作。

（3）凡符合下列情况之一者，取消其答辩资格。

①累计旷课时间达到毕业设计全过程1/3者；

②未达到毕业设计任务书规定的教学要求者；

③未按《同济大学本科生毕业设计撰写规范》的要求完成毕业设计者。

（4）学生答辩前应作充分的准备工作，并写出答辩提纲。答辩时应简要说明题目的任务、目的和意义、主要依据、设计基本内容及方法、成果、特色，以及对自己完成任务的评价，正确回答提问。

三、成绩评定

（1）毕业设计成绩的评定应以学生完成的设计说明书、图纸等情况以及业务能力、学习态度、答辩表现为依据。毕业设计成绩采用五级记分制（即优、良、中、及格、不及格），成绩分布的控制比例为优秀率不超过20%~30%，优良率不超过80%。

（2）学生毕业设计成绩是在指导教师和评阅教师提出的建议成绩基础上，结合答辩情况、成绩分布控制比例，由答辩小组提出建议最终成绩，由学院答辩委员会核定最终成绩。

（3）答辩小组排名最后1~2名的学生进行第二次答辩，由答辩委员会核定最终成绩。

第二章 城市轨道交通选线设计指导

第一节 设计流程与设计方法

城市轨道交通选线设计的任务是在规划线网的基础上，按不同的设计阶段，对拟建的城市轨道交通线路走向及其平面、纵断面和横断面位置，逐步由浅入深，进行研究与设计，最终确定出合理的线路三维空间位置。选线设计的基本要求是保证行车安全、平顺，并且使整个工程在技术上可行，经济上合理。

城市轨道交通选线设计，一般分四个阶段进行，即工程可行性研究阶段、总体设计阶段、初步设计阶段和施工设计阶段。

工程可行性研究阶段的主要工作是通过线路多方案比选，完善线路走向、路由、敷设方式，基本确定车站、辅助线等的分布，提出设计指导思想、主要技术标准、线路平纵断面及车站的大致位置等。

本毕业设计目标是针对城市轨道交通单条线路（或部分区段），以工程可行性研究深度为要求，对城市轨道交通线路走向选择、平纵断面设计、车站分布、车站规模等进行设计；同时为了让参与设计的学生熟悉城市轨道交通选线设计不同阶段的工作任务，部分设计内容将要求达到初步设计深度；此外本毕业设计还包括了运营交路设计与辅助线配线设计的相关内容。

一、收集设计线沿线区域相关资料

（一）设计线路的任务

(1) 线路在城市中的大致走向、位置，在整个线网中的功能。
(2) 确定线路的起讫点和途经的重要节点。

（二）设计线所经过地区的背景资料

(1) 对象城市轨道交通线网规划和近期建设规划相关资料。
(2) 设计线可能途经区域的地形图和相关勘测设计资料。
(3) 沿线的地形、规划道路红线、规划管线位置及等级等条件。
(4) 沿线城市规划与城市土地利用规划、沿线区域现状及规划人口与岗位数据。
(5) 沿线区域规划客运交通走廊及客流集散点。
(6) 设计线初期、近期、远期的客流预测结果。
(7) 其他设计相关资料。

以上资料包括相应图片、表格（数据）及必要的文字说明。

二、城市轨道交通选线设计的主要技术标准

(1) 根据线路功能定位和客流预测结果确定系统制式及列车编组。

(2) 按选定的系统制式，依据《地铁设计规范》(GB 50157—2013) 确定线路设计的主要技术标准如最小曲线半径、最大坡度、竖曲线半径等，以 A 型车为例，主要技术标准如下：

① 线路。

a. 最小曲线半径。

(a) 区间正线：一般情况为 350m，困难情况下为 300m。

(b) 车站：一般情况为直线，困难情况下为 800m。

(c) 辅助线：一般情况为 250m，困难情况下为 150m。

(d) 车场线：150m。

b. 最大坡度。

(a) 正线：一般情况为 30‰，困难情况下为 35‰。

(b) 地下车站：一般情况为 2‰，困难情况下为 3‰。

(c) 辅助线：一般情况为 35‰，困难情况下为 40‰。

(d) 车场线：一般不大于 1.5‰。

c. 最小竖曲线半径。

(a) 区间正线：一般情况为 5000m，困难情况下为 3000m。

(b) 车站端部：一般情况为 3000m，困难情况下为 2000m。

(c) 辅助线：2000m。

② 折返线和存车线长度。

尽端式折返线的有效长度宜为远期列车长度加 40m（不包括车挡长度，固定式车挡长度 4m、滑动式车挡长度 15m、液压式车挡长度 8m）；尽端式存车线的有效长度宜为远期列车长度加 24m（不包括车挡长度），贯通式存车线的有效长度宜为远期列车长度加 10m。

③ 行车组织。

初期、近期、远期列车编组按照客流需求确定编组，远期线路最大通过能力为 30 对/h。旅行速度一般按 35km/h 计算。最大行车间隔不超过 6min。

④ 车辆。

最高运行速度为 80km/h。车辆定员由座位数和站立区能容纳的乘客数之和确定，车厢站立区宜按 6 人/m^2 计算。

⑤ 车站。

站台有效长度按远期列车长度为基数计算，站台宽度按高峰小时上下客流量计算，站台高度为 1.08m，站台边缘至线路中心线距离为 1.6m。车站出入口、天桥、风亭等应根据车站的乘降量和地形条件，并结合地面规划进行设置。由站台至站厅层或站厅至地面，宜采用自动扶梯和人行楼梯相结合的方式。应设置无障碍设施。

⑥ 防灾。

车站楼梯、自动扶梯和通道总宽度满足发生火灾时一列车乘客、站内候车乘客和工作人员在 6min 内安全疏散的要求。穿越较大的江河的隧道两端车站应设置防淹门。

三、线路设计

(一)线路走向方案设计

城市轨道交通的主要功能是为城市居民出行服务,所以城市轨道交通线路走向选择的基本原则是沿客流方向布置。同时应考虑有效地利用土地、缩短建设工期、节约建设投资、线路运营后能方便旅客使用等方面的问题,市区线路绝大多数应铺设在城市主要道路下方。由于轨道交通一旦建成,改造十分困难,而且费用昂贵,所以线路的走向应经慎重研究比较后选定。城市轨道交通线路走向选择应考虑以下主要原则:

(1)应符合城市轨道交通线网规划和城市发展总体规划要求,沿主客流方向选择并通过大型客流集散点(如工业区、大型住宅区、商业文化中心、公交枢纽、火车站、码头、长途汽车站等),以便于乘客直达目的地,减少换乘。

(2)应符合城市改造及发展规划,通过形成以轨道交通换乘站为核心的城市综合交通枢纽来引导或维持沿线区域中心或城市副中心的发展。

(3)尽量避开地质条件差、历史文物保护、地面及地下建筑物等地域,在老城区线路宜选择地下线路。

(4)应结合地形、地质及道路宽窄等条件,尽量将线路位置选择在施工条件好的城市主干道上。同时进行施工方法的比选,合理选择线路基本位置、埋置方式及深度,减少城市轨道交通地下线施工过程中对现有房屋等建筑物的拆迁及城市交通的干扰。在郊区及次中心区有条件地段,可以选择地面线或高架线,以节省建设投资,降低建设及运营费用。

(5)尽可能减少线路通过建筑群区域的范围。线路在道路的十字路口拐弯时,通过十字路口拐角处往往会侵入现存的建筑用地。此时若以大半径曲线通过,虽然对运行速度、电能消耗、轨道养护、乘客舒适性等方面都有利,但会造成通过建筑群地带占用地面以下的区间增长,用地费用增加,征地困难。同时,还会出现基础托底加固等困难工程,甚至增加拆迁量。

(6)车站应设置在客流量大的集散点和各类交通枢纽上,并与城市综合交通规划相协调。

(7)对于浅埋隧道线路、地面线路或高架线路,其位置通常是沿着较宽的城市干道布设,或是通过建筑物稀少的地区,这样可以减少因避让线路穿越建筑群区域桩基或拆迁房屋而增加的麻烦及费用,也为线路施工创造了良好的明挖条件,并增加了车站位置选择的自由度。对于深埋隧道,其线路位置由车站位置决定,一般在其间取短直方向。

(8)应充分考虑城市轨道交通既有及规划线路的情况。当线路预定与远期规划线联络时,先期建设的线路应考虑与远期规划线路交叉点处的衔接,为方便未来线网中的乘客换乘创造条件,虽然费用支出可能有所增加,但较将来改建线路增设换乘设施所需的投资要少。

(9)应考虑车辆段、停车场的位置和连接两相邻地轨道交通线路间的联络线。

根据城市轨道交通线路规划的原则,利用1:1000或1:2000比例尺的地形图,在规定的线路起讫点间的城市范围内,结合客流量、地形条件、道路条件以及初步可实施性等因素拟订若干个设计备选方案(一般不少于三个,参见图2-1),并对备选方案进行综合评价,最终确定推荐方案。对选定的推荐方案,说明方案的特点、技术上和经济上的合理性以及采用的理由。

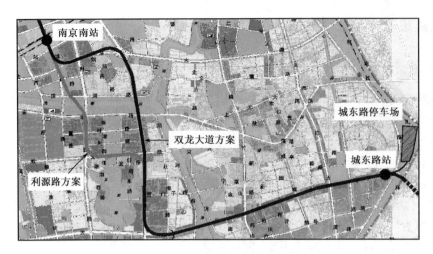

图 2-1　南京地铁 1 号线南延线备选方案示意图

（二）车站分布

不同的城市，不同的轨道交通系统，在实际运营中，其乘客平均出行距离、到站方式及距离、车站内部走行距离、停站时间、车辆的起动、制动性能、车辆最高运行速度等因素都会有差别。

1. 客流吸引力

（1）大型客流集散点。大型客流集散点往往是城市的政治、经济活动中心，是城市的窗口地段，不但客流量大，而且集中，对地面交通压力很大。城市轨道交通通过车站吸引大量客流，对解决城市交通问题发挥重要作用，所以城市轨道交通在大型集散点必须设车站。

（2）在车站分布数量上，除大型客流集散点及铁路车站外，其他车站的设置，主要受人们对站间距离的要求所影响。

2. 乘客出行时间

城市轨道交通车站数目的多少，直接影响市民利用轨道交通的出行时间。出行的总时间可分为以下几部分：从出发地至进入轨道交通车站站厅的时间和从下车出站至目的地的时间（简称为接驳时间，以下同），在车站的候车时间，乘车时间。

（1）车站分布对乘客接驳时间的影响。

根据对上海轨道交通 1 号线的调查资料分析，乘客步行和骑自行车到站平均费时 14min，从可以吸引更多步行及骑自行车到站客流方面来看，小站间距无疑会节约乘客的接驳时间。

（2）车站分布对乘客候车时间的影响。

对每个乘客而言，在站厅的候车时间主要与其到达的时刻有关；而对乘客总体来说，候车时间主要与发车间隔有关。

（3）车站分布对乘车时间的影响。

当采用大站间距时，设站较少，一方面可以充分发挥系统的性能以提高列车的走行速度，另一方面还可以减少制动减速和起动加速以及停车所产生的旅行时间增加，从而缩短乘客的乘车时间。

3. 工程与运营成本

车站是昂贵的建筑物，其建筑费及设备费在初始投资中占很大比重。单从土建工程造价比较，车站每延米的造价约是区间的 2.4 倍。

从工程造价角度来看，大站间距可以减少车站数量，从而节约车站的土建工程投资，但同时也将引起部分客流向邻近车站转移，导致邻近站规模增大。因此，从整条线路上看，大站间距虽然会降低工程造价，但究竟能降低多少还需视具体情况而定；而小站间距由于车站数量较多，故车站总投资会相应增大。

从运营角度来看，大站间距可提高列车的旅行速度，从而减少列车的周转时间，故在发车间隔不变的情况下，相应的车辆配属数就会减少；同时，大站间距的设站数量相对于小站间距要少，故相应的车站配套设施和管理维护人员也可相应减少，从而节省日常支出，降低运营费用。而小站间距则正好相反。根据前苏联地铁运营统计资料，地铁运营速度约与站间距离的平方根成正比。站间距离缩短会降低运营速度，从而增加线路上运行的列车对数。此外因频繁起停车而增加的电能消耗、轮轨磨耗等，均将增加运营成本。

4. 沿线土地开发

从沿线土地开发的方面来看，较密的车站设置将进一步带动沿线土地的开发，带动周边土地升值，从而给沿线区域带来巨大的社会经济效益。

5. 城市规模

城市规模包括城市建成区和规划区域面积及人口。一般来说，城市区域面积越大，乘距就越长。乘距长时，轨道交通应以长距离乘客为主要服务对象，车站分布宜稀一些，以提高轨道交通乘客的交通速度。反之，车站分布宜密一些。

另一方面，我国地域辽阔，分布在南北东西各地的城市人口密度差异很大，人口密度高，同样吸引范围内，发生的交通客流量同样增大，因此车站分布宜密一些。

6. 轨道交通线网及城市道路网状况

在两条轨道交通线路的交叉点应设乘客换乘站；在与城市主干道交叉时，为了让乘坐城市其他交通工具的乘客方便换乘轨道交通，也宜设车站。

除上述各因素外，线路平面、纵断面、站址的地形、地质条件，城市公交线网及车站位置，也会对轨道交通车站分布造成一定的影响。

综上所述，车站的分布情况会对客流量、乘客出行时间、工程费、运营费以及车站在城市中的作用等多方面产生不同的利弊影响，在分布车站时应综合考虑，在确定线路走向推荐方案的基础上，依据沿线的用地情况、人口岗位聚集情况、道路情况等因素，并结合实际设站条件等拟订若干个车站分布备选方案（参见图 2-2、图 2-3），并进行方案比选，说明推荐方案在特点、技术和经济上的合理性以及采用的理由。

我国轨道交通在吸收世界轨道交通建设经验的基础上，在《城市快速轨道交通工程项目建设标准》（建标 104—2008）中提出"车站间距应参照城市道路布局和客流吸引范围而定。在市中心区宜为 1km 左右，在市区外围宜为 2km 左右"。而在《地铁设计规范》（GB 50157—2013）中规定"车站间的距离应根据实际需要确定，在市区宜为 1km 左右，在郊区不宜大于 2km"。

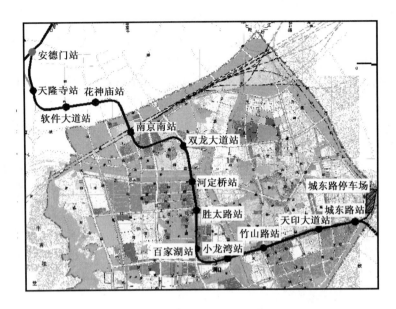

图 2-2　南京地铁 1 号线南延线车站分布备选方案 1 示意图

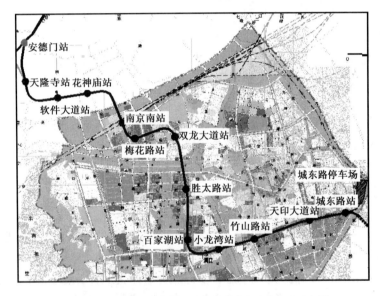

图 2-3　南京地铁 1 号线南延线车站分布备选方案 2 示意图

（三）线路平面设计

城市轨道交通平面设计以右线为准，具体设计步骤及方法如下：

(1) 确定线路方向和位置。根据定线所要求的线路与城市规划道路或指定建筑物的关系，确定各直线段线路的基本方向及位置。

当道路中线由多个极小折角、短边组成近似直线时，轨道交通线路应尽量取直，并与城市规划部门协调，得到认可。

(2) 右线交点坐标计算。右线坐标计算从起点开始，先用已知直线相交公式及点间距离公式求出起始边长,取整后用坐标公式计算交点坐标。用交点坐标及第二直线边方位角作为新起始边直线,再用上述公式求出第二直线边长,取整后计算第二个交点坐标。这种交替计算边长和坐标的方法,可以保持线路的计算位置与设计位置一致,误差在0.5mm以内。

(3)曲线要素计算。

①曲线半径:初步设计阶段,右线曲线半径一律采用标准整数。施工设计阶段,当左右线为同心圆曲线时,外圆曲线半径采用标准整数,若是最小曲线半径,内圆一般应采用标准整数半径。

《地铁设计规范》(GB 50157—2013)规定线路平面曲线半径应根据车辆类型、运行速度环境要求等综合因素比选确定,线路最小曲线半径不得小于表2-1规定的数值。

最小曲线半径　　　　　　　　　　表2-1

线　路	A 型 车		B 型 车	
	一般地段	困难地段	一般地段	困难地段
正线	350	300	300	250
联络线、出入线	250	200	200	150
车场线	150	—	150	—

注:除同心圆曲线外,曲线半径应以10m的倍数取值。

②缓和曲线长度:初步设计阶段根据曲线距车站的远近,根据经验按《地铁设计规范》(GB 50157—2013)初步选用缓和曲线长度,见表2-2。施工设计时根据列车运行速度图,选用缓和曲线长度。

左右线并行于同一隧道结构内,左右曲线一般设计为同心圆,线间距按限界要求加宽。当右线为外圆曲线时,右线缓和曲线长度按规范标准设计,其左线的缓和曲线长度按加宽要求,由计算确定加长,并取整到1m;当右线为内圆曲线时,缓和曲线长度按加宽要求计算,有条件时,取整到5m,外圆再根据内圆缓和曲线长度及线间距加宽要求,调整缓和曲线长度至整数米。

当一个较长曲线紧邻车站端部时,靠近车站端可以用较短缓和曲线,另一端用较长缓和曲线,以利于车站站位布置。在曲线两端线间距略有差异时,也可以用不等长缓和曲线调制同心圆曲线。

切线长与曲线长按有关公式计算,精度为0.1mm,取整到mm。

初步设计阶段,左线一般不进行曲线要素计算,但夹直线长度紧张地段除外。

(4)右线里程计算。轨道交通里程曾采用百米标表示,现改用千米标表示,如K8+800,表示为8km加800m处。另外,可以在"K"字前冠以不同的西文字母,表示不同比较方案。对不同设计阶段,一般不需用字母区分,以简化设计工作。

(5)断链使里程失去线路直观长度,也容易造成设计施工中的差错,因此右线在任何设计阶段,里程都不宜产生断链。

(6)车站中心右线里程及坐标计算。根据定线要求的站位首先计算右线站中心里程。移动车站中心位置取车站里程为整数米,再计算站中心坐标。坐标取值到0.1mm。

线路平面设计成果如图2-4所示。图2-4中包括车站相关信息、曲线相关信息、里程标等,且需要绘制规范的图纸边框及标注。

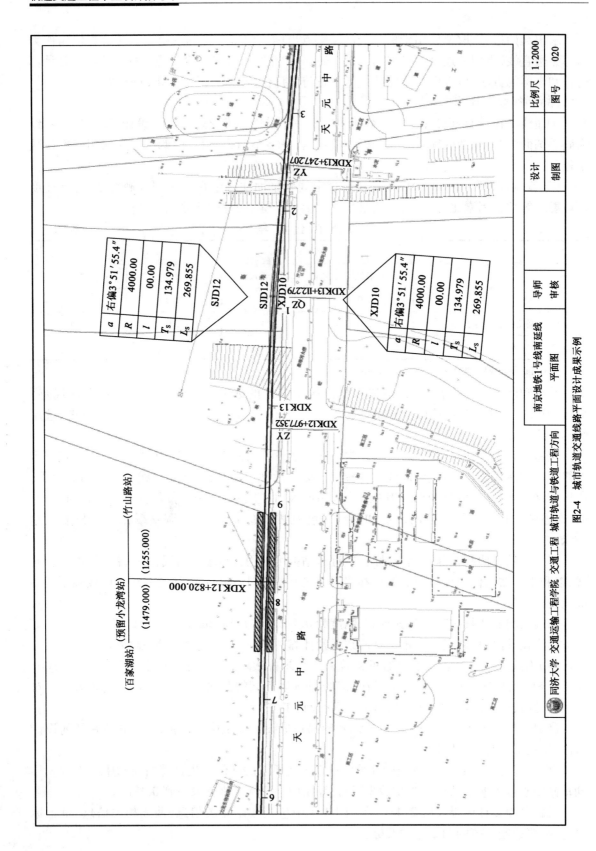

图2-4 城市轨道交通线路平面设计成果示例

缓和曲线长度 l（单位：m） 表2-2

R \ v	100	95	90	82	80	75	70	65	60	55	50	45	40	35	30
3 000	30	25	20	—	—	—	—	—	—	—	—	—	—	—	—
2 500	35	30	25	20	20	—	—	—	—	—	—	—	—	—	—
2 000	40	35	30	25	20	20	—	—	—	—	—	—	—	—	—
1 500	55	50	45	35	30	25	20	—	—	—	—	—	—	—	—
1 200	70	60	50	40	35	30	25	20	20	—	—	—	—	—	—
1 000	85	70	60	50	45	35	30	25	25	20	—	—	—	—	—
800	85	80	75	65	55	45	40	35	30	25	20	—	—	—	—
700	85	80	75	70	60	50	45	35	30	25	20	20	—	—	—
650	85	80	75	70	60	55	45	40	35	30	20	20	—	—	—
600	—	80	75	70	70	60	50	45	35	30	20	20	20	—	—
550	—	—	75	70	70	65	55	45	40	35	20	20	20	—	—
500	—	—	—	70	70	65	60	50	45	35	20	20	20	—	20
450	—	—	—	—	70	65	60	55	50	40	25	20	20	20	—
400	—	—	—	—	—	65	60	60	55	45	25	20	20	20	—
350	—	—	—	—	—	—	60	60	60	50	30	25	20	20	—
300	—	—	—	—	—	—	—	60	60	60	35	30	25	20	20
250	—	—	—	—	—	—	—	—	60	60	40	35	30	20	20
200	—	—	—	—	—	—	—	—	—	60	40	40	35	25	20
150	—	—	—	—	—	—	—	—	—	—	—	40	40	35	25

注：表中 R-曲线半径（m）；v-设计速度（km/h）。

（四）线路纵断面设计

（1）绘制基础资料。根据不同的设计阶段、设计深度，按不同的纵断面图幅格式，将不同繁简的基础资料绘制于厘米格纸上（或输入计算机）。这些资料包括：

①地面线（道路线）及其跨越道路立交桥、河床底、航行水位、洪水位、铁路、高压线高程等资料；

②地下管道及主要房屋、人防工程基础高程等资料；

③道路、立交桥、铁路、河渠、地下管道等规划高程资料；

④地质剖面及地下水位高程资料；

⑤线路平面及附属结构物设计资料。

（2）找出线路控制高程。根据设计原则、标准、隧道结构外轮廓尺寸、覆土厚度、桥下净高、距建筑物的最小距离、地铁排水位置等要求，找出纵断面设计的控制高程。

（3）右线坡度设计。右线坡度设计贯穿于各个设计阶段。初步设计及以前各阶段，坡段长度宜为50m的倍数，变坡点一般落在百米里程及50m里程处。施工设计阶段，右线坡段长度一般取整为10m的倍数，变坡点落在整10m的里程上，坡度一般用千分整数表示，以便其他设计专业和施工人员应用。设计高程应为轨顶高程。

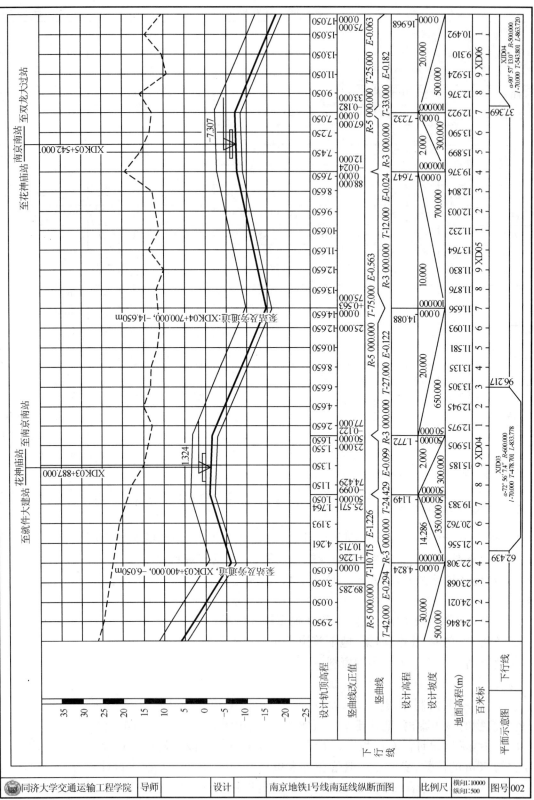

图2-5 城市轨道交通线路纵断面设计成果示例

(4) 右线竖曲线设计。竖曲线设计包括竖曲线半径选择、竖切线长度计算及竖曲线高程改正值计算。初步设计阶段只进行竖曲线半径设计,施工设计阶段才进行竖曲线高程改正值计算,精度至 mm。

《地铁设计规范》(GB 50157—2013)中规定两相邻坡段的坡度代数差大于 2‰时,应设置竖曲线,以保证行车安全和平稳。竖曲线的半径应符合表 2-3 所示。车站站台计算长度内和道岔范围内不得设置竖曲线,竖曲线离开道岔端部的距离不应小于 5m。

竖曲线半径　　　　　表 2-3

线路		一般情况(m)	困难情况(m)
正线	区间	5000	3000
	车辆端部	3000	2000
联络线、出入线、车场线		2000	

线路纵断面设计成果如图 2-5 所示。图 2-5 中包括车站相关信息、竖曲线相关信息、高程及里程标等,且需要绘制规范的图纸边框及标注。

(五)车站设计

城市轨道交通车站布局设计主要包括车站选型、车站出入口数量和位置设计、车站长度及宽度计算、站台层事故疏散时间验算等,换乘站还应进行换乘站的专项设计。

车站平面布置的原则是力求紧凑,能设于地面的设备尽量设于地面,以降低造价。

车站总体布局应按照乘客进出车站的活动顺序,合理布置进出站的流线。流线宜简捷、顺畅,尽可能不相互干扰,为乘客创造便捷的乘降环境。

1. 站台形式

车站按站台形式可分为岛式车站及侧式车站两种基本类型。站台位于上下行线路之间的车站称为岛式站台的车站,简称岛式车站。站台位于线路两侧的车站称为侧站台式车站,简称侧式车站。参见图 2-6。

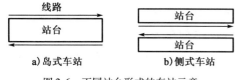

图 2-6　不同站台形式的车站示意

(1)岛式站台

岛式站台位于上、下行线路之间,可供上、下行线路同时使用。在站台两端或中部有供旅客上下的楼梯通至地面或站厅层。当升降高度大于 5.5m 时,一般要设自动扶梯。

当区间线路为深埋(埋设深度在 12m 以上)时,通常采取盾构法等施工方法将一条线建成两条独立的单线隧道。如果车站采用岛式站台,车辆宽度 2.8m 车站上线间距(M)由站台宽度(B)决定,$M = B + 2.9$(m),参见图 2-7 左半部。区间线路的线间距一般等于车站处的线间距,以使区间隧道与车站隧道顺接。

当区间线路为浅埋(埋设深度在 12m 以内)时,一般采用明挖法或盖挖法等施工方法建成双线隧道,这就要求区间采用线间距最小值。如果车站采用岛式站台,则靠近车站的地段必须将线间距加宽,形成一个喇叭状,参见图 2-7 右半部。

(2)侧式站台

站台位于线路两侧,线路一般采用最小间距在两站台之间通过。当区间线路为浅埋或高架时,因区间和车站处的线间距相同,故不需修建喇叭口。当区间线路为深埋时,由于区间两条单线隧道间要保持一定间距,此间距大于站上线间距,因此在车站两端需要修建渡线室,用来把车站处的最小线间距加宽到区间线间距。参见图2-8。

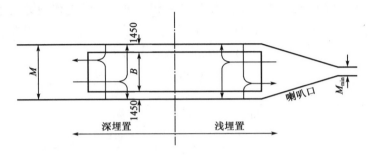

图 2-7 岛式站台与区间线路的连接示意(尺寸单位:mm)

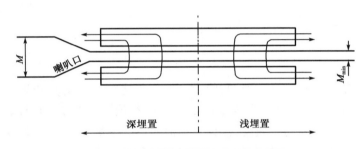

图 2-8 侧式车站与区间线路的连接示意图

侧式站台的最小宽度视其上有无立柱而定,一般为 4~6m。因站台宽度较小,故不能在站台设置三条梯带的自动扶梯。因此,必须在车站的一端设置前厅,站台与前厅用楼梯相连,前厅的出口用自动扶梯与地面相联系。必要时,也可在站台中部设置出入口。

2. 站台长度和宽度

(1)站台长度

站台是供乘客上、下列车的平台,设计中一般要保证所有车辆均在站台有效长度之内。站台有效长度是指乘客可以乘降的站台范围。站台有效长度由列车编组的计算长度决定。考虑到停车位置的不准确和车站值班员、司机确定信号的需要,通常还预留一段停车误差。随着车辆控制技术的进步,停车误差越来越小。站台长度计算公式为

$$L = nl + \Delta l \tag{2-1}$$

式中:L——站台有效长度(m);

l——车辆长度,包括车钩长度(m);

n——远期列车的车辆编组数;

Δl——停车误差,一般取 4~8m。

例如,上海轨道交通2号线远期为8节编组(4动4拖),动车22.8m,拖车22.14m,停车误差取8m,站台有效长度设计成186m。

站台两端一般还布置了一些其他的车站设备,整个站台长度则与这些设备的布置方式有关。

站台应尽可能平直,以便车站员工能够监视全部站台情况和客流拥挤状况。站台边缘与

车辆边缘的间距宜为 80～100mm,最大不得超过 180mm,以免乘客掉下站台。为此,站台乘降车部分的曲线半径一般不小于 800m。

(2)站台宽度

站台宽度应根据远期预测客流量、列车编组长度、站台上横向立柱数量以及站台与站厅之间楼梯(自动扶梯)布置形式等因素进行计算,并满足最小站台宽度要求。车站的站台类型对站台宽度有较大的影响。

①岛式站台。

岛式站台宽度按式(2-2)计算。

$$B_d = 2b + n \cdot z + t \geq B_{dmin} \quad (2\text{-}2)$$

其中:

$$b = \frac{Q_上 \cdot \rho}{L} + b_a \quad (2\text{-}3)$$

或

$$b = \frac{Q_{上、下} \cdot \rho}{L} + M \quad (2\text{-}4)$$

式中:B_d——岛式站台宽度(m);

$Q_上$——远期每列车高峰小时单侧上车设计客流量(换乘站应含换乘客流量,人);

$Q_{上、下}$——远期每列车高峰小时单侧上、下车设计客流量(换乘站应含换乘客流量,人);

ρ——站台上人流密度 0.33～0.75 m^2/人;

L——站台计算长度,指能够集散乘客的有效长度(m);

b_a——站台安全防护带宽度(m),《地铁设计规范》(GB 50157—2013)规定为 0.4m,采用屏蔽门时以 M 值替代 b_a;

n——站台横向的立柱数;

z——横向柱宽(m);

t——每组人行梯与自动扶梯宽度之和(m);

M——站台屏蔽门立柱内侧的距离(m),无屏蔽门时,$M = 0$;

B_{dmin}——岛式站台允许最小宽度,《地铁设计规范》(GB 50157—2013)规定为 8m。一般岛式站台宽度为 8～10m,横向并列的立柱越多,站台宽度越大。

其中 b 的值在式(2-3)、式(2-4)的计算结果中取大者。

②侧式车站。

侧式站台宽度按下式计算。

$$B_c = b + z + t \geq B_{cmin} \quad (2\text{-}5)$$

式中:B_c——侧式站台宽度(m);

B_{cmin}——无柱式侧式站台允许最小宽度,《地铁设计规范》(GB 50157—2013)规定为 2.5～3.5m;

其他符号意义同上。

一般侧式车站的站台宽度 4～6m,无立柱时取小值,有立柱时取大值。

此外,站台宽度还要满足事故状态客流疏散时间小于 6min 的要求,相应的检算方法参见式(2-6)。

$$T = 1 + \frac{Q_1 + Q_2}{0.9[A_1(N-1) + A_2B]} \tag{2-6}$$

式中:Q_1——一列车乘客数(人);

Q_2——站台上候车乘客和站台上工作人员(人);

A_1——自动扶梯通过能力[人/(min·m)];

A_2——人行楼梯通过能力[人/(min·m)];

N——自动扶梯台数;

B——人行楼梯中宽度(m)。

各车站站台规模计算及安全检算结果应列入表2-4及表2-5中。

南京地铁1号线南延线各车站人行扶梯及自动扶梯配置情况统计表　表2-4

车站站台	最大事故疏散人数（人）	自动扶梯数量（部）	人行扶梯总宽度（m）	站台中部布置方案	站台端部布置方案	每小时通过人数（人）	完全疏散所用时间（min）
安德门站岛式站台1	3 725	8	8	1m宽自动扶梯×2 2m宽双向混行楼梯	1m宽自动扶梯×2 2m宽双向混行楼梯	74 070	4.02
安德门站岛式站台2	……	……	……	……	……	……	……
……	……	……	……	……	……	……	……
天印路站	……	……	……	……	……	……	……
城东路站	……	……	……	……	……	……	……

南京地铁1号线南延线各车站站台形式及宽度统计表　表2-5

车　站	站台形式	超高峰小时上下车人数（人）	侧站台宽度（m）	最小站台宽度（m）	修正后侧站台宽度（m）	修正后最小站台宽度（m）	备注
安德门站	地面双岛式(8+10)	14 561	2.53	7.92	2.53	7.92	换乘站
		20 829	3.41	9.03	3.41	9.03	
宁丹路站	地下侧式(4×2)	……					
南京南站	地下双岛式双层						换乘站
……	……	……	……	……	……	……	
小龙湾站	地上侧式						预留站
竹山路站	地上侧式						换乘站
……	……	……	……	……	……	……	
城东路站	地上侧式						终点站

(六)辅助线及运行交路设计

辅助线及运行交路设计是实现城市轨道交通功能的重要工作,通过合理的配线和运营交路设计可以提供合适的运能与客流需求相匹配,并保证线路运营效率、顺畅及安全。

1. 运行交路设计

列车运行交路是列车运行的基本框架,是确定车站配线形式、土建工程、车辆数量和设备配置的依据。列车运行交路设计应遵循以下原则:

(1) 列车运行交路设置应以预测客流为依据,贯彻"以人为本,服务至上"的原则。

(2) 在满足客运量条件下,尽量减少运用列车数量,以降低工程投资和运营成本。

(3) 初期、近期和远期列车交路(图 2-9、图 2-10) 要统筹设计,尽可能保持连续性。

(4) 对于有支线的线路要对支线与主线的关系、客流特征进行分析,并进行方案设计和比选。

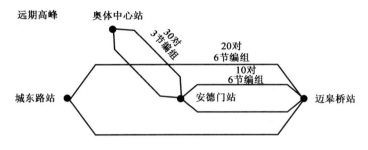

图 2-9　远期高峰时段列车交路图

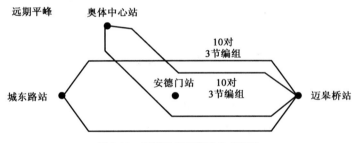

图 2-10　远期平峰时段列车交路图

2. 辅助线设计

通过预测客流量的分析,确定线路制式、运营方式(分段/贯通、岔线与主线关系)、列车编组、运营交路设计、计算运用车辆数与车辆配置数等。并根据运营和行车安全需要,按照《地铁设计规范》(GB 50157—2013)进行城市轨道交通辅助线设计,包括折返线、存车线和停车线、渡线、车辆出入段线、联络线、安全线等,设计成果如图 2-11 所示范例。

3. 运用车辆数与车辆配置

运用车辆数是指为了满足线路高峰小时单向最大断面客流量,而需要的运用列车数量。运用列车数量与旅行速度、线路长度、折返时间等因素直接相关。按照实际运营交路计算运用车列数的方法参照式(2-7) ~ 式(2-9)。

(1) 按系统能力计算运用车列数的计算公式:

$$N_y^{xt} = \frac{\frac{2L}{V} \times 60 + t_z}{60} \times \frac{60}{t_0} \quad (2-7)$$

式中：N_y^{xt}——按系统能力计算的运用车列数(列)；
　　　L——线路长度(km)；
　　　V——列车旅行速度(km/h)；
　　　t_z——线路两端列车折返时间之和(min)；
　　　t_0——系统设计的最小行车间隔(min)。

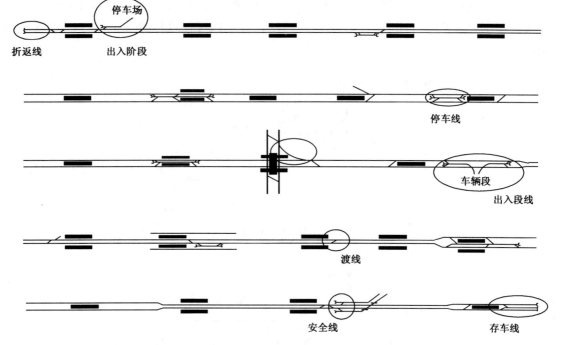

图2-11　广州地铁4号线配线方案

(2)按客流计算运用车列数的计算公式：

$$N_y^{kl} = \frac{\frac{2L}{V} \times 60 + t_z}{60} \times \frac{P}{S \times m} \tag{2-8}$$

式中：N_y^{kl}——按客流计算的运用车列数(列)；
　　　P——高峰小时单向最大断面客流量(人/h)；
　　　S——车辆定员(人/辆)；
　　　m——列车编组(辆)；
　　　其他符号意义同上。

(3)按最低服务水平计算运用车列数的计算公式：

$$N_y^{fw} = \frac{\frac{2L}{V} \times 60 + t_z}{60} \times \frac{60}{t_0'} \tag{2-9}$$

式中：N_y^{fw}——按最低服务水平计算的运用车列数(列)；
　　　t_0'——按最低服务水平要求的最小行车间隔(min)；
　　　其他符号意义同上。

按系统能力计算得到的运用车列数,可以作为远景车辆段用地最大规模控制的基本依据;而按客流需求和按最低服务水平计算得到的运用车列数取其大者,作为确定远期车辆段实施规模的基本依据。

通过公式计算运用车辆数,要验算发车间隔是否达到服务水平下限(如 5min),并按照规范要求计算检修车和备用车,最终确定车辆配置数量。

(七)编写设计说明书

根据上述设计内容,应系统地、细致地整理关于设计资料、计算数据、绘制图表和方案比较图,并着重说明设计过程中的设计指导思想、设计原则和依据、方案比较分析和论证,以及设计的详细说明,编写成设计说明书。

第二节 设计文件组成与编制深度

一、城市轨道交通选线设计文件组成

城市轨道交通选线的设计文件主要由设计计算书和设计图纸两部分组成。
设计计算书包括以下内容:
(1)设计背景。
(2)线路走向选择。
(3)车站分布。
(4)车站形式与站台规模。
(5)线路平面设计。
(6)线路纵断面设计。
(7)运营交路及配线设计。
应完成的设计图纸包括:
(1)城市轨道交通线路平面图,比例1:1 000 或 1:2 000。
(2)城市轨道交通线路纵断面图,比例横 1:10 000,竖 1:500。
(3)城市轨道交通辅助线配线方案设计示意图。

二、城市轨道交通选线设计文件编制深度

(一)概述

1. 研究依据

2. 线路基本情况

(1)线路在城市轨道交通网络内的功能定位。
(2)线路建设的必要性分析。
(3)线路概况(起、迄点位置,主要服务区域分析)。

(二)城市规划

1. 线路途经区域城市规划

2. 线路途经区域城市规划用地分析

3. 线路途经区域城市人口数量及分布

4. 线路途经区域工作岗位数量及分布

(三)交通需求分析

1. 线路途经区域主要客流走廊分析

2. 线路途经区域主要客流集散点

3. 线路途经区域初步客流测试结果(依据任务书提供的数据分析)

(四)线路走向方案设计(至少给出三个备选方案)

根据设计线路在轨道交通网络中的功能定位、其途经区域的城市规划、交通需求背景等基础资料,结合区域内其他规划线路位置、规划道路红线、规划客流集散点等形成若干个比选方案供比选。

(五)线路方案的比选

采用定性分析和定量分析相结合的方法,对备选方案与城市规划的符合程度、与客流需求的匹配程度、建设成本、运营成本、服务范围等方面进行指标分析,并进行综合评价,确定最终推荐方案。

(六)车站分布方案设计

1. 车站分布
(1)影响车站分布的因素。
(2)车站分布方案。
(3)车站位置选定。

2. 站台形式

3. 站台规模
(1)站台长度。
(2)站台宽度。

(七)线路平面及纵断面设计

1. 线路平面设计(结合路段设计行车速度说明缓和曲线、圆曲线、夹直线选用标准及最小曲线半径分布情况等。)

(1)线路平面设计标准。
(2)线路平面设计备选方案形成及评价(长大线路可分段进行设计和比选)。
(3)平面设计线的相关要素计算。

2.线路纵断面设计(含竖曲线、坡段长度和最大坡度差的采用标准以及坡度设计的其他要求。)

(1)线路纵断面设计标准。
(2)线路敞开段设计(根据线路实际情况确定是否需要该节内容)。
(3)纵断面设计线的相关要素计算。

(八)运营交路与辅助线配线设计

1.线路客流特征分析

2.线路运营交路设计

3.辅助线配线方案设计

以上对城市轨道交通选线设计文件编制深度的说明可作为编制设计说明书提纲及内容的参考,具体章节根据实际设计任务的需要确定。

第三章 城市轨道交通车站结构设计指导

第一节 设计流程与设计方法

一、设计目的和要求

车站结构设计的目的是:在满足车站建筑和功能的前提下,获得经济合理的主体结构。由于主体结构不能一次到位,为确保主体结构的正常完整,需对必要的中间辅助环节进行设计。一般应包括以下内容:背景资料的收集、设计原则及设计规范的确定、支护结构设计、防水和永久结构设计。

采用明挖法施工的地下车站分支护结构设计和主体结构设计两大部分。支护结构设计需要考虑与施工安全性、周边环境保护等相关的辅助方法的设计,如降水、加固等。主体结构设计除了车站的"梁、板、柱"之外,还需要进行防水设计。暗挖法施工的地下车站则需要进行初期支护和二次衬砌的设计,同样也包含辅助措施和防水设计。本设计说明书以明挖法地铁车站结构设计为例。

设计应根据既有资料选择经济合理的结构类型,再于此基础上进行结构的内力分析,提出具体结构尺寸以及配筋参数,并验证设计方案的安全性。之后绘制出全部设计图纸,对各部分编写说明书,最终定稿。明挖法地铁车站结构设计具体流程如图3-1所示。

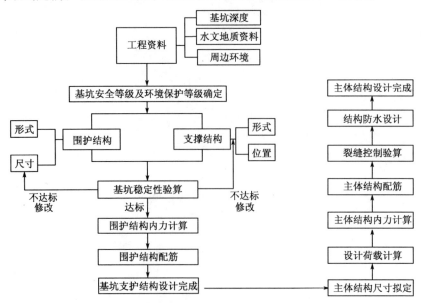

图3-1 城市轨道交通明挖法车站结构设计流程图

二、设计的前期准备

(一)工程概况

工程概况包括地铁车站所在位置及线路里程、地铁车站出入口分布位置、主基坑及附属基坑尺寸等。

(二)周围环境

周围环境包括周围建筑物分布、建筑物类型、基础类型及与基坑边缘的距离;地下管线的分布情况以及周围的交通流量、交通类型等。

(三)工程地质资料

工程地质资料包括车站所处位置的地基土类型、地质剖面图、各土层的主要物理力学性质指标及不良地质情况。

(四)水文地质条件

水文地质条件包括场地内地下水类型(孔隙潜水、孔隙承压水)、水位或承压水头高度、灾害性水患说明。

三、确立设计依据、设计原则及相关技术标准

(一)设计依据

设计依据包括该城市轨道交通线路规划资料,设计车站的建筑设计、勘察报告等工程资料。

(二)设计规范

设计规范是指设计所参照的规范,包括国标和地方性标准。

(三)设计原则

车站结构设计原则规定车站结构应在施工阶段、正常使用阶段满足相应的强度、刚度、稳定性要求,并具有相应的抗震、防火等灾害防护能力和耐久性。并且在满足上述要求的基础上应做到设计经济合理。一般地下车站结构设计原则可参照有关设计规范确定。

(四)设计标准

设计标准是根据设计规范及原则,结合工程实际情况确定的,主要包括以下方面:
(1)设计使用年限。
(2)基坑安全及保护等级。
(3)抗震设防烈度及人防等级。
(4)钢筋混凝土构件(不含临时构件)正截面的裂缝控制等级。

四、设计方案的初步选择与比较

对于同一设计任务,可以提出不同的设计方案,不同的设计方案所涉及的适用性、经济性、施工周期等都有各自的优缺点。因此需要综合地质条件、周边环境及设计施工经验等,初步确定几个备选方案,并对各个方案进行比较,选择该阶段最适合的几个方案,并在设计基本完成后进行经济比较,最终确定选用的设计方案。明挖法地铁车站结构设计中需要考虑比选内容如下:

(1)围护结构选型及尺寸确定。
(2)支撑结构选型及尺寸确定。
(3)主体结构与支护结构相结合类型选择。
(4)主体结构尺寸确定。
(5)结构防水方案选择。

五、基坑的安全等级及保护等级确定

(1)根据基坑的开挖深度等因素,基坑工程安全等级应分为以下三级:

①基坑开挖深度大于等于12m或基坑采用支护结构与主体结构相结合时,属一级安全等级基坑工程;

②基坑开挖深度小于7m时,属三级安全等级基坑工程;

③除一级和三级以外的基坑均属二级安全等级基坑工程。

(2)根据基坑周围环境的重要性程度及其与基坑的距离,基坑工程环境保护等级应分为以下三级,如表3-1所示。

基坑工程的环境保护等级　　　　　　　　　表3-1

环境保护对象	保护对象与基坑的距离关系	基坑工程的环境保护等级
优秀历史建筑、有精密仪器与设备的厂房、其他采用天然地基或短桩基础的重要建筑物、轨道交通设施、隧道、防汛墙、原水管、自来水总管、煤气总管、共同沟等重要建(构)筑物或设施	$s \leq H$	一级
	$H < s \leq 2H$	二级
	$2H < s \leq 4H$	三级
较重要的自来水管、煤气管、污水管等市政管线,采用天然地基或短桩基础的建筑物等	$s \leq H$	二级
	$H < s \leq 2H$	三级

注:1. H 为基坑开挖深度,s 为保护对象与基坑开挖边线的净距,单位均为 m。
2. 基坑工程环境保护等级可依据基坑各边的不同环境情况分别确定。
3. 位于轨道交通设施、优秀历史建筑、重要管线等环境保护对象周边的基坑工程,应遵照政府有关文件和规定执行。

(3)当基坑周围环境没有明确的变形控制标准时,可根据基坑的环境保护等级确定基坑变形的设计控制指标。如表3-2所示。

基坑变形设计控制指标　　　　　　　　　表3-2

基坑环境保护等级	围护结构最大侧移	坑外地表最大沉降
一级	$0.18\%H$	$0.15\%H$
二级	$0.3\%H$	$0.25\%H$
三级	$0.7\%H$	$0.55\%H$

注:H 为基坑开挖深度(m)。

六、主基坑支护结构设计

(一)典型断面选择

依据设计资料选择车站典型横断面,选择时应综合考虑土层沿车站纵向及横向的分布情况、地面超载(包括建筑物及交通荷载的分布情况)、基坑开挖的深度及宽度变化等,选择有代表性及有特殊变化的断面,一般选取典型断面不少于三个。

(二)围护结构设计

1. 围护结构选型

基坑的围护结构主要承受基坑开挖卸荷所产生的土压力和水压力,并将此压力传递给支撑。常用的围护结构形式有板桩式、柱列式、地下连续墙、组合式等。设计时应根据各种围护结构形式的特点以及适用条件,结合工程类比及设计工程特点,确定围护结构类型。在高地下水位地区,应同时确定止水措施。

2. 围护结构尺寸的初步拟定

依据规范并参照类似工程,初步拟定围护结构插入比,围护桩的直径、间距以及排数,或地下连续墙的厚度及幅宽等。

(三)支撑结构设计

1. 平面支撑体系

平面支撑体系由腰梁(或围檩)、水平支撑和竖向支撑等组成。平面支撑体系可以直接平衡支撑两端围护墙上所受到的部分侧压力,且构造简单、受力明确、适用范围较广。但当构件长度较大时,应考虑弹性压缩对基坑稳定性的影响,此时应设置竖向支撑。水平支撑可用对撑或对撑桁架、斜角撑或斜撑桁架、边桁架及八字撑等组成的平面结构体系。竖向支撑可用格构柱等。平面支撑体系整体性好,水平力传递可靠,平面刚度较大,适用于大小深浅不同的各种基坑。

2. 竖向斜撑体系

竖向斜撑体系的作用是将围护墙上的侧压力通过斜撑传到基坑开挖面以下的土基上。它由竖向斜撑、腰梁(或围檩)和斜撑基础以及水平连系杆及立柱等构件组成。设置竖向斜支撑时,土方一般采取"盆式"开挖,即先开挖基坑中部土方,沿四周围护结构边预留土坡,待斜撑安装后再挖除四周土坡。对于平面尺寸较大、形状不很规则,但深度较浅的基坑采用竖向斜撑体系施工比较简单,也可节省支撑材料。但是墙体位移受到坑内土坡变形、斜撑的弹性压缩以及斜撑基础变形等多种因素的影响,为此土方施工和支撑安装必须保证其对称性。

3. 混合支撑体系

混合支撑体系是前述两种支撑体系的结合。它可加强基坑围护结构的整体刚度,尤其对大型基坑可方便支撑布置和施工,节省支撑材料。

三种支撑结构的比较见表3-3。

支撑方案比选　　　　　　　　　　　表 3-3

支撑方案	适用性	施工难度	可靠性
平面支撑体系	大小深浅不一的各种基坑	较大	好
竖向斜撑体系	平面尺寸较大、形状不很规则、深度较浅坑	一般	较差
混合支撑体系	大型深基坑	大	好

支撑结构与围护结构统称为支护结构,其选型和布置方式应根据下列因素综合考虑确定:
(1)基坑平面的形状、尺寸和开挖深度。
(2)基坑周围的环境保护要求和邻近地下工程的施工情况。
(3)永久结构的布置。
(4)土方工程和地下结构的施工顺序和施工方法。

(四)基坑稳定性分析

根据支护结构类型、布置方式、初步拟定的尺寸、基坑开挖深度等进行基坑的稳定性计算,计算方法可参考相应规范,此处给出《上海市基坑工程技术规范》(DGT J08-61—2010 J 11577—2010)中围护墙体的计算方法。当围护结构采用桩时,可根据式(3-1)将桩列简化为围护墙,再采用围护墙的验算方法。

$$h = 0.838D\sqrt[3]{\frac{1}{1+\dfrac{t}{D}}} \tag{3-1}$$

式中:h——等刚度壁式地下墙折算厚度;
D——围护桩桩径;
t——围护桩桩净距。

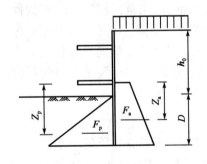

图 3-2　围护结构抗倾覆验算图

1. 围护墙体抗倾覆验算

围护结构抗倾覆验算图如图 3-2 所示。

$$K_Q = \frac{M_{RC}}{M_{OC}} \tag{3-2}$$

式中:M_{RC}——抗倾覆力矩($kN \cdot m$);
M_{OC}——倾覆力矩($kN \cdot m$);
K_Q——地下连续墙抗倾覆稳定性安全系数。一级基坑工程取 1.20,二级基坑工程取 1.10,三级基坑工程取 1.05。

2. 围护墙底地基承载力验算

围护墙底地基承载力验算如图 3-3 所示。

$$K_{wz} = \frac{\gamma_2 D N_q + c N_c}{\gamma_1 (h_0 + D) + q} \tag{3-3}$$

式中:γ_1——坑外地表至围护墙底,各土层天然重度的加权平均值(kN/m^3);
γ_2——坑内开挖面以下至围护墙底,各土层天然重度的加权平均值(kN/m^3);
h_0——基坑开挖深度(m);

D——围护墙在基坑开挖面以下的入土深度(m);

q——坑外地面荷载(kPa);

N_q、N_c——地基土的承载力系数,根据围护墙底的地基土特性计算:

$$N_q = e^{\pi\tan\varphi}\tan^2\left(45° + \frac{\varphi}{2}\right) \tag{3-4}$$

$$N_c = \frac{N_q - 1}{\tan\varphi} \tag{3-5}$$

c、φ——围护墙底地基土黏聚力(kPa)、内摩擦角(°);

K_{wz}——围护墙底地基承载力安全系数。一级基坑工程取 2.5,二级基坑工程取 2.0,三级基坑工程取 1.7。

3. 基坑底部土体抗隆起稳定性检算

基坑抗隆起稳定性验算图如图 3-4 所示。

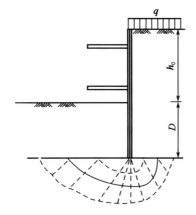

图 3-3 围护墙底地基承载力验算图

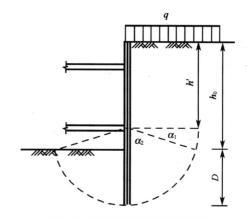

图 3-4 基坑抗隆起稳定性验算图

$$K_L = \frac{M_{RL}}{M_{SL}} \tag{3-6}$$

$$M_{RL} = R_1 K_a \tan\varphi + R_2 \tan\varphi + R_3 c \tag{3-7}$$

$$R_1 = D\left(\frac{\gamma h_0^2}{2} + q h_0\right) + \frac{1}{2}D^2 q_f(\alpha_2 - \alpha_1 + \sin\alpha_2\cos\alpha_2 - \sin\alpha_1\cos\alpha_1) -$$
$$\frac{1}{3}\gamma D^3(\cos^3\alpha_2 - \cos^3\alpha_1) \tag{3-8}$$

$$R_2 = \frac{1}{2}D^2 q_f\left[\alpha_2 - \alpha_1 - \frac{1}{2}(\sin2\alpha_2 - \sin2\alpha_1)\right] -$$
$$\frac{1}{3}\gamma D^3[\sin^2\alpha_2\cos\alpha_2 - \sin^2\alpha_1\cos\alpha_1 + 2(\cos\alpha_2 - \cos\alpha_1)] \tag{3-9}$$

$$R_3 = h_0 D + (\alpha_2 - \alpha_1)D^2 \tag{3-10}$$

$$q_f = h_0 D + q = 379.28 \text{kPa} \tag{3-11}$$

$$M_{SL} = \frac{1}{2}(\gamma h_0' + q)D^2 \tag{3-12}$$

式中:M_{RL}——抗隆起力矩(kN·m/m);

γ——围护墙底以上地基土各层天然重度的加权平均值;

D——围护墙在基坑开挖面以下的入土深度;

K_a——主动土压力系数;

c——滑裂面上地基土的黏聚力加权平均值;

φ——滑裂面上地基土内摩擦角的加权平均值;

h_0——基坑开挖深度;

h_0'——最下一道支撑距离地面的深度;

α_1——最下一道支撑面与基坑开挖面间的水平夹角;

α_2——以最下一道支撑点为圆心的滑裂面圆心角;

q——坑外地面荷载;

M_{SL}——隆起力矩($kN \cdot m/m$);

K_L——抗隆起稳定性安全系数。一级基坑工程取 2.5,二级基坑工程取 2.0,三级基坑工程取 1.7。

4. 抗渗流稳定性验算

抗渗流稳定性验算示意图如图 3-5 所示。

对于围护墙底部土体的抗渗流稳定性,按照式(3-13)进行验算。

$$K_s = \frac{i_c}{i} \tag{3-13}$$

式中:i_c——坑底土体的临界水力坡度,根据坑底土的特性计算:$i_c = (G_s - 1)/(1 + e)$;

G_s——坑底土的相对密度;

e——坑底土的天然孔隙比;

i——坑底土的渗流水力坡度,$i = h_w/L$;

h_w——基坑内外土体的渗流水头;

L——最短渗流线总长度;

K_s——抗渗流稳定性安全系数,取 1.5~2.0。

5. 抗突涌安全性验算

基坑底部抗承压水头的稳定性验算,如图 3-6 所示。

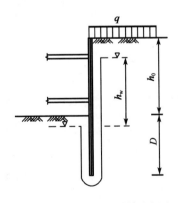

图 3-5 抗渗流稳定性验算示意图

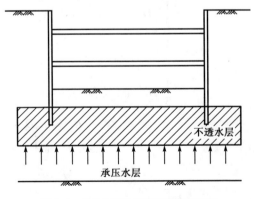

图 3-6 抗承压水头稳定性验算示意图

$$K_y = \frac{p_{cz}}{p_{wy}} \tag{3-14}$$

式中：p_{cz}——基坑开挖面以下至承压水层顶板间覆盖土的自重应力（kN/m²）；

p_{wy}——承压水层的水头压力（kN/m²）；

K_y——抗承压水头的稳定性安全系数，取1.05。

（五）围护结构内力计算

板式支护结构体系中，围护墙结构的内力宜采用竖向弹性地基梁的基床系数法计算。计算图式如图3-7所示。

1. 支撑的压缩弹簧系数计算

对基坑内支撑点弹性支座的压缩弹簧系数 K_B，应根据支撑体系的布置和支撑构件的材质与轴向刚度等条件，按式（3-15）进行确定：

$$K_B = \frac{2\alpha EA}{L \times S} \tag{3-15}$$

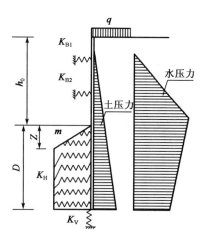

图3-7 弹性地基梁基床系数法计算图式

式中：K_B——内支撑的压缩弹簧系数（kN/m²）；

α——与支撑松弛有关的折减系数，一般取0.5~1.0，混凝土支撑或钢支撑施加预应力时取1.0；

E——支撑结构材料的弹性模量（kPa）；

A——支撑构件的截面积；

L——支撑的计算长度；

S——支撑的水平间距。

2. 地基土水平和竖直压缩弹簧系数

基坑开挖面以下，水平弹簧支座和垂直弹簧支座的压缩弹簧刚度 K_H、K_V 可按照式（3-16）计算：

$$\left.\begin{array}{l} K_H = k_H bh \\ K_V = k_V bh \end{array}\right\} \tag{3-16}$$

式中：K_H、K_V——分别为水平向和垂直向压缩弹簧系数（kN/m）；

k_H、k_V——分别为地基土的水平向和垂直向基床系数（kN/m³）；

b、h——分别为弹簧的水平向和垂直向计算间距，都取1m。

3. 各工况围护结构内力计算

首先应按施工开挖支撑步骤确定计算工况，采用增量法的各工况示意图如图3-8所示。

根据上述工况可采用不同的软件进行计算，如同济启明星深基坑支护软件等，为使学生更好地理解计算方法，建议采用SAP2000进行结构模拟。根据各工况的计算结果，最终得到内力包络图，求得地下连续墙最大正弯矩及最大负弯矩。具体见范例。

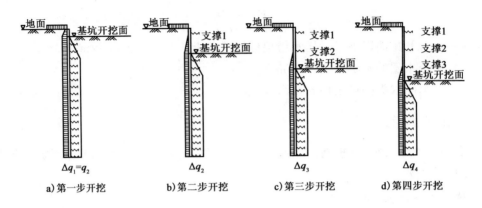

图 3-8 增量法计算图示

(六)支撑轴力确定

由上一步 SAP2000 模型中导出的数据可得到各工况各支撑的实际轴力,根据工程类比确定设计轴力及预加轴力。具体见本章第三节设计实例。

(七)地下连续墙配筋计算

根据围护结构内力计算结果中的弯矩值,对地下连续墙进行配筋计算。具体见本章第三节设计实例。

七、主体结构设计

(一)主体结构与支护结构结合类型

主体结构与支护结构结合类型指采用主体结构的一部分构件或全部构件作为基坑开挖阶段的支护结构,不设置或仅设置部分临时支护结构的一种设计和施工方法。主体结构与支护结构相结合类型,分为侧墙与围护墙体相结合、主体结构梁板构件与水平支撑相结合、主体结构竖向构件与竖向支撑相结合。主体结构侧墙与围护墙体的结合又分为复合结构和叠合结构。

当主体结构与支护结构相结合时,应考虑构件在施工期及使用期的受力,如当地下连续墙作为侧墙一部分时,地下连续墙的内力计算不仅要考虑施工开挖期,尚应考虑其在长期使用阶段的内力。

(二)主体结构形式及尺寸的初步拟定

首先应根据使用功能、结构总尺寸等确定结构层数及跨度,并用类比法初步拟定结构尺寸。地下车站结构的顶板、底板、边墙往往都较厚,一般为 $0.6\sim1.0m$;顶梁、底梁的截面高度也很大,一般为 $1.6\sim2.2m$;中间楼板由于要承受较大的设备荷载、人群荷载及装修荷载,其厚度也比一般的楼板厚许多,一般为 $0.3\sim0.5m$。

(三)主体结构设计荷载及其组合

主体结构设计荷载分永久荷载、可变荷载与偶然荷载三类,每项又可细分为:
(1)永久荷载:结构自重、覆土荷载、设备荷载、浮力(地下水位到地面的水浮力)、侧向水土荷载(水土分算的静止土压力)。
(2)可变荷载:人群荷载、地面超载、列车荷载。
(3)偶然荷载:人防荷载、地震荷载。
主体结构所承受荷载如图 3-9、图 3-10 所示。

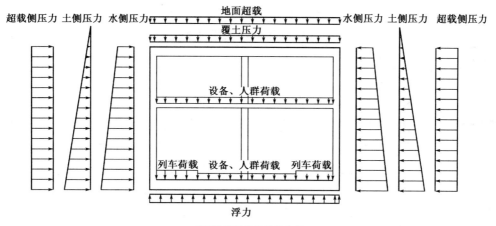

a) 不考虑围护结构的作用

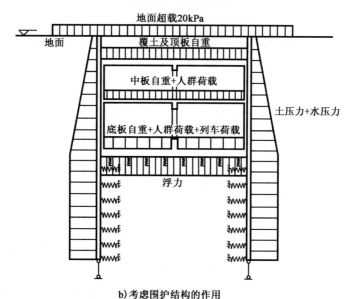

b) 考虑围护结构的作用

图 3-9 主体结构荷载示意图

荷载组合方式及分项系数如表 3-4 所示,其中标准组合用于结构构件抗裂检算,基本组合用于结构构件强度验算,地震及人防组合分别用于地震及人防工况强度检算。

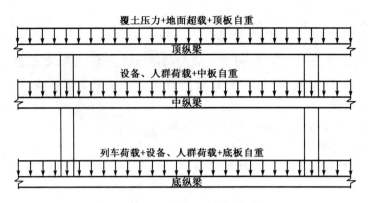

图 3-10 纵梁纵断面荷载示意图

主体结构荷载组合分项系数 表 3-4

荷载类型	荷载名称	基本组合	人防组合	地震组合	标准组合分项系数
永久荷载	结构自重	1.35	1.2	1.2	1
	顶板上覆土重	1.35	1.2	1.2	1
	设备荷载	1.35	1.2	1.2	1
	水土侧压力	1.35	1.2	1.2	1
	浮力	1.35	1.2	1.2	1
可变荷载	地面超载	1.4	—	—	1
	列车荷载	1.4	—	—	1
	人群荷载	1.4	—	—	1
偶然荷载	人防荷载		1.0		
	地震荷载	—	—	1.3	—

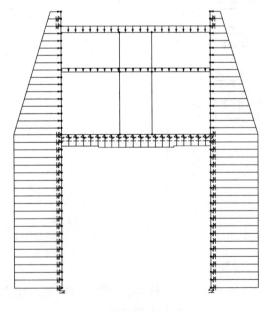

图 3-11 叠合结构 SAP2000 模型示意图

（四）主体结构抗浮稳定性计算

地下水丰富时,需对主体结构进行抗浮验算,使抗浮安全系数满足允许值的要求。抗浮安全系数计算方法分为考虑围护结构侧摩阻力和不考虑围护结构侧摩阻力两种。当抗浮安全系数不满足要求时,应该采用抗拔桩等措施。

（五）主体结构内力计算

根据荷载组合,建立结构内力计算模型进行结构内力计算。若侧墙与地连墙为叠合结构,则建立如图 3-11 所示的模型,其中地下连续墙建立两种截面尺寸,在与内衬相连处采用地下连续墙与内衬厚度相加截面,其余采用实际地下连续墙尺寸截面。

若为复合结构,则建立如图 3-12 所示的模型。

(六)主体结构配筋

根据主体结构内力计算结果整理的最大弯矩,对各部件进行配筋计算。配筋时应根据结构特点确定重要性系数,一般明挖法地铁车站的重要性系数为1.1。

(七)主体结构配筋检算

根据人防组合及地震组合下各构件最大弯矩值对上述配筋结果进行检验,重要性系数为1.0。

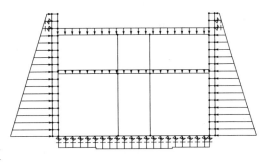

图 3-12　复合结构 SAP2000 模型示意图

(八)主体结构裂缝控制验算

矩形钢筋混凝土截面受弯构件中,按荷载效应的标准组合并考虑长期作用影响的最大裂缝宽度(mm)可按式(3-17)、式(3-18)计算。

$$w_{\max} = \alpha_{cr}\psi\frac{\sigma_{sk}}{E_s}\left(1.9c + 0.08\frac{d_{eq}}{\rho_{te}}\right) \tag{3-17}$$

$$\sigma_{sk} = \frac{M_k}{0.87h_0A_s} \tag{3-18}$$

式中:α_{cr}——构件受力特征系数,对于受弯构件,$\alpha_{cr}=2.1$;
　　　ψ——裂缝间纵向受拉钢筋应变不均匀系数,对直接承受重复荷载的构件,$\psi=1$;
　　　σ_{sk}——在荷载效应标准组合下,钢筋混凝土构件受拉区纵向钢筋的应力;
　　　M_k——标准工况下构件最大弯矩;
　　　E_s——钢筋的弹性模量;
　　　c——最外层受拉钢筋外边缘至受拉区底边的距离(mm);
　　　ρ_{te}——按有效受拉钢筋混凝土截面面积计算的纵向受拉钢筋配筋率,当$\rho_{te}<0.01$时,取$\rho_{te}=0.01$;
　　　h_0——截面有效高度(mm);
　　　d_{eq}——受拉区纵向钢筋的等效直径(mm)。

正常使用极限状态验算的明挖结构最大裂缝宽度允许值为0.3mm。

(九)纵梁配筋计算

对于纵梁来说,可按多跨连续梁进行计算,计算时考虑梁承受两侧跨径各一半的荷载,该计算方法忽略了板承受的荷载,对于结构来说,是偏于安全的。

对于标准段来说,其跨数一般大于5跨,可以按照5跨来取。对于端头井段,其跨数一般小于5跨,可以按照实际跨数2跨来取。计算模型见范例。

八、结构防水

防水对于保证地下工程的功能是非常重要的,渗漏水会影响结构的耐久性,导致结构产生不均匀沉降,危及行车安全,影响设备的正常使用。地铁工程的防水原则为"以防为主、多道设防、因地制宜、综合治理"。目前我国的地下工程的防水等级按渗漏程度分为一~四级,适用范围如表 3-5 所示。

不同防水等级的适用范围　　　　　　　　　　表 3-5

防水等级	适用范围
一级	人员长期停留的场所;因有少量湿渍会使物品变质、失效的储物场所及严重影响设备正常运转和危机工程安全运营的部位;极重要的战备工程
二级	人员经常活动的场所;在有少量湿渍情况下不会使物品变质、失效的储物场所及基本不影响设备正常运转和工程安全运营的部位;重要的战备工程
三级	人员临时活动的场所;一般战备工程
四级	对渗漏水无严格要求的工程

地下工程防水分为主体结构防水和细部构造(特别是施工缝、变形缝、诱导缝、后浇带)的防水。主体结构防水措施有:防水混凝土、水泥砂浆防水层、防水卷材、涂料防水层、塑料防水板、金属防水板及膨润土防水材料等。施工缝防水措施有:外贴式止水带、中埋式止水带、外抹防水砂浆、水泥基渗透结晶型防水涂料以及预埋注浆管等。后浇带防水措施有:补偿收缩混凝土、外贴式止水带、预埋注浆管、防水密封材料等。变形缝与诱导缝防水措施有:中埋式止水带、外贴止水带、可御式止水带、防水密封材料、外贴防水卷材及外涂防水材料等。具体设置方法可参见《地下工程防水技术规范》(GB 50108—2008)。

复合结构的地下车站防水措施是在围护结构与内衬墙之间、结构底板下铺设防水卷材、膨润土防水毯等防水材料,顶板铺设细石混凝土保护层及防水涂层,形成全包式防水。对于叠合结构地下车站,由于不能在围护结构与内衬墙之间铺设防水层,因此不能形成整体封闭的防水层,可采用水泥基渗透结晶型防水涂料等进行防水。

九、工程量及造价计算

根据结构尺寸、开挖深度等计算本工程的土方开挖量、材料用量及造价等,最终确定最合理设计。

第二节　设计文件组成与编制深度

一、设计文件组成

地下车站结构设计的设计文件主要由两部分组成:设计计算书和设计图纸。
设计计算书包括以下内容:
(1)工程概况。
(2)主基坑支护结构设计。
(3)附属基坑支护结构设计。
(4)主体结构设计。

(5)附属结构设计。
(6)防水设计。

完成的设计图纸包括：
(1)车站的总平面图。
(2)支护结构总平面图。
(3)支护结构剖面图、配筋图,包括主基坑及附属基坑。
(4)主体结构图。
(5)顶、中、底板、梁、柱等配筋图。
(6)楼梯的结构剖面图。
(7)附属结构及配筋图。
(8)主体结构防水图。
(9)附属结构防水图。
(10)施工缝等细部构造图。

二、编制深度

(一)绪论

(二)背景资料

1. 工程建设背景,工程地点、范围、规模等概况

2. 车站周边道路交通、建筑物分布、地下障碍物、管线等环境状况

3. 工程水文地质条件

(三)设计依据及设计原则

1. 设计依据、设计规范、设计原则等依据性文件

2. 对工程确立的设计标准、设计思路、设计流程与设计方法

(四)主基坑支护结构设计

1. 基坑典型断面选择

2. 围护结构选型
(1)常用围护结构的形式及特点对比。
(2)类似工程的围护结构选型概况分析。
(3)确定本工程围护结构选型方案。

3. 支撑结构选型及设计
(1)支撑围檩的选型及设计方案。
(2)水平支撑的纵向、横向间距及尺寸设计方案。

4. 围护结构插入比以及地墙厚度初步拟定

5. 基坑稳定性计算，确定围护结构插入比及尺寸

6. 支护结构内力计算

7. 支撑轴力确定

8. 地下连续墙配筋计算

（五）主体结构设计

1. 主体结构形式及尺寸的初步拟定

2. 主体结构设计荷载及组合

3. 主体结构抗浮稳定性计算

4. 主体结构内力计算

5. 主体结构配筋设计

6. 主体结构配筋检算

7. 主体结构裂缝控制验算

8. 纵向结构配筋计算

（六）附属基坑支护结构设计［子目录同（四）］

（七）附属结构设计［子目录同（五）］

（八）结构防水设计

1. 主体结构总防水设计

2. 附属结构总防水设计

3. 细部结构防水设计

第三节 设 计 实 例

本设计实例限于篇幅对内容进行了部分简化。

一、工程概况

某地下二层岛式车站中心里程为SK11+375.000，车站起始里程SK11+286.111，终止里程为SK11+440.034，为盾构过站。车站共设4个出入口及3座风井。

车站所在地段，人口密集、交通繁忙，临近已有建筑物，周围有雨水、污水、天然气、电信电

力等15根管线。环境保护等级为一级。

据地质勘察报告,拟建场地为软弱土地基,抗震设防烈度为6度。各土层主要物理力学性质指标如表3-6所示,车站基坑坑底主要位于④₁层淤泥质粉质黏土层。

各土层主要物理力学性质表　　　　表3-6

岩土编号	岩土名称	层厚(m)	天然含水率 w (%)	重度 γ (kN/m³)	天然孔隙比 e	直剪(固快)		基床系数		压缩模量 E_s (MPa)
						内摩擦角 φ_c (°)	黏聚力 c_c (kPa)	垂直 K_V (MPa/m)	水平 K_H (MPa/m)	
①₂	黏土	0.5~1.0	36.0	18.6	1.003	12.6	26.0	10.4	11.7	3.76
①₃	淤泥质黏土	3.2~3.9	44.9	17.6	1.261	9.1	15.4	5.0	5.5	2.28
②₂c	淤泥质粉质黏土	7.1~10.5	41.1	17.8	1.178	9.5	17.2	5.5	6.0	2.63
③₂	粉质黏土	0~0.7	33.6	17.6	0.975	10.0	17.5	7.1	7.9	2.51
④₁	淤泥质黏土	4.2~7.7	48.9	17.1	1.376	9.1	16.1	6.0	6.5	2.28
④₂	黏土	2.2~4.4	40.9	17.5	1.224	10.5	18.0	6.2	6.8	2.89
⑤₁	粉质黏土	1.7~2.6	26.6	19.6	0.76	17.4	36.6	17.7	19.6	6.27
⑤₂	粉质黏土	1.3~6.7	31.1	19.1	0.861	18.1	32.1	14.0	17.0	6.27
⑤₄	粉质黏土	5.8~9.5	30.8	19.1	0.878	14.7	28.5	13.0	14.5	5.50
⑥₁	粉质黏土		29.6	19.3	0.838	16.4	39.1	11.6	13.1	6.50

场地内基本无灾害性水患,潜水位埋深为0.8~2.2m。拟建场地孔隙承压水埋藏分布于深部第Ⅰ含水层组,第Ⅰ层孔隙承压水赋存于⑧层粉砂、砾岩和圆砾层中,含水层顶板埋深一般为50.7~55.2m,含水层层厚5~10m,层位稳定,水头高程为 -2.11m。

根据车站建筑设计,确定车站基坑宽19.0~23.4m,长约153.7m。行车层净高度端头井处取8 000mm,站厅层净高度取4 650mm。东侧端头井基坑深约17.69m,西侧端头井基坑深约为17.63m,标准段基坑深约为16.85m,采用明挖顺做法施工,基坑保护等级为一级。

二、主基坑支护结构选型及尺寸设计

(一)主体结构尺寸初步尺寸拟定及典型断面确定

由于车站所处场地地质条件比较均匀,设计时选择东侧端头井、标准段两个断面为典型断面进行结构计算,此处以东端头井为例。主体结构尺寸初步拟定如表3-7、图3-13所示,主体结构顶、中、底板位置如表3-8所示。

主体结构尺寸初步拟定尺寸(单位:mm)　　　　表3-7

断面	内衬	顶板	中板	底板	立柱	立柱间距	车站宽度	覆土厚
端头井	800	900	400	1 000	600	4 400	23 100	2 440

主体结构板的具体位置　　　　表3-8

所在层	端头井断面	
	板顶埋深(m)	板底埋深(m)
顶板	2.44	3.34
中板	7.99	8.39
底板	16.39	17.39

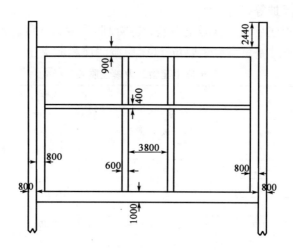

图 3-13 端头井主体结构尺寸拟定示意图(尺寸单位:mm)

(二)围护结构设计

1. 围护结构选型

地下连续墙使用基坑侧壁安全等级为一级的基坑工程,软土地区开挖深度为 16~25m 的类似工程均以地下连续墙作为围护结构,因此该车站基坑选择地下连续墙作为围护结构。

2. 围护结构插入比及地墙厚度初步拟定

工程类比类似工程基坑围护结构插入比,如表 3-9 所示。

软土地区地铁车站基坑围护结构插入比汇总表　　　　表 3-9

车 站 名 称	所属位置	基坑深度(m)	围护结构入土深度(m)	插入比	地墙埋深(m)	地墙厚度(mm)
临顿路站(苏州)	标准断面	18.3	33	0.80	33	800
	端头井	20.3	36	0.77	36	1 000
外环路站(上海)	标准断面	15.92	31	0.95	33	800
	端头井	17.40	33	0.90	36	800
仓街站(苏州)	标准断面	15.2	28	0.84	28	600
	端头井	17.1	32	0.87	32	800

根据工程类比,软土地区地下车站基坑围护结构插入比一般取值为 0.8~1.0,厚度多为 800mm。由于本次设计的基坑底部土体为⑤$_4$粉质黏土,物理性质较差,因此取稍大插入比,初步拟定为 1.15,连续墙厚度为 800mm。

(三)支撑结构设计

由于本基坑开挖深度较深,属于深基坑,所以竖向斜撑体系不适用于本工程;对于混合支撑体系,由于施工难度大,施工组织较平面支撑体系复杂,所以本工程基坑的支撑方案选平面支撑体系较为合适。

1. 围檩选型及尺寸设计

基坑开挖深度最大处达到 17.69m,基坑安全及保护等级均为一级,基坑所处区域地层为软弱土层,为控制基坑变形,利用围护墙顶的水平圈梁兼做第一道水平支撑的围檩,采用钢筋混凝土结构作为车站基坑的围檩形式,结构尺寸见表 3-10。

环城西路车站围檩结构尺寸   表 3-10

断　面	顶圈梁尺寸(mm)	围檩尺寸(mm)
端头井	1 200 × 1 000	1 000 × 800

2. 水平支撑设计

根据工程类比,拟定的水平支撑设计如表 3-11 所示。

主基坑支撑设计表   表 3-11

支撑道数	端头井		水平间距(mm)	尺　寸
	结构类型	中心深度(m)		
一	混凝土	1.00	8 000	900mm × 900mm
二	钢	4.00	3 000	$\phi 609$mm, $t = 16$mm
三	钢	6.80	3 000	
四	钢	9.50	3 000	
五	钢	12.20	3 000	
六	钢	14.69	3 000	

在进行车站基坑支撑布置时,应注意避开主体结构位置,以避免支撑与主体结构位置重合造成换撑,而增加建设成本。

(四) 基坑稳定性计算

依照本章第一节"基坑稳定性分析"中的计算方法,求得各项基坑稳定性指标:
(1) 围护墙体抗倾覆稳定验算: $K_Q = 1.77 > 1.2$,计算结果符合规范。
(2) 围护墙底地基承载力检算: $K_{wz} = 3.1 > 2.5$,计算结果符合规范。
(3) 基坑底部土体抗隆起稳定性检算: $K_L = 3.1 > 2.5$,计算结果符合规范。
(4) 抗渗流稳定性验算: $K_S = 2.48 > 2$,计算结果符合规范。
(5) 抗突涌安全性检算: $K_y = 1.20 > 1.05$,计算结果符合规范。

上述稳定性安全系数均略有富余,为减少工程造价,应重新调整初步拟定的尺寸计算,此处略。因此最终确定的围护结构插入比、尺寸等为初步拟定的尺寸。

(五) SPA2000 围护结构内力计算

根据本章第一节"围护结构内力计算"中的方法进行计算,得到结果如表 3-12 所示。
利用 SAP2000 分别对 7 个工况进行模拟,得到:端头井地下连续墙结构受到的最大正弯矩为 905.78kN·m,最大负弯矩为 639.80kN·m。

(六) 支撑轴力计算

采用增量法,计算得到各支撑在各工况下的轴力如表 3-13 所示。

端头井各工况水土侧压力及支撑刚度 表3-12

工况	开挖深度 (m)	最小处压力 (kN)	最大处压力 (kN)	混凝土支撑刚度 (kPa/m)	钢支撑刚度 (kPa/m)
1	1.5	13	29.46	259 615	170 000
2	4.5	0	42.32	259 615	170 000
3	7.3	0	38.79	259 615	170 000
4	10	0	37.62	259 615	170 000
5	12.7	0	37.62	259 615	170 000
6	15.19	0	35.15	259 615	170 000
7	17.69	0	35.27	259 615	170 000

端头井支撑实际轴力(单位:kN) 表3-13

支撑	工况1	工况2	工况3	工况4	工况5	工况6	工况7
第一道混凝土支撑	—	121.84	42.01	14.99	35.55	37.98	36.39
第二道钢支撑	—	—	256.94	275.65	252.59	237.41	231.85
第三道钢支撑	—	—	—	184.57	202.00	183.50	170.06
第四道钢支撑	—	—	—	—	168.97	186.91	172.70
第五道钢支撑	—	—	—	—	—	146.02	167.17
第六道钢支撑	—	—	—	—	—	—	125.12

则取各支撑设计及预加轴力如表3-14所示。

端头井钢支撑设计轴力与预加轴力 表3-14

钢支撑	设计轴力(kN)	预加轴力(kN)	预加/设计之比
第二道钢支撑	500	300	0.6
第三道钢支撑	500	260	0.52
第四道钢支撑	500	260	0.52
第五道钢支撑	600	320	0.53
第六道钢支撑	500	260	0.52

(七)地下连续墙配筋计算

已知截面尺寸1 000mm×800，C30混凝土$f_{cd}=13.8$MPa，HRB335钢筋$f_{sd}=280$MPa，弯矩$M=905.78$kN·m，外侧保护层厚度为70mm，重要性系数为1.1。

设$a=100$mm，则$h_0=h-a=800-100=700$mm，根据弯矩平衡方程

$$\gamma_0 M = f_{cd} S_{cs}(x) = f_{cd} b x \left(h_0 - \frac{x}{2}\right) \tag{3-19}$$

解方程，得

$$x = 112.1 < \xi_b h_0 = 392 \tag{3-20}$$

将x值带入方程$f_{sd}A_s = f_{cd}bx$，得

$$A_s = 5526 \text{mm}^2 \tag{3-21}$$

则设置10根直径为28mm的二级钢筋，间距为100mm，每延米总面积6 158mm²。此时

$a = 70 + 31.6/2 = 85.8 \text{mm}$，$h_0 = h - a = 800 - 85.8 = 714.2 \text{mm}$。

验算截面配筋率

$$\rho = 0.9\% > \rho_{\min} = 0.22\% \quad (3-22)$$

故满足设计要求。

验算超筋梁

$$x = 112.1 < \xi_b h_0 = 400 \quad (3-23)$$

满足要求，不会发生超筋梁破坏。

最终得到地下连续墙配筋如表 3-15 所示。

地下连续墙配筋表   表 3-15

断面位置	钢筋位置	M_{db}(kN·m)	x(mm)	A_s(mm²)	每延米钢筋数量	钢筋直径(mm)
端头井	迎土面	905.78	112.1	5 526	10	28
	开挖面	639.80	74.7	3 682	10	25

三、主体结构设计

(一)荷载计算

1. 水土分算的静止侧向土压力计算

由水文地质条件知，潜水层深度为 2.2m。

静止侧向土压力强度计算为

$$p_0 = \gamma' h k_0 \quad (3-24)$$

水压力强度计算为

$$p_w = \gamma_w h_w \quad (3-25)$$

水土总压力强度计算为

$$p = p_0 + p_w \quad (3-26)$$

计算结果如表 3-16 所示，其中土层①₁、①₂位于潜水层以上。

端头井水土分算静止土压力计算   表 3-16

土层编号	土层厚度 h(m)	土层重度 γ(kN/m³)	静止侧压力系数	有效重度(kN/m³)	孔隙比 e	G_s	天然含水率	单层总压力(kPa)	累计总压力(kPa)
①₁	1.2	18	0.5	—	1	2.701	0.36	10.8	10.8
①₂	1	18.6	0.52	—	1.003	2.795	0.36	9.67	20.47
①₃	3.2	17.6	0.68	7.81	1.261	2.802	0.449	48.36	68.83
②₂c	8.4	17.8	0.66	8.12	1.178	2.804	0.411	127.31	196.14
④₁	3.89	17.1	0.62	7.36	1.376	2.784	0.489	55.87	252.02

加权后 $k_0 = 0.64$，地面均布荷载 q 产生的侧向压力为 $qk_0 = 20 \times 0.64 = 12.8 \text{kN/m}$。

2. 主体结构内力计算

本次设计分三个工况计算结构内力：①基本组合；②人防组合；③标准组合。以基本组合为例，利用 SAP2000 对结构进行内力计算。材料参数设置同主基坑支护结构。端头井基本工况下荷载组合如表 3-17 及图 3-14 所示。

端头井主体结构荷载基本组合　　　　　　　　　　　　　　　　　表 3-17

荷 载 类 型	荷 载 名 称	荷载大小(kPa)	分 项 系 数	乘分项系数后大小(kPa)
永久荷载	结构自重	25	1.35	33.75
	顶板上覆土重	43.92	1.35	59.3
	设备荷载	10	1.35	13.5
	水土侧压力	252.02	1.35	340.23
	浮力	161.6	1.35	218.16
可变荷载	地面超载	20	1.4	28
	列车荷载	20	1.4	28
	人群荷载	4	1.4	5.6

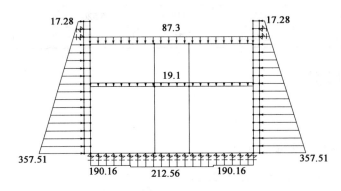

图 3-14　端头井主体结构基本组合受力图(单位:kPa)

对三个工况的数据进行导出、处理后得到结构各部分(内衬、顶板、中板、地板)的包络图,取得结构各部分最大正负弯矩值。

(二)浮力及抗浮安全系数计算

不考虑侧摩阻力时,则抗浮安全系数应满足 $K_{浮} \geqslant 1.05$。本计算断面潜水及基坑内外水头差见表 3-18,抗浮稳定性计算见表 3-19。

断面潜水及水头差　　　　　　　　　　　　　　　　　表 3-18

断　　面	潜水位埋深(m)	基坑开挖深度(m)	内外水头差(m)
端头井	2.2	17.69	16.49

端头井抗浮稳定性计算　　　　　　　　　　　　　　　　　表 3-19

计 算 对 象		重度(kN/m³)	高度(m)	荷载大小(kPa)	截面面积(m²)	计算荷载(kN)	合计(kN)
$G_{覆土}$	上覆土体	18	2.44	43.92	24.7	1 085	1 085
$G_{结构}$	顶板	25	0.9	22.5	23.1	519.8	2 099.3
	中板		0.4	10	23.1	231	
	底板		1.0	25	23.1	577.5	
	立柱		12.65	316.25	1.2	379.5	
	内衬		13.05	326.25	1.2	391.5	
$F_{浮}$	坑底浮力	9.8	16.49	161.6	21.5	3 474.4	3 474.4

抗浮系数 $K_{浮} = (G_{覆土} + G_{结构})/F_{浮} = 0.92 < 1.05$,需要设置抗拔桩。

需要抗拔桩提供的抗浮力 $= 3\,474.4 \times 1.05 - 1\,085 - 2\,099.3 = 463.82(\mathrm{kN})$,此处省略抗拔桩设计,具体可参见相关规范。

(三)主体结构配筋

对主体结构进行配筋计算,具体方法同地下连续墙配筋计算,得到的配筋结果见表 3-20、表 3-21。

端头井主体结构正弯矩配筋　　　　　　　　　　　表 3-20

结构部件	保护层厚度(mm)	实际 a 值(mm)	钢筋面积(mm^2)	钢筋等级	钢筋外径(mm)	根数	钢筋间距(mm)
内衬(迎土侧)	30	66.7	11 262	HRB335	35.8	10	100
					35.8	4	250
立柱(迎土侧)	30	39.2	1 608	HRB400	18.4	8	100
顶板(下侧)	40	52.6	3 801	HRB335	25.1	10	100
中板(下侧)	30	44.2	1 964	HRB335	28.4	4	250
底板(下侧)	50	78.9	9 025	HRB335	35.8	10	100
					28.4	2	500

端头井主体结构负弯矩配筋图　　　　　　　　　　表 3-21

结构部件	保护层厚度(mm)	实际 a 值(mm)	钢筋面积(mm^2)	钢筋等级	钢筋外径(mm)	根数	钢筋间距(mm)
内衬(背土侧)	30	42.6	3 801	HRB335	25.1	10	100
顶板(上侧)	50	65.8	6 158	HRB335	31.6	10	100
中板(上侧)	30	45.8	4 926	HRB335	31.6	8	125
底板(上侧)	40	55.8	4 926	HRB335	31.6	8	125

(四)主体结构配筋检算

根据人防组合下各构件最大弯矩值对上述配筋结果进行检验,重要性系数为 1.0。以端头井顶板迎土侧为例:已知截面尺寸为 1 000mm×900mm,C30 混凝土 $f_{cd} = 13.8\mathrm{MPa}$,HRB335 钢筋 $f_{sd} = 280\mathrm{MPa}$,弯矩 $M = 1\,062.23\mathrm{kN \cdot m}$,外侧保护层厚度为 50mm,基本组合重要性系数为 1.0。$a = 65.8\mathrm{mm}$,则 $h_0 = h - a = 900 - 65.8 = 834.2(\mathrm{mm})$。

根据弯矩平衡方程

$$\gamma_0 M = f_{cd} S_{cs}(x) = f_{cd} bx \left(h_0 - \frac{x}{2} \right) \tag{3-27}$$

解方程,得

$$x = 98.0 \leqslant \xi_b h_0 = 0.56 \times 834.2 = 467.2 \tag{3-28}$$

将 x 值带入方程 $f_{sd} A_s = f_{cd} bx$,得

$$A_s = 4\,830\ mm^2 < 6\,158\ mm^2 \tag{3-29}$$

因此端头井顶板迎土侧配筋检算达标。经检算,中板、底板、立柱等配筋也满足要求。

(五)主体结构裂缝控制验算

根据本章第一节"主体结构裂缝控制验算"中的计算方法,得到主体结构裂缝验算结果如表 3-22 所示。

主体结构裂缝宽度(单位:mm) 表 3-22

断面		内衬	顶板	中板	底板
端头井	正弯矩方向	0.03	0.08	0.07	0.04
	负弯矩方向	0.08	0.06	0.03	0.07

表中裂缝宽度均小于 0.3mm 限值,满足规范要求。

(六)纵向配筋计算

纵向配筋以标准段为例,标准段基坑为 19m,覆土厚度为 2.55m。顶纵梁的截面尺寸为 $1\,200mm \times 2\,200mm$,在使用 SAP2000 建模时,输入材料的参数,结构的自重软件自动考虑。顶纵梁承受的荷载包括顶板上的垂直土压力和顶板的自重,则 $G = 18 \times 2.55 \times 19 = 872.1\ kN/m$。建立顶纵梁模型如图 3-15 所示。

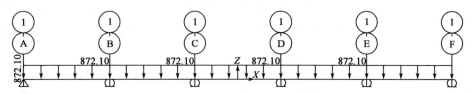

图 3-15 顶纵梁的计算模型(单位:kN/m)

得到顶纵梁弯矩及剪力如图 3-16、图 3-17 及表 3-23 所示。

图 3-16 顶纵梁的弯矩图

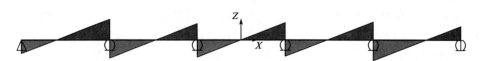

图 3-17 纵梁的剪力图

顶梁内力值 表 3-23

位置	最大弯矩值(kN·m)	最大剪力值(kN)
跨中	5 154.3	4 702.0
梁端	6 919.7	3 074.0

标准段各梁内力如表 3-24 所示。

标准段各梁内力值　　　　表 3-24

各 梁 名 称	尺寸 (mm)	跨中最大正弯矩 (kN·m)	支座最大负弯矩 (kN·m)	最大剪力 (kN)
顶纵梁	1 200×2 200	7 290.1	9 829.1	6 679.0
中纵梁	1 000×1 000	1 067.9	1 443.4	977.4
底纵梁	1 100×2 200	5 525.1	7 418.1	5 046.8

配筋计算具体方法同地下连续墙配筋。

四、结构防水设计

地铁车站及设备集中地方的防水等级为一级。本工程中顶板采用防水涂料,侧墙及底板铺设橡胶止水带,同时顶板辅以附加防水层。变形缝采用预埋式止水带,具体防水设计如图 3-18 所示。

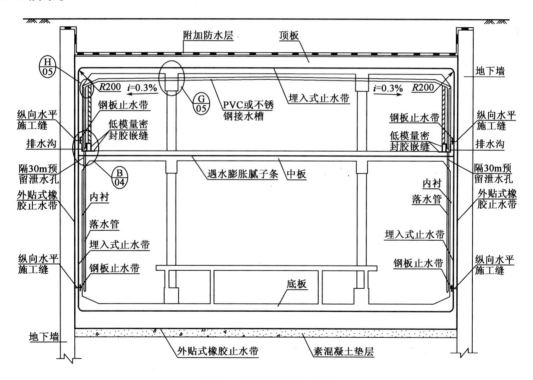

图 3-18　主体结构防水设计图

第四章 城市轨道交通区间盾构隧道结构设计指导

第一节 设计流程与方法

一、城市轨道交通区间盾构隧道结构设计应收集的设计基础资料

(一)管理性文件

(1)国家或地方政府批准的基本计划文件。主要指相应主管部门的批件,如发改委批件、相关省市的批件等,是确认工程合法性的重要标志。

(2)工程可行性研究报告、初步设计文件或扩大初步设计文件。

(3)项目投资方(建设方)和设计单位签订的设计合同。该文件对项目的设计标准、设计深度、设计进度、设计费用、工作方法和流程等都有具体的规定。

(二)技术标准、规范和规定

(1)《地铁设计规范》(GB 50157—2013)。
(2)《铁路隧道设计规范》(TB 10003—2005/J449—2005)。
(3)《建筑结构荷载规范》(GB 50009—2012)。
(4)《混凝土结构设计规范》(GB 50010—2010)。
(5)《钢结构设计规范》(GB 50017—2003)。
(6)《人民防空工程设计规范》(GB 50225—2005)。
(7)《建筑抗震设计规范》(GB 50011—2010)。
(8)《地下工程防水技术规范》(GB 50108—2008)。
(9)《盾构法隧道施工与验收规范》(GB 50446—2008)。
(10)《城市轨道交通技术规范》(GB 50490—2009)。
(11)《城市轨道交通岩土工程勘察规范》(GB 50307—2012)。
(12)《地基基础设计规范》(DGJ 08-11—2010)。
(13)《城市轨道交通设计规范》(DGJ 08-109—2004)。
(14)《隧道工程防水技术规程》(DG/TJ 08-50—2012)。
(15)《上海地铁基坑施工规程》(SZ-08—2000)。
(16)地方性地铁隧道施工技术规程,如《天津地下铁道盾构法隧道工程施工技术规程》(DB 29-144—2010),《上海地铁隧道工程盾构施工技术规程》(DG/TJ 08-2041—2008)。

(三)区间隧道结构设计相关资料

(1)区间隧道工程地质勘察报告。
(2)区间线路总平面图、线路纵断面图。
(3)区间线路相关限界图纸。

二、城市轨道交通区间盾构隧道整体设计流程

(一)工程地质勘察

地下工程的施工都是在岩土体中进行的,因此在设计和施工之前必须对工程所涉及的岩土体进行充分的勘察和调查。作为毕业生的一项基本技能,必须能够读懂岩土工程勘察报告,发现工程中的风险及重难点所在。根据《城市轨道交通岩土勘察规范》(GB 50307—2012),岩土勘察按照工程设计进展的不同阶段所需要提交的勘察报告的深度要求,划分为可行性研究勘察、初步设计勘察、施工勘察和工法勘察几种。表4-1为工程施工图设计阶段的工程地质勘察内容以及配合盾构法隧道所进行的工法勘察的技术要求。

详勘阶段技术要求 表4-1

勘察类别	技 术 要 求
详细勘察 (区间隧道)	(1)查明不良地质作用的特征、成因、分布范围、发展趋势和危害程度,提出治理方案的建议; (2)查明场地范围内的岩土层的类型、年代、成因、分布范围、工程特性,分析和评价地基的稳定性、均匀性和承载能力,提出天然地基、地基处理或桩基处理等地基基础方案的建议,对需要进行沉降计算的建筑物,提供变形计算参数; (3)分析地下工程围岩的稳定性和开挖性,对围岩进行分级和岩土施工分级,提出对地下工程有不利影响的工程地质问题及防治措施的建议,提供基坑支护、隧道初期支护以及衬砌施工和设计的所需要的岩土参数; (4)分析边坡的稳定性,提供边坡的稳定计算参数,提出治理的工程措施建议; (5)查明对工程可能有影响的地表水分布、水位、水深、水质、防渗措施、淤积物的分布及与地下水的水力联系,分析地表水对工程可能造成的危害; (6)查明地下水的埋藏条件,提供场地的地下水类型、勘察时水位、水质、岩土渗透系数、地下水位的变化幅度等地质资料,分析地下水对工程的作用,提出地下水控制措施的建议; (7)判别地下水对于工程的腐蚀性; (8)分析工程周边环境与工程的相互影响,提出环境保护测试的建议; (9)应确定场地的类别,对抗震设防烈度大于6度的场地,应进行液化判别,提出处理的建议; (10)在季节性冻土地区,应提供场地土的标准冻结深度
施工勘察 (区间隧道)	(1)研究工程勘察资料,掌握场地工程地质条件及不良地质作用和特殊性岩土的分布情况,预测施工中可能遇到的岩土工程问题; (2)调查了解工程周边环境条件变化、周边工程施工情况、场地地下水位变化及管线渗漏情况,分析地质和周边环境条件的变化对工程可能造成的危害; (3)施工中应通过观察开挖面岩土成分、密实度、湿度、地下水情况、软弱夹层、地质构造、裂隙、破碎带等实际地质条件,核实、修正勘察资料; (4)绘制边坡和隧道地质素描图; (5)对复杂地质条件下的地下工程开展超前地质探测工作,进行超前地质预报; (6)进行地下水动态观测

续上表

勘察类别	技 术 要 求
工法勘察	(1)查明产岩土类型、成因、分布与工程特性,重点查明高灵敏度软土层、松散沙土、高塑性黏性土层、含承压水砂层、软硬不均地层、含漂石或乱石地层等的分布和特征,分析评价其对盾构施工的影响; (2)在基岩地区应查明岩土分界位置、岩石坚硬程度、岩石风化程度、结构面发育情况、构造破碎带、岩脉的分布与特征等,分析其对于盾构施工的危害; (3)通过专项勘察查明岩溶、土洞、孤石、球状风化体、地下障碍物、有害气体的分布; (4)提供沙土、卵石和全风化、强风化岩石的颗粒组成、最大粒径及曲率系数、不均匀系数、耐磨矿物成分及含量、岩石质量指标、土层的黏粒含量等; (5)对盾构始发(接收)井及区间联络通道的地质条件进行分析和评价,预测可能发生的岩土工程问题,提出土体加固范围和方法的建议; (6)根据隧道围岩条件、断面尺寸和形式,对盾构设备的选型及刀盘、刀具的选择以及辅助工法的确定提出建议,并提供所需要的岩土参数; (7)根据围岩岩土条件及工程周边的环境控制要求,对不良地质体的处理及环境保护提出建议; (8)盾构下穿地表水体时,应调查地表水与地下水之间的水力联系,分析地表水可能的工程危害; (9)隧道下方若有淤泥层及易产生液化的饱和粉土层、砂层,应评价其对于隧道施工和运营的影响,提出处理的建议

在施工图设计阶段,设计人员要结合施工机具设备和施工方法,有针对性地进行设计,了解盾构周围岩土体的工程性质,了解地下水的分布及特征,对施工困难地段则考虑进行加固设计;在施工区段较长以及岩土体对于刀具磨损较大的情况下,则必须考虑更换刀具的地点及方式;对于周边建筑物应提出一定的保护方案,若有侵限建筑物,则应考虑拆除、局部托换、加固等方案的对比分析;对于隧道周边局部土体有淤泥、容易液化的土层,则必须考虑相应的处理建议。

(二)线路专业相关工作

城市轨道交通的设计非常注重各专业的配合,与区间结构设计相关联的专业主要是线路专业、建筑专业、通风专业和给排水专业等,而其中属线路专业联系最为紧密。因此要进行盾构隧道的结构设计,则必须先清楚线路相关专业的主要工作,以及相关接口。

1.初步设计阶段

线路设计人员须完成各个区段线路的设计说明书及相关设计图纸,设计成果中与区间结构设计相关的内容主要包括:

(1)线路平面设计。线路平面位置选择及控制点的确定,线路与主要建筑物及管网的关系,线路平面基本特征以及平面主要技术参数,即曲线半径、缓和曲线长度、夹直线长度的选择情况,车站位置选择及平面布置情况。

(2)线路纵断面设计。线路纵断面控制点的确定以及沿线的工程地质和水文地质概况,沿线的地形条件和地下管网情况,纵断面的设计特征,控制地段的坡长及坡度值的选用方案比较。

(3)辅助线的配置。与车场和其他线的联络线布置情况,折返线与车站配线布置情况。

(4)主要控制节点处理方案,主要控制点及典型线路横断面设计。

(5)拆迁改移工程。

在前期线路初步方案确定的基础上,线路专业中的限界设计人员根据设计区间各种管线安装位置的空间分配原则,论述直线地段地下区间与车站建筑限界、高架区间与车站建筑限界、地面线区间与车站建筑限界及主要尺寸的确定,提出曲线地段及道岔区段建筑及设备限界加宽加高要求。最后提交各个关键节点的坐标值及相关断面图。

2. 施工图设计阶段

在前期初步设计方案基础上,线路专业人员需要进一步细化设计方案,提供指导施工放线和下一步结构设计的线路最后位置坐标。其主要工作概括如下:

(1)设计说明中对于主要设计原则及标准补充意见结合前期例会的会议纪要进一步阐述;线路平面调整情况;线路纵断面设计,对主要控制点的变更意见;说明辅助线的变化调整情况;测量放线及施工应注意事项。

(2)设计图纸的具体要求参见表4-2。

施工图设计阶段(线路专业)设计图纸要求 表4-2

图纸类别	图 纸 要 求
平面设计图	图纸比例1:500,图中表示出线路正线及辅助线平面位置;沿线的地物、道路和建筑现状;沿线的道路建筑红线和重要建筑及立交桥规划;车站位置和各车站的出入口布置;区间泵站、联络通道、工作井、区间风井等附属构筑物的位置。左右线里程标注(包括公里标、百米标、车站中心、道岔中心、附属结构中心、曲线头尾、缓和曲线头尾等);坐标标注(包括交点及车站中心等);线路左右线的曲线要素、站间距、线间距、切线方位角、坐标网、控制点坐标等
纵断面设计图	图纸比例纵向1:2 000,竖向1:200,图中表示线路左右线的纵断坡度、变坡点竖曲线要素及高程改正值、左右线轨顶高程、左右线里程、百米标及断链、结构轮廓线、轨顶线、结构(隧道、桥梁)外轮廓线绘制;平面示意及左右线平面曲线要素;反映地形特征和地质及水文地质概况,地下管线(现状与规划),道路规划高程和控制点高程
其他辅助图	根据工程情况,对需要用图纸形式补充说明的地段或范围,按实际情况确定图纸比例及内容
右(左)线坐标成果表	包括公里标、百米标、站中心、附属结构物中心、道岔中心及其他控制点加标的坐标;圆曲线(缓和曲线)头尾,曲中里程加标的坐标;曲线交点或分交点坐标;曲线要素、断链、方位角、点间距离长度等
线路平面几何略图	包括线路平面左右线曲线要素、里程、断链、线间距、控制点坐标、方位角等数据,为现场放线测量控制用图

限界设计人员在线路专业技术成果的基础上将进一步细化技术标准,制订出需特殊处理位置的详细限界方案:

(1)阐述曲线地段马蹄形隧道断面、圆形隧道断面是采用移动隧道中心的方法来代替限界加宽。

(2)缓和曲线地段限界的计算及处理方法。

(3)各种设备及管线安装的注意事项。

(4)直线、曲线车站站台部分的施工误差要求。

(5)直线车站站台两端受单渡线或交叉渡线内、外侧偏移量影响的施工要求。

(6)高架桥面直线段与曲线段的过渡方式以及人行平台不同宽度的要求。

(7)转辙机坑位置的确定。

限界人员在完善初步设计图纸外需进一步绘制的图纸包括:

(1)特殊段双线矩形隧道限界图(设中墙,左右线不同曲线半径)。
(2)矩形隧道不设中墙处限界图。
(3)双线马蹄形隧道限界图。
(4)圆形隧道防护隔断门限界图。
(5)隧道内圆曲线、缓和曲线限界加宽平面示意图。
(6)单渡线矩形隧道限界加宽平面示意图。
(7)光过渡段结构限界图(该图为矩形隧道与敞开段结合部)。
(8)曲线车站站台层平面限界图。
(9)直线车站站台两端道岔偏移量影响平面图。
(10)转辙机安装处建筑限界加宽平面示意图。
(11)车辆段内需要的限界图。

(三)结构专业相关工作

1. 初步设计阶段

区间结构设计人员在前期线路专业工作成果的基础上须编制好区间结构的设计说明书和初步设计图纸,设计说明书工作主要包括如下方面:

(1)区间结构设计原则

区间结构设计原则包括结构设计应满足的基本要求、设计使用年限、当地政府主管部门批准的根据地震安全性的评价结果确定的抗震设防等级、人防抗力标准、环境保护要求等。

(2)结构设计

结构设计包括结构选型、耐久性设计、工程材料、抗震措施、变形缝、施工缝、后浇带设置原则等。

(3)结构计算

结构计算包括计算原则、荷载及其组合、计算模式及计算参数的确定、施工阶段及平时使用期间的稳定性分析及强度计算、结构裂缝宽度检算,偶然荷载(地震荷载、人防荷载)作用下的结构计算、主要计算结果及分析等。

(4)施工方法

施工方法包括施工方法的论证、盾构选型、主要施工步序、地下水处理、环境保护措施等。

(5)特殊地段的结构处理与施工

如隧道通过不良地质地段或可液化地层、基础托换、超接近施工、软土层中盾构区间隧道的联络通道以及穿越高层建筑或城市桥梁的基础等。

(6)施工监测要点

(7)结构防水

(8)存在问题及下阶段设计应注意的事项

初步设计阶段结构设计图纸绘制工作主要包括的内容如表4-3所示。

2. 施工图设计阶段

区间结构设计人员在基本线位确定,同时得到了内部轮廓具体尺寸后,将主要为工程实施提供设计说明书及绘制配筋图。

初步设计阶段结构设计图纸要求　　　　　　　表4-3

图纸类别	图纸要求
结构布置总图	含车站结构布置总图、区间结构布置总图和附属结构布置总图,内容包括平面、纵剖面、断面变化点里程、高程、变形缝位置,暗挖隧道纵剖面图应带地质剖面
结构断面图	含车站、区间和附属结构断面图
结构施工方案图	包含施工步序、地基加固、基坑围护等内容
防水设计图	防水设计图、变形缝、施工缝、特殊部位处置措施图等
特殊地段的结构方案	含施工方案

设计说明书主要包括：

(1) 初步设计审查意见及执行情况

(2) 设计原则

设计原则包括设计使用年限、抗震设防等级、人防抗力标准、混凝土结构裂缝控制要求、设计荷载及组合、设防水位、耐火等级、基坑保护等级、地面沉降控制要求等。

(3) 工程材料

工程材料包括混凝土的强度等级和抗渗等级,从耐久性设计角度对水泥、掺和料、集料的特性、配比及水胶比等提出要求,钢筋和钢材的种类,焊条类型,管片螺栓紧固件的机械性能等级,钢筋连接器的性能等级等。

(4) 构造要求

构造要求包括变形缝、施工缝、后浇带的设计原则,钢筋的锚固、搭接要求、钢筋的净保护层厚度要求等。

(5) 施工注意事项及技术要求

施工注意事项及技术要求包括地下水处理原则,区间隧道若采用明挖基坑,则必须说明土方开挖、架、拆撑要求、支撑(锚杆)的设计轴力及预加轴力值;采用矿山法隧道的开挖方法、步长、台阶长度或导洞间拉开的距离要求;混凝土的浇筑和养护、地层加固、明挖隧道两侧及顶部回填、暗挖隧道衬砌背后压浆要求;隧道断面的预留净空余量、施工误差控制、钢结构的加工、组装及就位精度、管片的制作及拼装精度、矿山法隧道的允许超挖量和预留围岩变形量;施工限载,施工步序和构件浇筑顺序的说明;地面沉降控制措施;不良地质地段,与既有建、构筑物处于超接近状态施工的技术措施及采用特殊方法(基础托换、冻结法等)的施工要求。

(6) 施工监测要求

(7) 结构防水

(8) 主要工程数量表

(9) 通用图索引

表4-4为施工图设计阶段设计图纸要求。

三、城市轨道交通区间盾构隧道结构设计流程

盾构的结构设计在可行性研究阶段一般只是提出初步方案,而在初步设计阶段则需完成具体的结构形式的选定,如管片的拼装方式、接头的形式等,并完成相关的力学分析和计算。而施工图设计阶段主要完成结构的细部配筋设计和进行一些技术细节的完善。由此可见,盾

构隧道的结构设计关键部分,基本上是在初步设计阶段和施工图设计阶段完成的。结构设计通常是从计算荷载开始,在确定了结构尺寸后,再进行详细的配筋设计。图4-1即盾构隧道的一般的检算和设计流程。

施工图设计阶段(隧道结构专业)设计图纸要求   表4-4

图纸类别	图纸要求
结构总图	内容包括平面图、剖面图、变形缝位置,预留孔洞及预埋件位置。区间结构布置总图应特别标注结构与线路中线和轨面高程线的关系尺寸,在断面变化处、变形缝处及附属建筑物处,要标注线路里程,以便确定结构的准确位置,暗挖隧道纵剖面图应带地质剖面
结构断面图	详细标注结构尺寸以及结构与线路中线和轨面高程的关系尺寸。矿山法隧道应注明小导管、管棚、锚杆等设计参数。盾构法隧道则应标明分块图
各构件配筋断面图、格栅拱钢筋图	详细标明钢筋配置情况,如主筋的直径、间距,钢筋接头设置位置,箍筋直径与间距,纵筋直径与间距
节点构造详图	如断面变化处钢筋连接详图,变形缝处钢筋配置详图,逆作法梁、柱节点详图及立柱与桩基连接节点详图,格栅拱或钢拱架连接节点详图,装配式构件连接节点详图
管片模板图	主要为管片的模具招标以及管片预制件厂使用
结构防水图	主要绘制管片接缝处防水构造图,如密封垫的断面及生产技术要求等;对于联络通道应绘制出接缝和整体防水工艺图;在隧道进洞出洞的防水设施工艺图
预埋件详图	如管片的连接螺栓、吊装孔、注浆孔等预埋件的构造图
特殊位置结构图	如临近隧道、构造物等特殊需要处理地段混凝土管片、临近横通道的钢管片详图
监控量测测点布置图	矿山法暗挖隧道应注明开挖不同阶段的监测要求及测点布置断面图
人防结构图	区间隧道横通道等处的人防设施结构

四、区间盾构隧道结构设计方法详解

(一)圆形隧道内径的确定

圆形隧道内径主要由轨道交通限界、各类设备布置等内容确定,同时还要考虑施工误差、轴线拟合误差和结构不均匀沉降等因素的影响。目前我国广州、上海和南京等城市盾构隧道内直径均为5.5m。

(二)衬砌类型

目前我国的盾构隧道如无特殊需要,均采用单层衬砌。从防水和拼装以及运输的角度合理地确定分块数,通常对于中小直径的轨道交通隧道来说,管片多以4~6块为主。若为双线大直径隧道,则以6~8块为宜。

管片的厚度一般取为管片外直径的4%左右,若地层较好,则可适当降低管片厚度,但是必须经过耐久性检算。上海等长三角城市一般取为350mm,而广州则为300mm。

管片的环宽一般取为1200~1500mm,对于长距离的大直径盾构隧道,一般管片拼装机的抓取能力较强,很多可以取为2000mm。

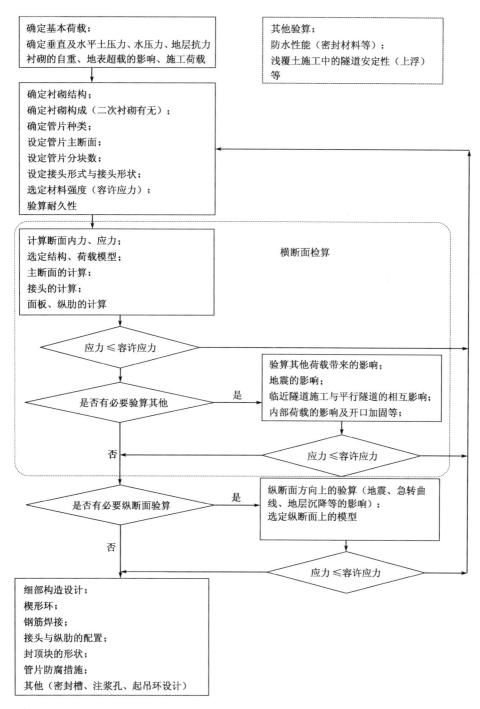

图 4-1　盾构隧道结构检算与设计流程

(三)工程材料

根据《地下铁道设计规范》(GB 50107—2013)要求,盾构隧道的工程材料要满足受力及耐久性的要求,以下为上海某隧道的工程材料选择,以资参考:

管片结构主筋净保护层取50mm,强度等级取C60。管片混凝土强度等级为C60,材料抗渗等级为P12,钢筋采用HPB235级、HRB335级钢。

联络通道处采用钢—混凝土复合特殊衬砌圆环,钢材采用Q235B钢。

管片环、纵向连接螺栓的机械性能等级为6.8级、5.8级。预埋件采用Q235B钢,所有外露铁件均需进行防腐蚀处理。

(四)管片预埋件及紧固件设计

根据圆形隧道施工要求,管片内弧面预留两个真空中吸盘机械抗滑移锥形凹槽,同时在每块管片的中部预埋一个的注浆管,对于管片间起连接作用的螺栓及螺母垫圈等,这些都应在设计图纸中体现出来。

(五)衬砌管片制作、拼装及施工精度要求

为保证装配式结构良好的受力性能,提供符合计算假定的结构工作条件,管片制作和拼装必须达到下列精度:

(1)单块管片制作的允许误差:宽度±0.4mm;弦长:±0.8mm;内半径:±1mm;外半径$^{+3}_{-0}$mm;环向螺栓孔孔位±1.0$^{+3}_{-0}$mm。

(2)整环拼装的允许误差:相邻环的环面间隙为(4±0.4)mm;纵缝相邻块间隙为(2±0.2)mm;对应的环向螺栓孔不同轴度小于1mm。

(3)推进时轴线误差≤100mm。包括施工误差、测量误差、不均匀沉降、结构变形及线路轴线拟合误差等。

(六)隧道衬砌结构横断面计算

1. 荷载计算

在盾构管片的结构设计中一般采用结构荷载计算模型,即将盾构管片作为独立的结构,而水土压力直接作用于管片之上,采用结构力学方法计算管片之中的轴力、弯矩和剪力。图4-2为典型的结构荷载计算模型。荷载种类参见表4-5。

结构设计时,分别就施工阶段、正常运行阶段和特殊阶段可能出现的最不利荷载组合进行结构强度、刚度和裂缝宽度验算。但特殊荷载阶段每次仅对一种特殊荷载进行组合(无须验算裂缝宽度)。以下介绍几个重要荷载的计算方法。

(1)静力荷载
①衬砌环自重

$$G = \gamma\pi(W_{di}^2 - N_{di}^2)/4(\text{kN/m}) \tag{4-1}$$

②衬砌环浮力

$$F_{浮} = \rho_{水} g V_{衬砌} \tag{4-2}$$

③地面超载,不计冲击力

$$P_c = 20 \text{kN/m}^2 \tag{4-3}$$

④顶部地层压力

a. 全覆土压力：

$$P_v = \gamma \cdot H_i (\text{kN/m}^2) \tag{4-4}$$

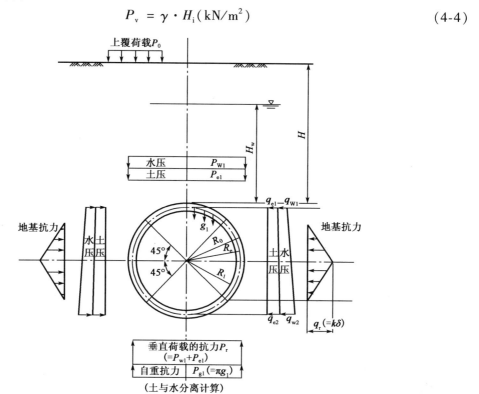

图 4-2　盾构隧道典型的荷载计算模式

b. 松动圈土压，采用太沙基土拱理论计算松动圈高度 h_0。

荷 载 分 类 表　　　　　　　　　　　　　　　　表 4-5

荷 载 分 类		荷 载 名 称
永久荷载		结构自重
		地层压力（地下水位以上，天然容重；地下水位以下，浮容量）
		隧道上部和破坏棱体范围的设施及建筑物压力
		静水压力及浮力
		设备重力
		地基下沉影响力
		侧向地层抗力及地基反力
可变荷载	基本可变荷载	地面车辆荷载
		地面车辆荷载引起的侧向土压力
		隧道内部荷载（车辆荷载、行人荷载等）
	其他可变荷载	施工荷载（设备运输及吊装荷载、施工机具及人群荷载、相邻工程施工影响、盾构法施工的千斤顶力及压浆荷载等）
偶然荷载		地震作用
		人防荷载

$$h_0 = \frac{B_1\left(1 - \dfrac{c}{B_1 \gamma}\right)}{K_0 \tan\varphi}(1 - e^{-K_0 \tan\varphi \cdot \frac{H}{B_2}}) + \frac{p_0}{\gamma}(e^{-K_0 \tan\varphi \cdot \frac{H}{B_2}}) \tag{4-5}$$

其中：

$$B_1 = R_0 \cot\left(\frac{\dfrac{\pi}{2} + \dfrac{\varphi}{2}}{2}\right) \tag{4-6}$$

式中：K_0——水平土压和垂直土压之比（一般取1）；

φ——土的内摩擦角；

c——覆土的黏聚力；

γ——土体重度（kN/m^3）；

H——上覆土厚度；

p_0——上覆荷载，取10kPa；

R_0——衬砌圆环计算半径，取3.1m。

当土的松动高度不足管片外径的两倍时，应取最小松动高度为管片外径的两倍。

⑤侧向土压力

$$P_H = k \cdot P_v (kN/m^2) \tag{4-7}$$

⑥水压力

$$P_w = \gamma_w \cdot H_i (kN/m^2) \tag{4-8}$$

⑦水平地层抗力

$$P_k = k \cdot y (kN/m^2) \tag{4-9}$$

式中：y——衬砌圆环水平直径处的变形量。

⑧施工注浆压力：

$$P_z = 5 kN/m^2$$

⑨竖向地基反力

a. 使用阶段：

$$P_f = P_c + P_v + \frac{G - F_{浮}}{W_{di}}(kN/m^2) \tag{4-10}$$

b. 施工阶段：

$$P_f = P_c + P_v + P_z + \frac{G - F_{浮}}{W_{di}}(kN/m^2) \tag{4-11}$$

⑩土体抗力反力

a. 位移：

$$\delta = \frac{(2p_1 - q_1 - q_2)R^4}{24(\eta EJ + 0.0454 KR^4)} \tag{4-12}$$

式中：EJ——衬砌圆环抗弯刚度（$kN \cdot m^2$）；

η——衬砌圆环抗弯刚度折减系数（在日本资料中称为刚度有效率），此处取值为0.7。

b. 土体抗力：

$$q_r = K\delta \tag{4-13}$$

（2）人防荷载[《人民防空工程设计规范》(GB 50225—2005)]：
①顶部等效静荷载

$$q_{e1} = k_{d1} \cdot P_{c1}(kN/m^2) \tag{4-14}$$

②侧向等效静荷载

$$q_{e2} = k_{d2} \cdot P_{c2}(kN/m^2) \tag{4-15}$$

③底部等效静荷载

$$q_{e3} = k_{d3} \cdot P_{c3}(kN/m^2) \tag{4-16}$$

$$P_{c1} = K \cdot P_h = 1.1 \times P_h(kN/m^2) \tag{4-17}$$

$$P_{c2} = \xi \cdot P_h = 0.7 \times P_h(kN/m^2) \tag{4-18}$$

$$P_{c3} = \eta \cdot P_{c1} = 1.0 \times P_{c1}(kN/m^2) \tag{4-19}$$

$$P_h = \left[1 - \frac{H_i}{c_1 t_2}(1 - \delta)\right] \cdot \Delta P_m(kN/m^2) \tag{4-20}$$

采用人防荷载进行计算时，结构强度也将提高，往往不控制设计。

2. 计算模型

在比较成熟的通缝拼装的衬砌结构设计中，以往常用的计算模式是等刚度的弹性匀质圆环或弹性铰圆环。但对错缝拼装的衬砌结构，就必须考虑接头部位抗弯刚度的下降。本方案除采用比较成熟的 $\eta - \zeta$ 法（即惯用法）进行设计计算，还选用较先进的错缝双环弹簧模型进行校核分析，最终设计成经济合理的衬砌结构。

（1）$\eta - \zeta$ 法

本计算方法首先将单环以匀质圆环计算（计算表参见表4-6），但考虑环向接头存在，圆环整体的弯曲刚度降低，取圆环抗弯刚度为 ηEI（η 为小于1的弯曲刚度有效率），算出圆环水平直径处变位 y 后，计入两侧抗力 $P = ky$。然后考虑错缝拼装后整体补强效果，进行弯矩的重分配。

解析法计算自由变形圆环内力表　　　　　表4-6

荷载种类	内力	
	弯矩(kN·m)	轴力(kN)
垂直土压	$\left(\frac{1}{4} - \frac{1}{2}\sin^2\theta\right)P_1 R^2$	$\sin^2\theta \cdot P_1 R^2$
上部水平土压	$\left(\frac{1}{4} - \frac{1}{2}\cos^2\theta\right)q_1 R^2$	$\cos^2\theta \cdot q_1 R^2$
下部水平土压	$\frac{1}{48}(6 - 3\cos\theta - 12\cos^2\theta + 4\cos^3\theta)q_2 R^2$	$\frac{1}{16}(\cos\theta + 8\cos^2\theta - 4\cos^3\theta)q_2 R^2$
自重	$gR^2\left(\frac{3}{8}\pi - \theta \cdot \sin\theta - \frac{5\cos\theta}{6}\right)$ $(0 \leq \theta \leq \pi/2)$ $gR^2\left[-\frac{3}{8}\pi + (\pi - \theta)\sin\theta - \frac{5\cos\theta}{6} - \frac{\pi}{2}\sin^2\theta\right]$ $(\pi/2 \leq \theta \leq \pi)$	$gR^2\left(\theta \cdot \sin\theta - \frac{\cos\theta}{6}\right)$ $(0 \leq \theta \leq \pi/2)$ $gR^2\left[-(\pi - \theta)\sin\theta + \pi\sin^2\theta - \frac{\cos\theta}{6}\right]$ $(\pi/2 \leq \theta \leq \pi)$
侧向抗力	$q_r R^2(0.2346 - 0.3536\cos\theta)$ $(0 \leq \theta \leq \pi/4)$ $q_r R^2(-0.3487 + 0.5\sin^2\theta + 0.2357\cos^2\theta)$ $(\pi/4 \leq \theta \leq \pi/2)$	$0.3536\cos\theta q_r R$ $(0 \leq \theta \leq \pi/4)$ $(-0.7071\cos\theta + \cos^2\theta + 0.7071\sin^2\theta\cos\theta)q_r R$ $(\pi/4 \leq \theta \leq \pi/2)$

① 接头处内力

$$M_{ji} = (1-\zeta)M_i, N_{ji} = N_i \qquad (4-21)$$

② 相邻管片内力

$$M_{si} = (1+\zeta)M_i, N_{si} = N_i \qquad (4-22)$$

式中：ζ——弯矩调整系数；

M_i、N_i——分别为匀质圆环模型的计算弯矩和轴力；

M_{ji}、N_{ji}——分别指调整后的接头弯矩和轴力；

M_{si}、N_{si}——分别指调整后的相邻管片本体的弯矩和轴力。

根据日本错缝拼装管片的荷载试验结果，参数取值为 $\eta = 0.8 \sim 0.6, \zeta = 0.3 \sim 0.5$。

错缝拼装弯矩分配示意图如图 4-3 所示。

(2) 梁—弹簧模型计算法

梁—弹簧模型主要是用于模拟错缝拼装的衬砌环的荷载效应。该模型的管片被简化为曲梁，将衬砌环的纵缝接头考虑为具有一定刚度的旋转弹簧，将相邻衬砌环（A环和B环）之间的剪切相互作用力考虑为径向和切向剪切弹簧。此方法一般采用 MIDAS 软件以及同济曙光软件进行计算。

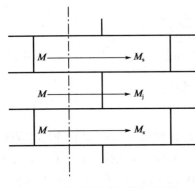

图 4-3　错缝拼装弯矩分配示意图

3. 不利断面选取及结构计算

在结构设计中，全线隧道的上覆土厚度往往差异很大，若全线配筋一致将带来很大的浪费，因此常常选择三种覆土厚度进行配筋设计，即深埋、中埋和浅埋段。

图 4-4 为管片结构弯矩及轴力计算结果图，根据两者即可确定最不利位置进行配筋计算。同时对于管片的接头螺栓强度、接头的容许弯矩千斤顶推力等也应进行详细检算。计算中尤其还应注意结构变形控制要求和裂缝宽度的控制要求。

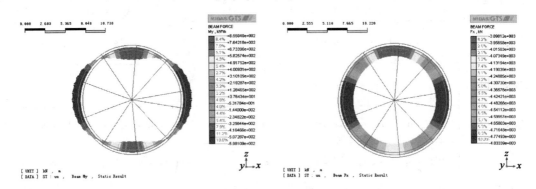

图 4-4　管片弯矩及轴力计算结果图

盾构衬砌结构变形验算：计算直径变形 $\leq (4 \sim 6)\%_0 D$（D 为隧道外径），环纵缝张开量为 $1 \sim 2$ mm。

钢筋混凝土构件（不含临时构件）正截面的裂缝控制等级为三级，即允许出现裂缝。正常使用极限状态验算的管片裂缝宽度控制值取 0.2mm，明挖结构迎土面结构裂缝宽度控制值取

0.2mm,背土面及内部结构裂缝宽度控制值取 0.3mm。裂缝宽度计算时,当保护层厚度超过 30mm 的按 30mm 取值。

4. 隧道抗浮验算

隧道覆土厚度是决定隧道造价及施工安全的关键因素,在满足使用、施工要求,以及河床冲淤、地质条件下,应尽量减小隧道的埋置深度。但是,当隧道置于覆土太浅的饱和含水地层中,浮力大于结构自重与覆土重量之和时,又会造成结构的整体上浮失稳。因此在很多越江段隧道中往往要进行抗浮检算,以确保足够的埋置深度。一般要求盾构隧道施工抗浮稳定安全系数≥1.1,运营期抗浮稳定安全系数≥1.2。

5. 隧道纵向计算

为模拟隧道的纵向变形,常将隧道简化为纵梁,而将土体的作用简化为土弹簧,如图 4-5 所示。关于隧道的灯箱弯曲刚度及有效率的简化公式可参见有关教材,此处不再赘述。

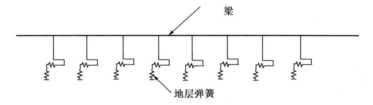

图 4-5 弹性地基梁计算模型

6. 隧道抗震检算

一般盾构隧道的抗震分析主要包括两个方面:隧道横断面抗震分析和隧道纵向抗震分析。

(1) 抗震设计的基本原则

地下结构抗震设计,主要是保证结构在整体上的安全,允许出现裂缝和塑性变形;结构应具有必要的强度和良好的延性;结构具有整体性和连续性,在装配式钢筋混凝土结构设计中,要采取必要的措施,加强管片间连接,提高整体性。

因地震波长通常比总区间隧道短,隧道结构纵向将产生不同相位的变形;并且在地层突变处以及不同形状、刚度的结构连接处均存在一定的变形,故可设置必要的变形缝,允许发生一定限度的变形。

(2) 隧道横断面抗震分析

隧道横断面抗震分析只考虑水平地震作用,采用地震系数法和惯性力法进行分析。

① 地震系数法

地震系数法把地震对结构的影响假设为作用于结构重心处的等效静荷载,此静力值的大小可由结构自重乘以设计地震系数来确定,即

$$F_c = K_c W \tag{4-23}$$

$$K_c = K_0 \cdot \alpha \cdot \beta \cdot \gamma \tag{4-24}$$

式中:W——结构构件自重;

K_c——地震系数;

K_0——标准地震系数,根据本地区的基本烈度而定,7 度时取 0.1;

α——重要度修正系数,取 1.0;

β——地层性质修正系数,软土地层取 1.2;

γ——埋置深度修正系数,埋置深度小于 50m 取 1.0。

地震时非液化土层作用于隧道衬砌上的动土压力按下式确定

$$e_\mathrm{d} = K_\mathrm{H} \lambda \sum \gamma_i h_i \tag{4-25}$$

式中:K_H——水平地震系数;

λ——土层主动土压力系数;

γ_i——计算点以上各土层的重度(地下水位以下取饱和重度);

h_i——计算点以上各土层的厚度。

在求出水平地震荷载后,即可用静力计算模型求解。

②惯性力法

将隧道横断面抗震分析问题简化为动荷载作用下的二维平面应变问题的动力有限元分析。此处不赘述。

(3)隧道纵向抗震分析

采用两种方法进行分析:反应变位法和惯性力法。

①反应变位法

反应变位法的基本考虑是,埋于土中的很轻的隧道结构难以与地震共振,地震时地下结构的变形受周围地层变形的控制,地层变形的一部分传给结构,使结构产生应力、应变和内力。装配式钢筋混凝土圆形隧道衬砌可用等刚度的无限长梁来模拟,结果如下:

从地表至某一深度 x 处的地基水平变位幅值和竖直变位幅值为

$$\begin{bmatrix} U_\mathrm{h}(x) \\ U_\mathrm{v}(x) \end{bmatrix} = \frac{2}{\pi^2} S_\mathrm{v} T K'_\mathrm{H} \cos\frac{\pi x}{2H} \begin{bmatrix} 1 \\ 1/2 \end{bmatrix} \tag{4-26}$$

式中:$U_\mathrm{h}(x)$——水平变位幅值;

$U_\mathrm{v}(x)$——竖直变位幅值;

S_v——单位震度的地震反应速度;

T——表层地基的基本自振周期;

H——表层地基的厚度;

K'_H——作用于基岩的标准水平震度。

隧道结构周围地层中的应变按下式计算

$$\begin{bmatrix} e_\mathrm{L} \\ e_\mathrm{B} \end{bmatrix} = U_\mathrm{h} \begin{bmatrix} \pi/L \\ 2\pi^2 D/L^2 \end{bmatrix} \tag{4-27}$$

式中:e_L、e_B——分别为地层沿结构纵轴方向的最大拉伸应变和最大弯曲应变;

D——隧道衬砌环外径;

L——剪切波波长。

隧道结构中的应变为

$$\begin{bmatrix} \varepsilon_\mathrm{L} \\ \varepsilon_\mathrm{B} \end{bmatrix} = \begin{bmatrix} \alpha_1 & 0 \\ 0 & \alpha_2 \end{bmatrix} \begin{bmatrix} e_\mathrm{L} \\ e_\mathrm{B} \end{bmatrix} \tag{4-28}$$

$$\alpha_1 = \cfrac{1}{1 + \left[\cfrac{2\pi}{\lambda_1 L'}\right]^2} \tag{4-29}$$

$$\alpha_2 = \cfrac{1}{1 + \left[\cfrac{2\pi}{\lambda_2 L'}\right]^4} \tag{4-30}$$

$$\lambda_1 = \sqrt{\cfrac{K_1}{EA}} \tag{4-31}$$

$$\lambda_2 = \sqrt{\cfrac{K_2}{EI}} \tag{4-32}$$

式中：A——结构的横截面面积；
I——结构的横截面惯性矩；
K_1——沿结构纵方向的单位长度弹性地基刚度；
K_2——垂直于结构纵方向的单位长度弹性地基刚度；
L'——剪切波以与结构纵轴呈45°入射时沿轴线的表现波长。它与L之间的关系为

$$L' = \sqrt{2}L \tag{4-33}$$

隧道结构中的应力为

$$\begin{bmatrix}\sigma_\text{L} \\ \sigma_\text{B}\end{bmatrix} = E \begin{bmatrix}\varepsilon_\text{L} \\ \varepsilon_\text{B}\end{bmatrix} \tag{4-34}$$

考虑地层内波动分量的方向和相位关系进行叠加。根据与隧道结构纵轴成45°入射的水平面内和垂直面内四个波动，以及与结构纵轴平行入射的一个波动分量，考虑相位差，进行以平方和开方的叠加，求得隧道结构中纵轴方向的合成应力为：

$$\sigma = \sqrt{\gamma \sigma_\text{L}^2 + \sigma_\text{B}^2} \tag{4-35}$$

式中：γ——考虑不同波动成分的组合系数，取值范围为1.0~3.12。

②惯性力法

将纵向抗震分析简化为动荷载作用下的二维平面应力问题。计算时考虑水平向和竖直向地震作用，根据《建筑抗震设计规范》(GB 50011—2010)建议，地震波加速度最大值比例输入。

(4)盾构隧道抗震措施

一般情况下，地震作用对结构设计不起控制作用，故抗震设计的重点应是加强构造措施。主要有：

①衬砌接头间采用螺栓联系，保持结构连续性；
②在环向和纵向接头处设置弹性密封垫，以适应地震中地层施加的一定的变形；
③纵向产生的拉应力按由纵向螺栓承担进行设计；
④一般情况下不设抗震缝，但在特殊地段(地层急剧变好处)必须设置抗震缝，以适应地震时隧道结构产生的不均匀沉降。

(七)隧道衬砌结构防水设计

1. 结构自防水相关要求

(1)水泥混凝土应通过调整配合比,或掺加外加剂、掺和料等措施配置而成,抗渗等级≥P10。

(2)防水混凝土的施工配合比通过试验确定,试配混凝土的抗渗等级应比设计要求提高一级(0.2MPa)。

(3)防水混凝土在满足抗渗等级要求的同时,还应满足抗裂、抗冻和抗侵蚀性等耐久性要求。

(4)防水混凝土的环境温度,不得高于80℃;处于侵蚀性介质中防水混凝土的耐侵蚀要求应根据介质的性质按有关标准执行。

(5)防水混凝土结构,应符合下列规定:
①结构厚度不应小于250mm;
②防水混凝土最大裂缝宽度应满足结构最大计算裂缝宽度允许值;
③钢筋的混凝土保护层厚度应符合结构设计要求。

(6)防水混凝土外加剂和添加剂必须掺量准确,其适用性应满足《地下铁道设计规范》(GB 50107—2013)的规定,在拌制过程中必须有外加剂厂的技术人员旁站指导。

2. 常规的地铁盾构隧道工程结构防水设计方案

常规结构防水设计方案如表4-7所示。

常规结构防水设计方案　　　　　表4-7

施工方法	防水等级	防水方案
矿山法施工	二级设防	1.5mm厚PVC塑料防水板+防水注浆系统
盾构法隧道	二级设防	管片接缝,遇水膨胀橡胶挡水条+三元乙丙橡胶弹性密封垫螺栓孔密封圈;当隧道处于侵蚀性介质中时,衬砌结构外表面涂刷水泥基渗透结晶型涂料

(1)管片自身应具有良好的防水能力,防水混凝土管片的抗渗等级不得小于P10;管片混凝土的渗透系数不宜大于$5×10^{-13}$m/s,氯离子扩散系数不宜大于$8×10^{-9}$cm/s,当隧道处于侵蚀性介质中时,应在衬砌结构外表面涂刷水泥基渗透结晶型防水涂料,其混凝土的渗透系数不宜大于$8×10^{-14}$m/s,氯离子扩散系数不宜大于$2×10^{-9}$cm/s。

(2)混凝土最小胶凝材料用量不应低于320kg/m³,配制防水混凝土时,最低水泥用量不宜低于260kg/m³。混凝土最大水胶比不应大于0.45。

(3)衬砌管片外弧侧面沿管片四周设置一道封闭的防水弹性密封垫,弹性密封垫迎水面一侧设置遇水膨胀橡胶片,断面尺寸宜为25mm×4mm。弹性密封垫设计标准:在环缝、纵缝张开6mm(其中包括密封垫沟槽制作误差、拆装误差、后期接缝变化)时,能长期抗0.6MPa的水压。

(4)衬砌管片内弧侧在预留的嵌缝槽内进行嵌缝密封;嵌缝范围:变形缝、盾构进出洞、横通道临近25环整环、纵缝嵌缝,其余为拱底道床混凝土90°和顶拱45°范围。

(5)对每一个螺栓孔,注浆孔设置缓膨胀型遇水膨胀橡胶密封圈。

(6)及时向盾尾地层和衬砌管片之间的环形空隙适量地均匀注浆。

(7)盾构进出洞时,应在洞口设置橡胶帘子布临时止水环。

(8)盾构洞口后浇环梁两侧的施工缝应采取多道防水措施进行重点加强,施工缝均应采取双道缓膨胀型遇水膨胀聚酯密封胶,并在两道密封胶中间采用预埋全断面注浆管的方法加强防水。

3.防水材料的外形和尺寸精度摘要

(1)环缝与纵缝弹性密封垫

①材料:由 EPDM 橡胶挤出硫化成型。

②形状:角部棱角分明的框形橡胶圈。

③尺寸精度如下。

a. 长度允许误差:纵向(+3,-5)mm,环向(+5,-10)mm;

b. 高度允许误差:±0.5mm;

c. 宽度允许误差:±1.0mm;

d. 接头允许误差:±1.0mm(相对高差);

e. 弹性密封垫的环、纵向长度尺寸应由施工单位与弹性密封垫的供应厂家根据管片的实际尺寸与 EPDM 橡胶的特性试安装后确定。

(2)变形缝弹性密封垫

①材料:由环缝弹性密封垫与遇水膨胀橡胶复合成型。

②形状:角部棱角分明的框形橡胶圈。

③尺寸精度:环制 EPDM 弹性密封垫的尺寸允许误差同上;遇水膨胀橡胶的允许误差如下。

a. 长度允许误差:纵向(+3,-5)mm,环向(+5,-10)mm;

b. 高度允许误差:±0.5mm;

c. 宽度允许误差:±1.0mm;

d. 与 EPDM 橡胶在宽度方向上的黏结允许误差:±0.5mm;

e. 接头允许误差:±0.5mm(相对高差)。

(3)弹性密封垫用润滑剂

为减少封顶块插入时弹性密封垫之间的摩擦阻力,在封顶块插入前,应在其两侧的弹性密封垫表面涂刷润滑剂,应采用水性润滑剂,其黏度不小于200cps。

(4)弹性密封垫用黏结剂

弹性密封垫与管片间采用单组份阻燃型氯丁胶黏剂黏结。

(八)盾构隧道衬砌工程量清单样表

区间隧道工程量汇总表见表4-8。联络通道及泵站工程量样表见表4-9。

区间隧道工程量汇总表 表4-8

名　　称	上 行 线	下 行 线	总　　计
区间长度(m)			
管片工程量			
管片环数			
管片混凝土量(m³)			
管片钢筋(t)			
M30 纵向螺栓(个)			

续上表

名　称	上　行　线	下　行　线	总　计
纵向螺母、垫圈、预埋件（个）			
M30环向螺栓（个）			
环向螺母、垫圈、预埋件（个）			
预埋注浆管（预埋件1）（个）			
盾构推进工程量			
同步注浆量（m³）			
出土量（m³）			
防水工程量			
三元乙丙防水密封条（环）			
遇水膨胀橡胶止水条（环）			
变形缝传力衬垫（丁晴软木橡胶）（环）			
防水嵌缝（环）			
螺栓防水垫圈（个）			
进出洞地基加固工程量（三轴搅拌桩）			
出洞方量（15%掺量）（m³）			
出洞方量（8%掺量）（m³）			
进洞方量（15%掺量）（m³）			
进洞方量（8%掺量）（m³）			

联络通道及泵站工程量样表　　　　表4-9

联络通道及泵站	数　量	联络通道及泵站	数　量
初衬型钢质量（t）		衬墙钢筋（t）	
初衬钢筋（t）		C20垫层（m³）	
底板混凝土方量（m³）		钢管片肋腔浇混凝土（m³）	
底板钢筋（t）		钢筋（t）	
中板混凝土方量（m³）		初衬喷混凝土（m²）	
中板钢筋（t）		无纺布（400g/m²）（m²）	
衬墙混凝土方量（m³）		EVA防水孔（厚2mm）（m²）	

第二节　设计文件组成与编制深度

一、毕业设计文件组成

区间隧道结构设计的设计文件主要由两部分组成：设计计算书、设计图纸。

二、毕业设计文件编制深度

(一)设计计算书

主要包括以下内容:

1. 工程概况
(1)区间工程概况
(2)工程地质、水文地质及场地区划
①工程地质情况。
②水文地质情况。

2. 设计标准

3. 设计依据

4. 设计参数拟定
(1)结构尺寸
(2)工程材料
(3)保护层厚度

5. 荷载计算
(1)荷载构成
(2)浅埋段荷载计算
(3)中埋段荷载计算
(4)深埋段荷载计算
(5)联络通道荷载计算
(6)荷载复核检算(宜采用其他计算软件进行校核)

6. 内力计算
(1)浅埋段内力计算
(2)中埋段内力计算
(3)深埋段内力计算
(4)联络通道内力计算

7. 计算结果分析及配筋
(1)承载力检算
①浅埋段配筋计算。
②中埋段配筋计算。
③深埋段配筋计算。
(2)耐久性(裂缝宽度)检算
(3)螺栓强度检算
(4)千斤顶局部承压计算

8.盾构法隧道防水设计说明

9.工程图纸设计说明

10.联络通道(矿山法)防水设计说明

(二)完成的设计图纸

主要包括以下内容:
(1)盾构隧道线路平面图
(2)盾构隧道线路纵断面图
(3)盾构隧道衬砌圆环构造图
(4)盾构管片标准块配筋图
(5)盾构管片邻接块配筋图
(6)盾构管片封顶块配筋图
(7)盾构管片防水设计图
(8)盾构管片预埋件设计图
(9)盾构隧道联络通道结构设计图
(10)盾构隧道联络通道防水设计图
(11)盾构隧道工程量清单

第三节 设 计 实 例

一、区间隧道结构检算

本章主要介绍某地铁一号线某区间毕业设计实例。

(一)工程概况

盾构隧道采用管片的外径为 6 200mm,内径为 5 500mm,厚度 350mm;6 块分块模式:1 块封顶块(20°),2 块邻接块(68.75°),3 块标准块(67.5°);封顶块位于拱腰水平位置;采用弯螺栓连接,纵向设 16 个螺栓,环向设 12 个螺栓。管片的管宽为 1200mm。

(二)设计标准

(1)区间主体结构构件的设计使用年限为 100 年。
(2)区间结构的安全等级为Ⅰ级,构件重要性系数为 1.1。
(3)抗震设防烈度为 6 度。
(4)结构设计按六级人防要求验算。
(5)区间结构防水等级为二级,管片的允许裂缝宽度≤0.2mm。

(三)工程材料

(1)混凝土:

①预制钢筋混凝土管片:强度等级C50,抗渗等级P10;
②区间隧道洞门现浇混凝土:强度等级C40,抗渗等级P10;
③联络通道(兼泵房)喷射混凝土:C20;
④联络通道(兼泵房)二次衬砌:强度等级C35,抗渗等级P10。
(2)钢筋:HPB235、HRB335级钢筋。
(3)防水材料:EPDM、遇水膨胀橡胶、PVC等。
(4)连接件:预制钢筋混凝土管片连接螺栓强度等级为5.8级。
(5)预埋件及特殊衬砌环管片:Q235钢。
(6)螺栓:8.8级M30高强螺栓,直径均为30mm。

(四)断面内力计算实例

计算断面图如图4-6所示。地质计算参数如表4-10所示。

地 质 计 算 参 数　　　　　　　　　　　表4-10

岩性名称	重度 γ (kN/m³)	内摩擦角 φ_c (°)	内聚力 C_c (kPa)	标贯系数	侧压力系数 K_0	水平基床系数 K_h (MPa/m)	地基承载力 (kPa)	土层厚 h (m)
土	18.60	12.90	26.20	4.00	0.43	9.60	65.00	2.8
淤泥质黏土	17.00	10.10	16.40	1.00	0.71	4.40	50.00	3.2
淤泥	16.80	8.10	13.10	1.00	0.76	6.50	45.00	3.8
淤泥质黏土	17.20	9.9	15.80	1.00	0.64	6.80	50.00	4.2
黏土		12.0	21.6	6.00	0.40		70.00	2.0

盾构隧道穿越地层主要为黏性土和淤泥质土,区间隧道上覆土厚度9.8m,地下设水位0.5m。

荷载计算:

1. 土层松动高度

$$B_1 = R_0 \cot\left(\frac{\frac{\pi}{2}+\frac{\varphi}{2}}{2}\right) = 6.64\text{m} \quad (4-36)$$

$$h_0 = \frac{B_1\left(1-\frac{c}{B_1\gamma}\right)}{K_0\tan\varphi}\left(1-e^{-K_0\tan\varphi\cdot\frac{H}{B_2}}\right) + \frac{p_0}{\gamma}\left(e^{-K_0\tan\varphi\cdot\frac{H}{B_2}}\right)$$

$$= 7.495 < 2D = 12.4\text{m} \quad (4-37)$$

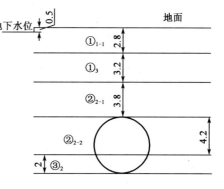

图4-6　计算断面图(尺寸单位:m)

故取最小松动高度为12.4m,又因上覆土高度为9.8m,所以此处上覆土不能成拱,$h_0 = H = 9.8$m。

2. 圆环自重

$$G = 8.75\text{kPa}$$

3. 上部垂直荷载

土压
$$p_{e1} = h_0 \gamma' = 9.8 \times 7.38 = 72.324 (\text{kPa}) \quad (4\text{-}38)$$

水压
$$p_{w1} = h_w \gamma_w = 9.3 \times 10 = 93 (\text{kPa}) \quad (4\text{-}39)$$

底部水压
$$p_{w2} = (h_w + D)\gamma_w = (9.3 + 6.2) \times 10 = 155 (\text{kPa}) \quad (4\text{-}40)$$

$$p_1 = p_{e1} + p_{w1} + p_0 = 175.324 (\text{kPa}) \quad (4\text{-}41)$$

4. 水平荷载

水压
$$q_e = (h_0 + R_0 - R_0 \cos\theta)\lambda \gamma' \quad (4\text{-}42)$$

土压
$$q_w = (H_w + R_0 - R_0 \cos\theta)\lambda \gamma_w \quad (4\text{-}43)$$

顶部 $\theta = 0°$
$$q_1 = (q_{e1} + q_{w1}) = 113.79 (\text{kPa}) \quad (4\text{-}44)$$

底部 $\theta = 180°$
$$q_2 = (q_{e2} + q_{w2}) = 183.72 (\text{kPa}) \quad (4\text{-}45)$$

$$q_0 = q_2 - q_1 = 69.93 (\text{kPa}) \quad (4\text{-}46)$$

5. 土反力和位移

位移
$$\delta = \frac{(2p_1 - q_1 - q_2)R^4}{24(\eta EJ + 0.0454KR^4)} = 1.49 \times 10^{-3} (\text{m}) \quad (4\text{-}47)$$

式中：EJ——衬砌圆环抗弯刚度 ($\text{kN} \cdot \text{m}^2$)。

取 $E = 3.45 \times 10^{10} \text{Pa}$，$J = 1 \times 0.35^3/12 = 3.57 \times 10^{-3} \text{m}^4/\text{m}$。衬砌圆环抗弯刚度折减系数 η（在日本资料中称为刚度有效率），此处取值为 0.7。

$$k\delta = 6.8 \times 1.49 = 10.13 (\text{kPa}) \quad (4\text{-}48)$$

6. 地基反力

$$P_V = p_1 + \pi g = 202.813 (\text{kPa}) \quad (4\text{-}49)$$

最后荷载计算结果参见图 4-7。

荷载组合：根据规范要求，采用基本荷载组合，即 1.2×永久荷载标准值 + 1.4×可变荷载标准值。基本荷载组合计算结果见表 4-11。

基 本 荷 载 组 合　　　　　　　　　　　表 4-11

荷　　载	自　重	竖向地层压力	上部水平压力	下部水平压力	侧向土层抗力
计算结果(kN)	10.5	210.389	136.548	220.464	12.16

采用自由变形圆环公式解算的内力参见图 4-8。

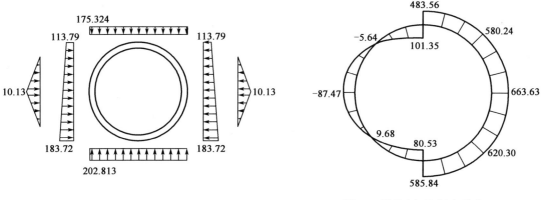

图 4-7　荷载计算图(单位:kPa)　　　　图 4-8　计算弯矩轴力图(单位:kN)

(五)断面配筋计算实例

略。

二、联络通道结构检算

(一)联络通道结构尺寸拟定

由于联络通道的施工特点,多是采用冻结法施工,因此假设其施工结束后的全部荷载都由联络通道衬砌承担,而联络通道本身多是和集水池共同施作的,因此要根据实际情况拟定好联络通道端部和中部的结构尺寸,进行计算并配置钢筋。

联络通道中部的断面尺寸及联络通道端部的断面尺寸如图 4-9、图 4-10 所示。

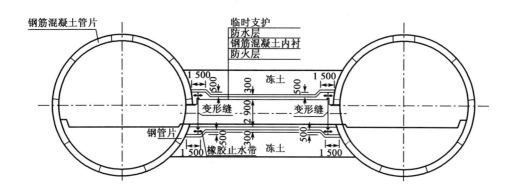

图 4-9　联络通道纵断面图(尺寸单位:mm)

(二)联络通道荷载计算

采用荷载—结构模型,将联络通道处的土压力直接施加于结构之上,如图 4-11 所示。计算结果显示:拱顶的最大弯矩值 $M=111.12\mathrm{kN}\cdot\mathrm{m}$,底板和侧壁最大弯矩值 $M=257.11\mathrm{kN}\cdot\mathrm{m}$。

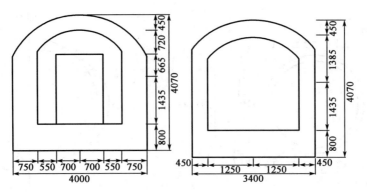

图 4-10　联络通道横断面图(尺寸单位:mm)

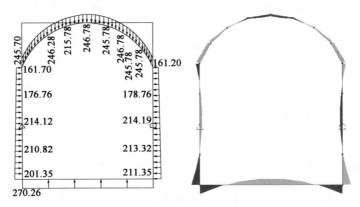

图 4-11　联络通道计算结果图(单位:kN·m)

(三)联络通道配筋计算

略。

第五章 城市轨道交通车站施工组织设计指导

第一节 设计流程与设计方法

一、施工组织的作用

城市轨道交通车站及区间隧道的施工组织设计是按照招投标文件要求,以目标工期为基础,根据标段内的车站、区间隧道、联络通道等内容进行的施工场地布置、施工方案选取、施工工艺流程设计、机械设备选型与配置和劳动力组织等工作,以确保工程建设的质量和安全。

城市轨道交通车站及区间隧道的施工组织设计要充分考虑城市的具体环境,研究施工对地面交通和附近建筑物的影响,布置场地,对施工所必需的人、财、物进行统筹安排。施工组织设计要以现有的技术力量为前提,施工方案的选取要以当前市场上便于租令或采购的物资为基础,这样才能有效地控制施工成本。

二、施工组织设计的内容

施工组织设计的核心是施工方案,形成方案的前提是熟知工程的设计资料、工程建设的依据、现有的技术装备等,并呼应招标文件的相关规定。完整的施工组织设计至少要体现以下八项内容:编制说明和依据,工程概况,施工总体安排,施工现场平面设计,施工方案,资源需要量计划,施工进度计划,施工安全管理。

(一)编制说明和依据

编制说明是施工组织设计编制思想的说明;编制依据是整个施工组织设计的开篇,反映的是施工组织设计应遵循的前提条件,并列出编制施工组织设计所依据的工程勘察、设计资料、合同文件、规范规程、法律法规以及施工企业相关标准等。

(二)工程概况

工程概况是对工程的全面描述,应简明扼要、突出重点,主要包括工程项目的自然条件、周边工程环境、结构设计特点等方面的内容。

自然条件指工程所处的地貌形态、工程地质及水文地质特点、气象特征、地震烈度。施工前必须对工程所在地的自然条件深入了解,才能保证工程施工的顺利进行。

城市轨道交通工程建设条件必须考虑以下几点:沿线建筑物情况、各种管线及道路交通情况。工程建设条件一方面决定了工程项目的投资额度,另一方面对工程的实施起到重要的约束作用。

结构设计特点应介绍结构类型、平面特征和需要的工程数量。工程量计算参见表 5-1。

工 程 量 清 单　　　　　　　　　　表 5-1

序号	名　　称		单　位	数　量	单价(元)	合价(元)
1	土石方	基坑开挖				
		……				
2	钢筋	围护结构				
		支撑				
		主体结构				
		衬砌				
		……				
3	混凝土	围护结构				
		主体结构				
		衬砌				
		……				
4	回填土					
……						
	合计					

（三）施工总体安排

施工总体安排是对工程项目的全局性筹划，是施工组织设计的纲领性内容。根据工程和环境的特点对工程进行施工分区及施工任务的划分，结合工程任务构思总体的施工方案，在此基础上制订相应的节点工期，并对人力和资源进行配置。

工区的划分一般以一个车站、区间隧道的一个施工竖井、一个盾构区间等为一个施工区，同时也要考虑到场地所在城区的特点和关键节点的安排。根据划分的工区，明确各施工队伍的施工任务、进场时间以及各施工队之间的关系。

总体施工方案是根据各工区主要施工任务，对工程的施工顺序、施工方法、施工机具、劳动力等进行安排。总体施工方案一经确定，工程的施工进程、人力、机械及资源的需要和布置、工程成本、工程质量及施工安全等也就随之确定下来。

关键节点工期是施工区段确定后，对不同区段施工进行的时间上的安排。关键节点主要包括开工时间、盾构端头井完成时间、盾构机始发时间、车站主体结构完成时间、区间贯通时间以及工程竣工时间。这些节点时间的明确可以对工程项目的工期起到基本保障作用，相应的工期保证措施也应该被考虑进来。

劳动力使用计划主要是根据关键节点工期对劳动力进行的大致安排，通过该计划可以明确不同施工期间的大概劳动力数量，并尽量避免将用人高峰安排在法定节假日。

（四）施工现场平面设计

施工现场平面设计主要包含分期施工后的施工场地的平面布置、交通疏解方案、管线改迁方案。

施工场地布置是施工组织设计中对施工区域内按施工需要布置各项设施,包括对现场的运输道路、各种材料堆场、加工厂、仓库位置、各种机具的位置等做出的合理布置。

在城市中修建的地铁车站和区间隧道,无论采用何种工法,都会对部分地面交通及地下管线造成影响。因此,根据施工分期和总体施工方案,对不同时期施工场地进行布置,并对影响施工的路面交通和地下管线进行疏解和改迁。

(五)施工方案

明挖地下车站和盾构区间隧道的施工方案编写可以分为围护结构施工、基坑开挖与支撑、主体结构施工、区间隧道盾构施工和联络通道施工等五个方面。

围护结构因种类不同,对应的施工方法和施工机械也多不相同。例如地下连续墙施工需要成槽机和大型吊机,而钻孔灌注桩则采用钻机和小型吊机;地下连续墙施工方案应包括:导墙、分幅、槽壁稳定措施、钢筋笼吊装、浇筑混凝土等。

基坑开挖前若需要进行降水和加固,同样需要制订相应的施工方案;开挖和支撑过程通常是同步交叉进行的,施工方案必须考虑机械设备的交叉、土坡稳定和土方外运等。

车站的主体结构是包括防水施工在内的结构工序设计、模板工程、施工缝处理、混凝土浇筑等。

区间盾构隧道施工指盾构机的选型、盾构机的始发与到达施工、盾构掘进施工、管片供应计划、管片拼装、区间防水和联络通道施工等。工作井是盾构始发和到达的场所,盾构机的始发和到达是盾构施工掘进的关键,所以盾构隧道的施工方案应包含:工作井施工、始发与到达区的加固、掘进与管片拼装、联络通道施工等。

(六)资源需要量计划

结合施工方案,确定工程项目施工过程中所必须消耗的各类资源的计划用量,包含劳动力的来源和组合、机械设备的选用和上场时间以及工段材料的选购和供应,要根据施工进度的要求及时组织有效的供应。

劳动力配备计划是现场各类资源配置计划的一部分,是确定和规划临时设施规模、组织劳动力进场的依据,比前述的劳动力使用计划更加具体和详细。根据施工方案和工程关键节点,可以编制劳动力计划表(表5-2)和劳动力动态图。

劳 动 力 计 划 表   表5-2

序号	工种	×月	×月	×月	×月	×月	×月
1	钢筋工						
2	混凝土工						
3	电焊工						
……	……						
	总计						

编制主要机具设备进场计划,如表5-3所示,是落实施工机具来源、保证工期和施工效率的重要基础。

主要施工机具设备配置计划　　　　　　　　　　　　表5-3

序号	名称	规格型号	单位	数量	进场时间	退场时间	备注
1	挖掘机						
2	空压机						
3	电焊机						
4	抽水机						
……	……						

(七)施工进度计划

施工进度计划是施工组织设计的重要内容,也是施工现场管理的中心工作,是对施工现场各项施工活动在时间上所做的具体安排。

工程施工进度计划是在确定了施工部署和施工方法的基础上,遵循工程的施工顺序,用图表的形式表示各分部分项工程搭接关系及开始、结束时间的一种计划安排。

(八)施工安全管理

针对标段的工程特点,建立施工安全组织机构,制定安全生产责任制度和项目管理制度,编制文明施工和应急预案等文件。

第二节　设计文件组成与编制深度

一、地铁车站及区间隧道施工组织设计的写作要求

城市轨道交通工程车站及区间隧道施工组织设计的编制内容包含:编制说明和依据、工程概况、施工总体安排、施工现场平面设计、施工方案、资源需求量计划、施工进度计划以及施工安全管理,编制大纲如下:

(一)编制说明和依据

1. 编制说明

2. 编制依据

(二)工程概况

1. 工程地质和水文地质

2. 工程量估算

3. 工程特点

(三)施工总体安排

1. 施工区段及施工任务划分

2. 总体施工方案

3. 关键节点工期与工期保证措施

4. 劳动力使用计划

(四)施工现场平面设计

1. 施工场地平面布置

2. 交通疏解方案

3. 管线改迁方案

(五)施工方案

1. 围护结构施工方案

2. 基坑开挖和支撑方案

3. 主体结构施工

4. 区间盾构法施工

(六)资源需要量计划

1. 劳动力配备详细计划

2. 机械设备计划

3. 工程量估算

(七)施工进度计划

(八)施工安全管理

1. 施工组织机构

2. 安全生产责任制和项目管理制度

3. 文明施工

4. 应急预案

二、施工组织设计应包含的图纸

(1)施工场地布置图；
(2)施工进度计划图；
(3)交通(分期)疏解图；
(4)管线改迁图；

(5)辅助工法(加固、降水方案);
(6)围护结构(布置、支撑);
(7)主体结构(模板、防水、钢筋);
(8)管片供应计划;
(9)衬砌圆环布置图。

第三节 设 计 实 例

一、编制说明和依据

遵照国家和行业颁布的有关技术标准及规范如下:
(1)《质量管理体系要求》(GB/T 19001—2008)。
(2)《环境管理体系要求及使用指南》(GB/T 24001—2004)。
(3)《职业健康安全管理体系要求》(GB/T 28001—2011)。
(4)《地铁设计规范》(GB 50157—2013)。
(5)《地下铁道工程施工及验收规范》(GB 50299—1999)。
(6)《城市轨道交通工程测量规范》(GB 50308—2008)。
(7)《地下工程防水技术规范》(GB 50108—2008)。
(8)《建筑基坑支护技术规程》(JGJ 120—2012)。
(9)《钢筋焊接及验收规程》(JGJ 18—2012)。
(10)《建筑地基基础工程施工质量验收规范》(GB 50202—2002)。
(11)《混凝土结构工程施工质量验收规范》(GB 50204—2002)。
(12)《建筑基坑工程技术规范》(YB 9258—1997)。
(13)《锚杆喷射混凝土支护规范》(GB 50086—2001)。
(14)《建筑与市政降水工程技术规范》(JGJ/T 111—1998)。
(15)《建筑桩基技术规范》(JGJ 94—2008)。
(16)《建筑工程施工质量验收统一标准》(GB 50300—2013)。
(17)《工程测量规范》(GB 50026—2007)
国家、行业、地方颁发的其他相关规范和标准。

二、工程概况

工程范围:轻纺城站、轻纺城站—启运路站区间。

轻纺城站车站长448m,宽18.7~23.3m,车站深度17.72~20.02m,车站上行线起终点里程SK6+337.211~SK6+784.938,主体围护形式为800mm地下连续墙。

盾构区间为轻纺城站—启运路站区间,起终点里程SK6+784.938~SK8+030.000,最小半径为340m,最大纵坡为2.5%。

(一)工程地质和水文地质

工程施工范围地貌类型属冲湖积平原,地势较平坦。

轻纺城站拟建场地地基土划分为9个工程地质层,细分为28个亚层。站内有一条板桥港横穿,河面宽10~15m,水深0.50~2.0m。拟建场地内第四系孔隙水可分为松散岩类孔隙潜水和孔隙承压水两类。本合同工程施工范围地貌类型属冲湖积平原,地势较平坦。

轻纺城站拟建场地地基土划分为9个工程地质层,细分为28个亚层。站内有一条板桥港横穿,河面宽10~15m,水深0.50~2.0m。拟建场地内第四系孔隙水可分为松散岩类孔隙潜水和孔隙承压水两类,第Ⅰ-1层孔隙承压水主要赋存于⑤$_3$、⑤$_5$、⑥$_{1a}$、⑥$_4$层,第Ⅰ-2层主要赋存于⑧$_1$、⑧层。

轻纺城站—启运路站区间隧道主要穿越的地层有:②$_{2a}$、②$_3$、④$_1$、⑤$_{1a}$、⑤$_1$、⑤$_2$、⑤$_4$层,隧道底部主要位于⑤$_2$层,部分位于⑤$_1$、⑤$_4$层。隧道两次穿越庙前河。拟建场地地层内含一层孔隙潜水和两层孔隙承压水,承压水主要赋存于⑤$_{1a}$、⑤$_3$、⑥$_4$、⑦$_{1a}$和⑧层。

(二)工程量估算

工程量统计表如表5-4所示。

工程量统计表　　　　表5-4

序号	名称		单位	数量	单价(元)	合价(元)
1	土石方	基坑开挖				
		隧道开挖				
		……				
2	钢筋	围护结构				
		支撑				
		主体结构				
		衬砌				
		……				
3	混凝土	围护结构				
		主体结构				
		衬砌				
		……				
4	回填土					
……						
	合计					

(三)工程特点

工程特点如表5-5所示。

工程特点　　　　表5-5

序号	特点分类	特点描述
1	地质特点	(1)属软土地层,基坑开挖和盾构掘进范围内以淤泥质黏土为主,土体软弱,强度低。 (2)孔隙承压水赋存全标段

续上表

序号	特点分类	特 点 描 述
2	环境特点	(1)两站位处于市区,周边建筑密集,交通繁忙,管线众多,地铁施工影响对周边环境影响大。 (2)河流对本标段施工影响大,石碶站主体结构与地下开发空间紧邻南新塘河,轻纺城站站位跨越积善桥和板桥港。 (3)盾构沿雅戈尔大道掘进,周边建筑密集,且基础差,沉降控制要求高
3	工程自身特点	(1)轻纺城站长447m,需分段开挖,且站位跨河,河道积善桥处顶板逆做法施工难度大,风险高。 (2)盾构小半径曲线(340m)穿越杭甬高速段塘立交。 (3)盾构穿越河流
4	施工组织特点	(1)工程规模大,作业队伍多,上场大型设备多,工序交叉多,施工管理要求高。 (2)场地狭小,交通干扰大、施工组织难度大

三、施工总体安排

(一)施工区段及施工任务划分

轻纺城站分为三个区块,一区块分为6个分区,二区块分为8个分区,三区块分为10个分区。具体分区图如图5-1~图5-3所示。

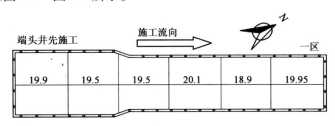

图 5-1 轻纺城站施工分区图(尺寸单位:m)

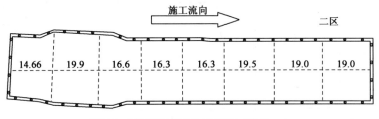

图 5-2 轻纺城站施工分区图(尺寸单位:m)

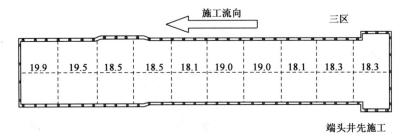

图 5-3 轻纺城站施工分区图(尺寸单位:m)

(二)总体施工方案

轻纺城站分为三期,一期施工一区和三区,由端头井向封堵墙侧施工,二期先做出河流对应处顶板后,由南向北施工,三期施工风亭、出入口等,一期分16个施工段落,二期分8个施工段落施工。车站主体施工完,施工附属工程。车站采用明挖法施工和局部顶板逆作法施工,区间采用盾构法施工。

(三)关键节点工期与工期保证措施

本工程计划工期为31个月,计划开工日期为2011年4月,计划主体完工日期为2013年10月,附属完工日期2014年4月底。关键节点要求工期与计划完成时间对比见表5-6。

关键节点要求工期与计划完成时间对比表　　　表5-6

序 号	关键节点	要求时间	计划时间
1	工程开工	2011.4	2011.4.1
2	轻纺城站北端头井提供盾构调头条件	2012.6.15	2012.6.12
3	轻纺城站南端头井提供盾构调头条件	2013.3.1	2012.10.12
4	本标段范围内的区间贯通	2013.6	2013.6.30
5	轻纺城站提供车站装修及设备安装条件	2013.8	2013.7.28
6	本标段主体土建工程全部完成	2013.10	2013.10.27

(四)劳动力使用计划

根据本工程关键节点工期,通过该计划布置不同施工期间的大概劳动力数量。如图5-4所示。

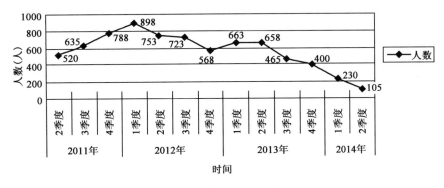

图5-4　总劳动力投入折线图

四、施工现场平面设计

(一)施工场地平面布置

本工程共设置3个工区,施工场地均充分利用围挡内场地,因施工场地范围限制,项目部计划租用附近办公楼。施工用水拟向当地自来水公司申请3~4个自来水接口,每个接口安装

ϕ100mm 自来水主管道贯穿整个施工区域。施工用电向当地电力部门申请安装三个 630kVA 变压器。

(二)交通疏解方案

轻纺城站分为三期实施,示意图见图5-5、图5-6。

配合交通疏解措施:

(1)在满足施工要求前提下,施工场地尽量压缩,保证畅通。

(2)工程实施前,主动和交管部门联系,请其给予支持和指导,改进、完善交通疏解方案。

(3)降低施工车辆对交通的影响,设置警示标识,专人协调指挥。

(三)管线改迁方案

轻纺城站沿雅戈尔大道布置,在道路下主要分布电力、电信、给水、雨污水、路灯等管线。重点对工程影响较大的10kV电力管、DN100~300饮用给水管、ϕ800饮水管、DN800雨水和DN160燃气管线进行迁改和保护。

管线迁移、保护技术措施:

(1)施工前根据提供的资料先进场调查落实,并登报公告有关单位进一步联系核准,必要时挖探孔确定其准确位置、高程、材质等。

(2)同管线单位一起定出管线的允许沉降指标,并以此作为保护管线的依据。

(3)在管线的顶部地面及在有条件的管线内部设置观测点,随时监测管线的变化情况。

(4)如各种原因造成管线变化达到警戒值时,采取追踪注浆等措施控制其沉降变形。

(5)在管线所有单位和设计等部门支持下,制订出管线的详细保护措施及方案,确保管线安全。

五、施工方案

(一)围护结构施工方案

1. 地下连续墙施工

主要施工机械(略)。

地下连续墙施工工艺和步骤(略)。

需要说明的是,本工程的地连墙施工需穿越十几个地层,其中基坑开挖深度内为淤泥质土和淤泥。对于⑤$_5$层、⑥层粉土或粉砂,在地墙护壁泥浆的浮力作用下,容易失稳,导致抗剪强度丧失,而且该层又处于地槽深层,存在承压水,极易产生塌孔;下部土层塌孔,上部土层会因失去支撑层而塌落。因此,成槽时需采取加大泥浆比重、减少扰动等措施。

2. 吊装验算

(1)钢丝绳强度验算

本工程使用的钢丝绳均为6×37,钢丝绳强度极限以1 670MPa 计,安全系数取$K=6$,换算系数为0.82。主、副吊扁担上钢丝绳直径选用65mm,笼头筋吊点处钢丝绳直径选用65mm,钢丝绳主要数据如表5-7所示。

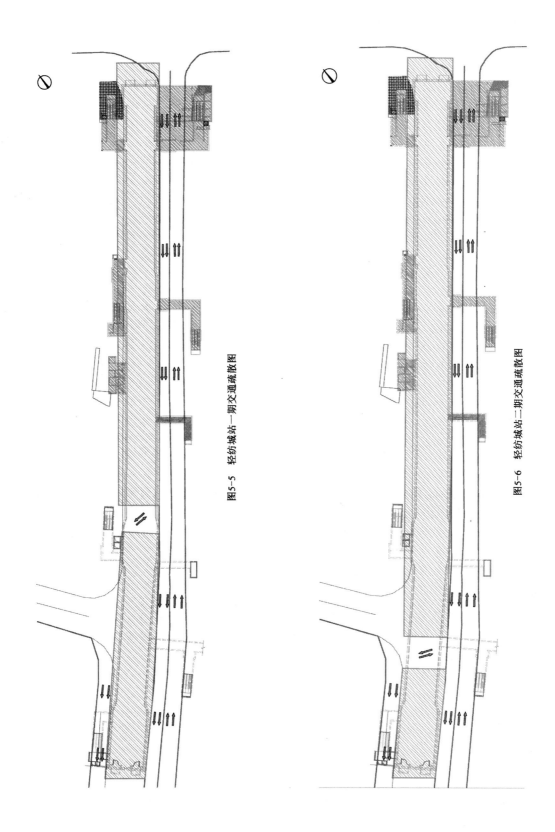

图 5-5 轻纺城站一期交通疏散图

图 5-6 轻纺城站二期交通疏散图

钢 丝 绳 数 据 表 表 5-7

直径(mm)	公称抗拉强度(MPa)	破断拉力(kN)	最大允许使用拉力(kN)
32.5	1670	653.9	89.3
43	1670	1164	159
47.5	1670	1405	192
52	1670	1682.9	230
65	1670	2618	357.7

①若钢筋笼由主、副吊水平吊起时：

a. 扁担下由主、副吊共8根钢丝绳同时受力，因副吊钢丝绳直径较小，考虑副吊为最不利工况，所以副吊每根钢丝绳承受拉力 $P = 349.8/8/\cos50° = 68.0(kN) < 89.3kN$，故每根钢丝绳的强度能够满足要求。

b. 主吊扁担上每根钢丝绳受力 $P = 583/2/\cos50°/2 = 226.7(kN) < 357.7kN$，满足强度要求。

c. 副吊扁担上每根钢丝绳受力 $P = 349.8/\cos50°/2 = 272.1(kN) < 357.7kN$，满足强度要求。

②若考虑钢筋笼竖直起来，卸掉副吊后，主吊扁担下每根钢丝绳受力情况：

$P = 583/4 = 145.75(kN) < 159kN$，满足强度要求。

③当钢筋笼完全竖直起来，最终由龙头筋定位钢板上2根65mm钢丝绳承受拉力时，每根钢丝绳受力情况：

$P = 583/2 = 291.5(kN) < 357.7kN$，满足强度要求。

（2）吊筋强度验算

主吊各吊点拟采用 $\phi40$ 圆钢，副吊各吊点拟采用 $\phi32$ 圆钢，龙头吊筋拟采用四根 $\phi40$ 圆钢。

①当钢筋笼由主、副吊同时吊起时：

a. 主吊吊点每根钢筋允许抗拉力：$N = \pi r^2 \times 205 = 257.6(kN)$，而 $257.6kN \times 6 = 1545.7kN > 291.5kN$，所以主吊点吊筋满足强度要求。

b. 副吊吊点每根钢筋允许抗拉力：$N = \pi r^2 \times 205 = 164.8(kN)$，而 $164.8kN \times 6 = 988.8kN > 349.8kN$（按钢筋笼60%重量考虑），所以副吊点吊筋满足强度要求。

②当钢筋笼由主吊垂直吊起来时，吊点每根钢筋允许抗拉力：$N = \pi r^2 \times 205 = 257.6(kN)$，而 $257.6 \times 4 = 1030.4(kN) > 583kN$，满足强度要求。

③最终当钢筋笼完全竖直起来时，龙头吊筋每根钢筋允许抗拉力：$N = \pi r^2 \times 205 = 164.8(kN)$，而 $164.8 \times 4 = 659.2(kN) > 583kN$，所以龙头吊筋满足强度要求。

（二）基坑开挖和支撑方案

1. 地基加固

地基加固采用水泥搅拌桩裙边抽条加固，高压旋喷桩处理车站拐角处及地连墙接缝处土体加固。

2. 基坑降水

与轻纺城站基坑开挖关系密切的含水层主要有⑤$_3$、⑤$_5$、⑥$_3$、⑥$_4$ 层承压水，轻纺城站浅部⑤$_3$、⑤$_5$ 层承压水被维护结构隔断。右端基坑北盾构段50－55轴与标准段33－50轴⑥$_{1a}$承压水的坑底抗渗流稳定系数分别为 0.97 与 1.02,不满足要求,开挖时需分别降压 4.3m 和 2.4m。承压水的坑底抗渗流稳定系数:⑥$_4$ 层为 1.06,1-3 轴⑦$_1$ 层为 1.07,⑧层、⑨层均大于 1.10,满足要求。

基坑降水设计和运行,执行"按需疏干降水"、"按需减压降水"的原则,严格控制降水时间和降水量,尽量减少由于降水引起的基坑周边相邻地表沉降和建筑物的影响。

根据经验,上层水采用真空深井降水,每口疏干井有效降水面积按 180m² 考虑,主要疏干表层潜水和浅层的承压水。轻纺城站布置 43 口。承压水降压井根据现场抽水试验后确定。

疏干井的布置,原则上按单井有效降水面积的经验值结合拟建工程场区土层特征、基坑平面形状、尺寸确定,满足基坑开挖及施工要求,确保基坑施工安全、顺利进行。

井数采用式(5-1)计算确定

$$n = \frac{A}{a} \tag{5-1}$$

式中:n——井数(口);

A——基坑面积(m^2);

a——单井有效降水面积(m^2)。

成槽井数量及间距控制采用计算影响半径的库萨金经验公式确定

$$R = 2S\sqrt{HK} \tag{5-2}$$

式中:S——抽水时的水位降深(m),取 13.0m;

H——含水层的厚度(m),取 13.0m;

K——含水层渗透系数(m/d),取 0.01m/d。

$R = 2 \times 13 \times \sqrt{13 \times 0.01} \approx 9.4(m)$,由此计算出成槽井单井抽水影响半径 9.4m,为有效降低降水区域水头,取单井控制半径为 5.0m。故成槽井按 10.0m 间距布置,距离围护结构 3~4m。本基坑的围护结构已经隔断开挖范围内潜水含水层基坑内外的水力联系。在此条件下,根据勘察地质资料,单井有效降水面积取 150m²。

根据基坑工程经验,为达到基坑干开挖要求,疏干井井深一般在基坑开挖底板以下 3.0~5.0m。

在降水过程中,基坑内明水、降雨等外来水源不在方案设计范围内。在降水运行过程中,必要时采用加真空的方法增加单井出水量。

3. 基坑开挖和支撑

(1)纵坡稳定验算

本设计根据费伦纽斯条分法对基坑的纵坡稳定进行验算。根据经验,由于土层条件复杂,在开挖到第一道钢支撑前使用的坡率为 1:4.5。

查表可知 $2\theta = 70°$,$\alpha = 13°$,做出危险圆如图 5-7 所示。

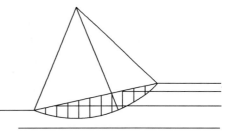

图 5-7 纵坡稳定验算图

由此,计算土坡的稳定安全系数 K:

$$K = \frac{\tan\varphi \sum_{i=1}^{7} W_i \cos\alpha_i + cl}{\sum_{i=1}^{7} W_i \sin\alpha_i}$$

$$= \frac{\tan 10° \times 448.78 + 15 \times 23.21}{127.89} = 3.34 \tag{5-3}$$

可知安全系数符合要求,即按照1∶4.5的要求开挖土坡是安全的。在结束了第一道钢支撑的开挖之后,接下来的土层较稳定,可以适当提高开挖坡率。

(2)基坑开挖方案

基坑开挖的方式原则上采用机械开挖与人工开挖相结合。轻纺城站是两层结构基坑,主要采用长臂挖机和小型挖机的组合方式开挖。

轻纺城站设置两台50T龙门吊配合小型挖机倒土,龙门吊行走位置于两端端头井与封堵墙间。顶板逆挖段顶板施作完毕后按河流断面凿除地连墙,恢复河流流通,施作顶板时在其内部预埋两条纵向通长5t单轨梁的预埋件,开挖时单轨梁配合小型挖机用出土斗出土,用单轨梁运输钢支撑、钢筋等材料,并配合钢支撑架设施作。

(三)主体结构和防水施工

1. 主体结构施工

车站为钢筋混凝土框架体系,采用叠合墙。轻纺城站为地下两层结构,轻纺城站结构采用分段明挖顺作法和局部顶板逆作法施工。车站结构施工物料垂直运输采用吊车及龙门吊。

2. 防水施工

车站防水施工是控制地铁工程质量的关键,防水施工方案必须遵循"以防为主、刚柔结合、多道防线、因地制宜、综合治理"的原则,以提高钢筋混凝土结构的自防水性能为主,以变形缝、施工缝等接缝为重点,同时在结构迎水面允许的部位设置柔性防水层。

本工程车站主体结构均采用叠合墙体系,因此对防水施工提出了更高的要求,尤其是结构自防水性能和设缝部位的处理。

底板施工模板图如图5-8所示,底板诱导缝防水图如图5-9所示。

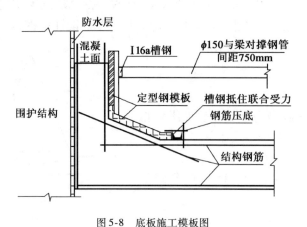

图5-8 底板施工模板图

(四)区间盾构法施工

盾构机启运路站始发,轻纺城站调头,启运路站吊出。详见图5-10。

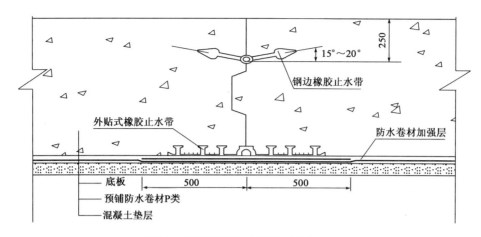

图 5-9 底板诱导缝防水图(尺寸单位:mm)

(1)设备选型
(2)盾构组成
(3)实施性沿线障碍物排查措施
(4)区间盾构施工主要技术措施

六、资源需要量计划

(一)劳动力计划

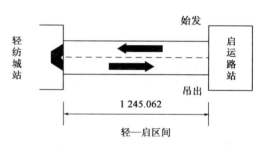

图 5-10 盾构施工流向图(尺寸单位:m)

轻纺城站劳动力计划表如表 5-8 所示。

轻纺城站劳动力计划表　　表 5-8

工　种	2011 年			2012 年			
	2 季度	3 季度	4 季度	1 季度	2 季度	3 季度	4 季度
钢筋工	90	85	100	80	60	60	20
木工	5	60	60	60	60	60	5
混凝土工	45	55	55	60	35	35	20
机械工	35	35	35	50	30	30	25
防水工	0	15	15	20	15	15	5
电焊工	45	45	30	60	30	30	20
架子工	0	40	40	35	30	30	5
普工	30	30	30	50	30	30	30
测量工	4	4	4	4	4	4	4
试验工	3	3	3	3	3	3	3
电工	3	3	3	3	3	3	3
后勤	10	10	10	10	10	10	10
合计	270	385	385	435	310	310	150

盾构区间劳动力计划表(略)。

（二）机械设备计划

拟投入本项目的主要施工设备表如表 5-9 所示。

拟投入本项目的主要施工设备表　　　　　表 5-9

序号	设备名称	型号规格	数量	国别产地	制造年份	额定功率（kW）	生产能力	用于施工部位	备注（租赁或自有）
1	成槽机	HS855HD	2	德国	2006			地下墙	自有
2	成槽机	HS855HD	2	德国	2005			地下墙	自有
3	履带吊	250t	2	徐州	2006		250t	地下墙	自有
4	履带吊	100t	2	徐州	2006		100t	地下墙、桩	自有
5	挖掘机	CATE320BL	2	美国	2006	170	1m³	地下墙	自有
6	三轴搅拌机	PAS-120	6	江阴	2004	110		工法桩	自有
7	深层搅拌桩机	SJB-37	4	无锡	2004			工法桩	自有
8	地质钻探机	GPS-15	8	苏州	2004	11		钻孔桩	自有

七、施工进度计划

施工总进度横道图图表 5-11 所示。

项目名称	工期	开始时间	结束时间	2011年				2012年				2013年				2014年			
				一季度	二季度	三季度	四季度	一季度	二季度	三季度	四季度	一季度	二季度	三季度	四季度	一季度	二季度	三季度	四季度
轻纺城站	1101 工作日	2011.4.21	2014.4.25																
轻纺城站1期	541 工作日	2011.4.21	2012.10.12																
轻纺城站2期	380 工作日	2012.10.13	2013.10.27																
轻纺城站3期	180 工作日	2013.10.28	2014.4.25																
轻一启区间	472 工作日	2012.1.5	2013.4.20																
联络通道施工	215 工作日	2013.4.21	2013.11.21																
工程完工	1 工作日	2014.4.1	2014.4.1																

图 5-11　施工总进度横道图

八、施工安全管理

（一）施工组织机构（略）

（二）安全生产责任制和项目管理制度（略）

（三）文明施工（略）

（四）应急预案（略）

第六章 铁路选线设计指导

第一节 设计流程与设计方法

一、收集设计线所经地区资料

(一)设计线路的意义

(1)明确设计线在国家政治、经济、国防上的意义。
(2)明确设计线所经过地区的资源分布、工农业发展等情况。
(3)明确设计线路在路网中的地位和作用。

(二)设计线所承担的运输任务

(1)进行经济调查,明确铁路总体设计和各种设施设计所需要的客货运量资料。
(2)明确设计年度。
(3)明确需要的通过能力和输送能力。

(三)设计线所经过地区的自然地形条件

(1)各种比例尺的地形图、卫星相片、航摄相片和以往的勘测设计资料。
(2)沿线的地形、地质、水文、气象等自然条件。
(3)村镇、交通、农田、水利设施等具体情况。
(4)相邻线路的主要技术标准、平面与纵断面图、客货运量以及设计、施工和运营资料。

二、论证线路设计的原则和采用的主要技术标准

(1)根据线路在铁路网中的作用、性质和远期客货运量,确定铁路等级。
(2)根据铁路等级、客运服务对象、功能定位,并结合地形条件、相邻线速度目标值等因素综合分析比选确定最高行车速度。
(3)根据国家要求的年输送能力和确定的铁路等级,考虑沿线资源分布和国家科技发展规划,并结合设计线的地形、地质、气象等自然条件,经过论证比选,确定主要技术标准。
①正线数目。
②牵引种类和机车类型。
③限制坡度。
④最小曲线半径。
⑤到发线有效长度。

⑥闭塞方式。
⑦机车交路。
⑧车站分布。

三、设计方案的比较与选择

完成同一设计任务,可提出各种技术决策供比较选用,每一种技术决策,都称为方案。

各种设计方案采用的技术措施不同,其工程特征、运营特征和经济效益就会不同。各个方案都有其优缺点,需要进行全面的分析比较,从中找出最合理的方案。

(一)线路走向选择方案比较

(1)根据铁路规划的要求,利用1:50 000比例尺的地形图,在规定的线路起讫点间的大面积范围内,找出一切可能的方案,经过概略评比后,提选出较好的、值得进一步比选的方案加以评价,通常拟订2~3个设计方案,综合比较各自的优缺点,并进行技术经济论证,最后提出推荐方案。

(2)选定推荐方案:说明方案的特点、技术上和经济上的合理性以及采用的理由,附图在设计说明书中。

(二)平面方案比较

结合铁路性质、等级、地形、工程情况及运营条件等因素综合研究比选。

(三)纵断面方案比较

根据具体情况,结合重大线路方案及牵引种类和机车类型选择,并考虑相关路网坡度综合研究比选。客运专线铁路最大坡度要从路网标准、经济性、协调性等方面综合研究比选。

(四)车站分布方案比较

(五)其他

四、具体设计

(一)估算站间距

(1)绘制合力曲线图,确定定线坡度。
(2)利用规划纵断面确定最大站间距。

(二)导向线法定线

(1)确定定线坡度。
(2)计算定线步距,并进行比例变换。
(3)确定平面起点。
(4)平面定线。

依上述步骤逐个区间进行直到终点,还要将区间分布均匀(指往返运行时分),最后将一个方案的平面和纵断面绘制出来。

(三)平面设计

(1)平面线形设计。
(2)平面布置的内容。

注明线路的起讫点里程桩号、曲线要素、夹直线、线路中心线里程桩号、沿线车站的位置和尺寸。

(四)纵断面设计

1. 概略定线

根据平面线的高程,点绘线路地面高程,以折线相连,注意河谷、高山等特征点和地形变化点,在此基础上进行纵断面拉坡,定出概略坡度线。

(1)绘制地面线。
(2)在纵断面设计图上,在下方表格中绘制出平面设计线的直线段、曲线段、桥涵隧道等位置。
(3)确定纵断面上控制点的高程,必要时在说明书中说明其确定的依据。
(4)纵断面坡段长度和坡度设计应结合平面、横断面设计综合考虑。
(5)设计各桩号的设计高程(精确到小数点后三位),设计填挖高度。
(5)设计竖曲线。

2. 平面、纵断面联合调整

(1)坡度设计不当,局部填挖过大,可改变坡段组合或设计高程。
(2)紧坡地段已用足坡度,纵断面填挖高度由一端向另一端逐渐增大到不合理时,可改变平面图形(降低或升高走法)。
(3)纵断面由两端向中间增大或降低,采用增设曲线或改变曲线半径以减少中间填挖高度,在过山脊或山谷处多见。
(4)反复修改平纵断面,直至合理为止。

(五)中间站平面设计

(1)布置站型并确定主要设备。
(2)平面计算。
(3)铺轨、铺岔等工程数量计算。

(六)编写设计说明书

根据上述设计内容,应系统地、细致地整理设计资料、计算数据、绘制图表和方案比较图,并着重说明设计过程中的设计指导思想、设计原则和依据、方案比较分析和论证以及设计的详细说明,编写成设计说明书。说明书字数控制在一万字左右,文字要简练,字迹清晰,并附有编号的图表,最后装订成册连电子文件(光盘),交审阅。

第二节　设计文件组成与编制深度

一、新建铁路选线设计文件编制深度

(一)概述

1. 研究依据

2. 线路所经地区情况

(1)线路地理位置(含起讫点、经由点)。

(2)自然特征。

3. 线路在国民经济与铁路网中的意义和作用以及建设的必要性

(二)经济与运量

1. 经济特征

2. 路网构成

3. 研究年度客货运量预测、区段货流密度及旅客列车对数

4. 全线区段货流密度、旅客列车对数汇总表(含上下行)

5. 远景年输送能力

(三)线路方案

(四)铁路主要技术标准的选择

1. 相邻线铁路主要技术标准(现状及规划)

2. 铁路主要技术标准的比选

3. 铁路主要技术标准的推荐意见(含各种联络线、走行线等)

(五)线路方案的比选

1. 接轨方案或引入枢纽(地区)方案

从服务运输及技术、经济等方面进行比选。若接轨方案与重大线路方案关系密切,应合并综合比选。附示意图和技术经济比较表。

2. 重大线路方案

重大线路方案指地形、地质条件复杂、距离较长、影响较大的线路走向方案。方案比选内容应说明其概况、各方案的技术经济比较、方案评价、环境要求的相关内容及推荐意见,附示意

图和技术经济比较表。

3. 线路局部方案

附示意图和技术经济比较表。新建铁路的线路局部方案应结合推荐方案进行比选,提出推荐意见。

4. 通过环境保护或其他特殊地区的线路选线采取的对策

附线路穿越风景名胜区、自然保护区、基本农田保护区、水源保护区、文物古迹、噪声、振动及环境敏感区等相对位置示意图。

(六)线路平面及纵断面

(1)车站分布、车站性质、站坪长度及坡度。
(2)平面(含双线或预留双线。结合路段设计行车速度说明缓和曲线、圆曲线、夹直线选用标准及最小曲线半径分布情况等)。
(3)纵断面(含缓坡、竖曲线、坡段长度和最大坡度差的采用标准以及坡度设计的其他要求)。

(七)经济评价

二、附图及附件编制深度

(一)附件

(1)线路技术资料汇总表(装订在线路平纵断面示意图之后)。
(2)图纸目录。

(二)附图

(1)线路地理位置图(装订在说明书目录之后)。
(2)线路平纵断面示意图(装订在线路地理位置图之后)。
(3)线路方案平面图(推荐方案和各重大线路比较方案、线路局部方案,填绘主要地质构造线和重大不良地质范围,并标出有关水利、城市、交通及环境保护特殊地区对线路设计的要求),比例一般为1:10 000。
(4)推荐方案和主要比较方案线路平面图(填绘主要地质构造线和不良地质范围),比例为1:2 000或1:5 000。
(5)推荐方案和主要比较方案线路纵断面图,比例为横1:10 000,竖1:500~1:1 000。

第三节 设 计 实 例

一、基本资料

新建时速120km/h客货混运铁路线路选线设计,涉及计算的内容,具体计算数据略,仅就计算内容进行说明。

(1)设计线为Ⅰ级单线铁路,路段设计速度为120km/h。
(2)地形图比例尺1∶50 000,等高距20m。
(3)始点 A 车站,中心里程 AK00+000,中心设计高程715m,该站为会让站;终点 B 车站为中间站,中心设计高程620m。
(4)运量资料(远期重车方向):
货运量21.2Mt/a,货运波动系数$\beta=1.15$,通过能力储备系数$\alpha=0.2$。
客车28 对/d,摘挂2 对/d,零担2 对/d,快货1 对/d。
(5)限制坡度:$i_x=12‰$。
(6)牵引种类:电力牵引。
(7)机车类型:SS_3双机牵引。
(8)到发线有效长850m。
(9)最小曲线半径800m。
(10)信联闭设备为半自动闭塞,$t_b+t_h=6min$。
(11)车辆组成。每辆货车平均数据:货车自重($g_z=22.133t$),总重($g=78.998t$),净载量($g_j=56.865t$),车辆长度13.914m,净载系数0.720,每延米质量($g_m=5.667t/m$),守车质量16t,守车长度8.8m。
(12)制动装置资料:空气制动,换算制动率0.28。
(13)车站侧向过岔速度允许值为$v=45km/h$;直向过岔速度取设计速度。

二、主要技术标准确定

(1)线路等级(略)
(2)速度目标值(略)
(3)正线数目(略)
(4)牵引种类(略)
(5)限制坡度(略)
(6)牵引质量与列车资料计算(略)

三、实例一:工程费计算

(一)路基土石方工程量计算

路基土石方包括正线路基土石方和站线路基土石方以及排水沟、护道、桥头锥体等附属工程的土石方。
(1)正线路基土石方的工程量按填挖的平均高度查正线每公里土石方数量表进行计算。
(2)站场路基土石方工程量应按站坪范围内设置股道的数目 n 进行计算。
(3)设计线的总土石方数量:

$$Q = 1.1Q_{zx} + \sum Qcx(m^3) \tag{6-1}$$

式中:Q_{zx}——正线路基土石方的数量;
1.1——考虑附属工程的土石方数量,按正线路基土石方10%计。
路基土石方的单价如表6-1所示,路基土石方费用计算如表6-2所示。

路基土石方的单价表　　　　　　　　　　　　　　　　　　　　　　表6-1

工程项目	填　土	挖　土	挖软石
单价(元/m³)	15	18	36

路基土石方费用计算表　　　　　　　　　　　　　　　　　　　　　表6-2

项　　目	填　土	挖　土	挖软石	总　计
工程量(m³)				
工程造价(万元)				

(二)桥涵建筑物工程费

大桥造价如表6-3所示。

大桥造价表(千元/延米)　　　　　　　　　　　　　　　　　　　　表6-3

基础类型 \ 桥高 H(m)	<20	20~30	30~40	40~50	>50
扩大基础	3.0	3.5	4.5	5.0	6.5
沉井基础	4.0	4.0	4.3	5.2	6.5

每延米单价,中桥1.65万元/延米,小桥1.80万元/延米,涵洞0.75万元/延米。

(三)隧道工程费

每延米单价0.75万元/延米。

(四)土地征用费

均摊到每正线公里上的地亩数(亩/正线公里),其值根据限制坡度大小不同,按表6-4取值。征地费单价为1.5万元/亩。

土 地 征 用 面 积　　　　　　　　　　　　　　　　　　　　　　表6-4

限制坡度(‰)	6	9	12	13
S_D(亩/正线公里)	77.0	74.0	71.0	70.0

(五)轨道工程费用

轨道工程费用应根据钢轨、轨枕类型及道床种类而定。

轨道类型为重型轨60kg/m,碎石道床50cm,钢筋混凝土轨枕木1680根/km。

$$A_g = L_{ZX} \times a \tag{6-2}$$

式中:L_{ZX}——正线长(公里);

　　A_g——轨道工程费用(万元);

　　a——轨道工程费用单价,为200万元/正线公里。

(六)与线路长度成正比的费用

与线路成正比的费用主要指施工期内的准备工程,包括拆迁房屋、改移公路、迁移电线、征地、信联闭、通信工程以及生活用房等费用,以正线公里为计算单位,按设计任务书选用价格,列表计算如表6-5所示。

与线路成正比的费用　　　　　　　　　表6-5

序号	项　目		单价(万元/km)	长度(km)	费用(万元)
1	施工界内准备工程	困难陡峭区	4.0		
		山岭地区	3.5		
2	通信设备		3.0		
3	信、联、闭设备		3.5		
4	生产和生活用房		10.0		
5	合计				

(七)车站设备和建筑物费用

中间站费用包括站线轨道、信联闭设备、生产生活设备、建筑物等支出。

(1)行车量:N_x。
(2)到发线有效长750m,选用价格115万元/km。
(3)轨道类型:重型轨,乘上系数1.1。
(4)内燃牵引,乘上系数1.0。

(八)电力铁路的供电设备费(略)

四、实例二:机车车辆购置费和货物滞留费计算

(一)机车购置费计算

1. 机车购置费

$$A_j = \frac{\frac{t_1 + t_2}{\beta} + (t_j + t_z)N_j}{1\,440} N_h \alpha_j a_j \tag{6-3}$$

式中:A_j——机车购置费(万元);
　t_1、t_2——列车上下行走行时分,不包括起停时分在内;
　$t_j + t_z$——列车在基本段、折返段、车站停留时分,此处取150min;
　β——旅速系数,取0.72;
　α_j——机车整备系数,取1.2;
　a_j——机车价格(万元/台),DF_4型机车为430万元/台;
　N_j——机车交路数目,取$N_j = 1.0$;
　N_h——货物列车对数,在不成对的线路上,取重车方向的列车数(列/d)。

2. 计算列车对数

(1)货物列车对数的计算
①重车方向的货物列车数。

$$N_{zh} = \frac{\Gamma_{zh} \times 10^6}{365 Q_{zh} \times \gamma_j} = 3\,805.18 \frac{\Gamma_{zh}}{Q_{zh}} \tag{6-4}$$

式中：N_{zh}——重车方向的货物列车数(列/d)；

Γ_{zh}——重车方向的货运量；

Q_{zh}——重车方向牵引定数；

γ_j——列车净载系数，取 0.720。

②轻车方向的货物列车数。

a.轻车方向的重列车数：

$$N_{qzh} = \frac{\Gamma_q \times 10^6}{365 Q_{zh} \times \gamma_j} \tag{6-5}$$

式中：N_{qzh}——轻车方向的重列车数(列/d)；

Γ_q——轻车方向的货运量；

其他符号意义同前。

b.轻车方向的空列车数(考虑列车成对运行)：

$$N_k = N_{zh} - N_{qzh} \tag{6-6}$$

式中：N_k——排空列车数，(列/d)；

其他符号意义同前。

(2)货物列车上、下行走行时的计算

上下行走行时分包括起停附加时分，其中，取 $t_q = 2\text{min}$，$t_t = 1\text{min}$，以下以列表形式计算总走行时分，如表 6-6 所示。

总走行时分计算表 表 6-6

走 行 区 间	$t_w(\min)$	$t_f(\min)$	$t_w + t_f(\min)$	备 注
合计				

(二)补机购置费用计算

如果局部使用补机，则按式(6-7)计算

$$A_b = \frac{t_{zh}}{1\,440 - t_{zhe}} N_h \alpha_j a_j \tag{6-7}$$

式中：t_{zh}——补机周转时间(min)，见式(6-8)：

$$t_{zh} = \frac{t'_1 + t'_2}{\beta} + t_d \tag{6-8}$$

t'_1、t'_2——补机返走行时分(min)；

t_d——补机等待出发时分(min)，单方向实用补机时为一个 t_d，双方使用补机时为两个 t_d；

$$t_d = \frac{720}{N_h} \tag{6-9}$$

t_{zhe}——补机整备作业时间及交班时间,取 65.0 min。

计算补机的总走行时分,如表 6-7 所示。

补机总走行时分计算表 表 6-7

走行区间	t_w(min)	t_f(min)	$t_w + t_f$(min)	备注
合计				

(三)车辆购置费计算

$$A_1 = \frac{\dfrac{t_1 + t_2}{\beta} + 2t_q N_q}{1\,440} N_h m \alpha_1 a_1 \tag{6-10}$$

式中:A_1——车辆购置费(万元);

α_1——货车车辆单价,取 30 万元/辆;

a_1——车辆备用系数,取 1.38;

t_q——车辆在区段站停留时分,一般采用 10 min;

N_q——区段站数目,本设计无区段站,$q = 0$;

m——列车编挂辆数,不包括守车;

其他符号意义同前。

(四)货物滞留费计算

列车运行时间较长的方案,致使货物在途中搁置的时间延长,由此造成厂矿流动资金的周转时间增长,此种货物滞留会引起经济损失,在进行方案比选时,应计算滞留费。此项费用属于一次性投资,应按工程费处理。并计入列车运行时间长的方案。

$$A_h = (M' - M'') q_j \alpha_h \times 10^{-4} \tag{6-11}$$

式中:A_h——货物滞留费(万元);

M'、M''——载重总车辆数较多方案的车辆数和载重总车辆数较少方案的车辆数(辆);

q_j——车辆平均净载重,采用 56.865 t/辆;

α_h——货物平均价格,暂用 2 100 元/t。

由于线路上下行的运量不相等,应分为上下行计算。

1. 列车走行时分的计算

$$T_1 = \sum tl + 0.003 \sum \alpha \tag{6-12}$$

式中:T_1——列车单方向运行一次的走行时间(min);

t——均衡速度法每公里走行时分(不包括曲线附加阻力);

l——各个坡段的长度;

$\sum \alpha$——线路全长上的曲线总偏角。

2. 上下行载重总车辆数的计算(略)

3. 工程费、机车车辆购置费及滞留费汇总(表6-8)

工程费、机车车辆购置费及滞留费汇总　　　表6-8

项数	项　目	费用(万元)	项数	项　目	费用(万元)
1	土石方费用		7	车站设备和建筑物费用	
2	大中桥费用		8	电力铁路的供电设备	
3	小桥涵费用		9	机车购置费	
4	隧道工程费		10	补机购置费	
5	轨道工程费		11	车辆购置费	
6	与线路成正比的费用		12	货物滞留费	
	汇总			汇总	

五、实例三:运营费计算

运营费用包括两部分:一部分与行车量有关,如列车走行费、列车起停附加费、列车换重费等;另一部分为固定设备维修费,如正线、站线维修费等。

(一)列车年走行费的计算(均衡速度法计算)

1. 货物列车数

(1)重车方向货物列车对数(不考虑空车回送)

(2)轻车方向的货物列车数

①轻车方向的重列车数。

②轻车方向的空列车数(考虑列车成对运行)。

2. 旅客列车对数

由设计任务书可知 N_{ke},计算旅客列车走行费换算系数。

3. 列车走行费计算

采用均衡速度法计算。均衡速度法是按不同的机型、牵引方式、限制坡度及牵引定数,用均衡速度求出各个坡度单方向每列车公里的走行时分、耗电量、机车牵引机械功,阻力机械功,乘以相应的运营支出定额,即得出计算段落货物列车的走行费。

列车单方向走行一次,不包括曲线费用的走行费,轻车方向:$\varepsilon_1' = \sum el$;重车方向:$\varepsilon_1' = \sum el$。

(1)货物列车单方向走行一次的走行费

$$\varepsilon_1 = \varepsilon_1' + \varepsilon_{qx} = \sum el + 0.0122 \sum \alpha \times (P+Q) \times a \times 10^{-3} \quad (元/列) \quad (6-13)$$

$$\varepsilon_{px} = 0.0122 \sum \alpha \times (P+Q) \times a \times 10^{-3} \quad (6-14)$$

式中:ε_1'——列车单方向走行一次,不包括曲线费用的走行费(元/列);

ε_{qx}——货物列车单方向运行一次与曲线附加阻力有关的费用;

$\sum \alpha$——单方向无害坡曲线转角总和;

a——每吨公里机械功综合支出[元/(t·km)],参考《铁路工程设计技术手册(线路)》

表4.2.5,取 $a=0.75$ 元$/(t·km)$;韶山1型机车为0.53,韶山3型机车为0.55,韶山4型机车为0.54,韶山7型机车为0.5,东风型机车为0.75;

e——均衡速度法各种坡度的每列车公里支出(元/列);

l——各种坡段的长度(km);

其他符号意义同前。

(2)计算年走行费

①重车方向列车年走行费为:

$$\varepsilon_{zx} = 365(\varepsilon_{lzh} + \varepsilon_{qx})(N_{zh} + \eta N_{ke}) \times 10^{-4} \quad (万元/a) \quad (6-15)$$

②轻车方向列车年走行费为:

$$\varepsilon_{zx} = 365(\varepsilon_{lp} + \varepsilon_{qx})(N_{qzh} + \mu N_k + \eta N_{ke}) \times 10^{-4} \quad (万元/a) \quad (6-16)$$

式中:ε_{lzh}——重车方向列车运行一次的走行费(元/列);

ε_{lq}——轻车方向列车运行一次的走行费(元/列);

η——旅客列车换算为重货物列车走行费的换算系数,如表6-9所示取值;

μ——空列车换算为重货物列车走行费的换算系数,如表6-10所示取值;

其他符号意义同前。

旅客列车走行费换算系数　　表6-9

$\dfrac{(P+Q)_K}{(P+Q)_H}$	0.2	0.3	0.4	0.5	0.6	0.7	0.8
η	0.35	0.50	0.66	0.82	0.97	1.10	1.22
η'	0.62	0.91	1.19	1.45	1.70	1.94	2.20

注:1. η 适用于客、货机车同种类;η' 适用于客货机车不同种类。

2. 表中 $(P+Q)_K$ 为旅客列车全重 $(P+700)t$;$(P+Q)_H$ 为货物列车全重(t)。

排空列车走行费换算系数　　表6-10

$Q(t)$(重列车牵引定数)	4 600	4 000	3 000	2 000	1 000
μ	0.57	0.58	0.59	0.61	0.67

注:1. 吨数不适应时,可内插求得 μ 值。

2. 本表适用于各种机型的单、双机,也适用于换算空列车的起停附加费用。各种换算重、空列车的编挂数需相同。

(二)列车起停附加费的计算

列车在运行中因会让、越行、技术作业和货运作业等原因,需在一定数量的车站上起停车,列车起停会引起运行时分和能量消耗的增加,故需要计算列车起停附加费。

(1)列车起停附加费:

$$\varepsilon_{qt} = 365 \cdot e_{qt} \cdot k_{qt} \cdot N_h \times 10^{-4} \quad (万元/a) \quad (6-17)$$

$$e_{qt} = 4.17 \cdot (P+Q) \times 0.9 V^2 \cdot a \times 10^{-6} \quad (元/次) \quad (6-18)$$

式中:e_{qt}——列车起停一次的附加费用;

V——进站前开始制动时的速度,此值与进站前的线路纵断面有关,这里概略计算;

0.9——停站列车较通过列车能量损失的系数;

k_{qt}——列车起停次数(次/对);

N_h——货物列车对数,取重车方向计算;

其他符号意义同前。

(2) 列车起停一次的附加费计算(略)。

(3) 列车起停次数的计算：

$$k_{qt} = \frac{(N_h + 2\Psi N_{ke})T_h}{1\,440} - \left(\frac{0.2N_{ke}}{N_h} + 1\right)\Delta k \quad (6-19)$$

式中：k_{qt}——列车起停次数(次/对)；

Ψ——一对旅客列车在区段内运行的总时间同一对货物列车在区段内运行的总时间的比值，取 $\Psi = 0.7$；

T_h——货物列车在区段内往返总时间(包括中间站停站时间 50min)；

Δk——由于 T_h 与 $\frac{1\,440}{N_h}$ 不成倍关系而引起不足一次的会车次数，取其平均值 0.5；

其他符号意义同前。

(4) 计算列车往返年起停附加费。

(三) 固定设备维修费计算

固定设备维修费与诸多因素有关，本设计选用《铁路工程设计技术手册(线路)》5.7.8 简化公式计算：

$$\varepsilon_G = [L_{ZX}(e_{ZX} + e_{XL}) + L_{DF} \times e_{DF} + L_{BZ} \times e_{BZ} + L_Q \times e_Q + \sum N_C \times e_C] \times 10^{-4} \quad (万元/a) \quad (6-20)$$

式中：L_{ZX}——正线长度(km)；

L_{DF}——到发线长度(km)，取远期到发线有效长 $+2 \times 150$m；

L_{BZ}——编组线长度(km)，本设计取 0；

L_Q——其他站线的长度(km)，本设计取 0；

e_{ZX}、e_{XL}——为正线、信联闭及通信等维修费定额[元/(km·a)]；

e_{DF}、e_{BZ}、e_Q——为到发线、编组线及其他站线的维修费定额[元/(km·a)]；

e_C——各类车站维持费定额[(元/站·a)]；

N_C——各类车站数(个)。

固定设备运营支出定额如表 6-11 所示。

固定设备运营支出定额　　　　　　　　　　表 6-11

正线维持费(次重型,P50)			
通过客货运量总重 (万 t/a)	≤1 000	1 001～3 001	3 001～5 000
支出定额 [元/(正线公里·a)]	67 200	80 400	104 200
站线维持费(次重型,P50)			
线别	到发线	编组线	其他站线
支出定额 [元/(站线公里·a)]	37 100	27 900	26 700

续上表

车站维持费(电气联锁车站,中间站)			
站别	会让站	一般中间站	作业较大中间站
定额[元/(站·a)]	105 600	181 400	295 900
区间信号及通信设备维持费			
闭塞方式	半自动化闭塞		
定额[元/(km·a)]	7 570		

(四)运营费汇总

运营费汇总如表6-12所示。

运 营 费 汇 总　　　　表6-12

项目	走行费	起停附加费	换算费	固定设备维修费	总计
费用(万元/a)					

将以上计算的工程费、机车车辆购置费、货物滞留费、运营费及相应的换算费、换算费总和及其他相关技术经济指标汇总列于表6-13。

技术经济指标表　　　　表6-13

序号	项　　目		单　位	数　量	造价(万元)
1	建筑长度		正线公里		
2	运营长度		正线公里		
3	航空距离		km		
4	展线系数				
5	通过能力		对/d		
6	输送能力		百万 t/年		
7	最大坡地段长度(上行/下行)		km		
8	最小曲线半径地段(长度/个数)		m/个		
9	克服高程总和(上行/下行)		m		
10	土石方工程	填方	万 m³		
		挖方			
11	大桥		座/延米		
	其中最大桥长		延米		
12	中桥		座/延米		
13	小桥		座/延米		
14	涵洞		横延米		
15	隧道		座/延米		
	其中最大隧道长		m		
16	铁路用地		亩		
17	工程总投资		万元		
18	年运营费总和		万元/年		
19	年换算工程运营费		万元/年		

填表：　　年　月　日　　　　　　　　复核：　　年　月　日

第七章 新建铁路路基设计指导

第一节 设计流程与设计方法

一、新建铁路路基设计应收集的设计基础资料

（一）管理性文件

（1）国家或地方政府批准的基本计划文件。主要指相应主管部门的批件，如发改委批件、原铁道部批件、相关省市的批件等，是确认工程合法性的重要标志。

（2）初步设计文件或扩大初步设计文件。这是项目立项和审批的重要技术文件，初步确立了铁路设计等级、走向和投资概算或修正概算，依据我国建设工程立项审批程序，上述文件是进一步进行施工图设计的重要依据。

（3）项目投资方（建设方）和设计单位签订的设计合同。该文件对项目的设计标准、设计深度、设计进度、设计费用、工作方法和流程等都有具体的规定。

（二）技术标准、规范和规定

通常而言，新建铁路路基应收集的标准及规范和铁路线路等级、采用的技术措施等密切相关，但其颁布单位一般应为原铁道部相关职能部门，当铁路路基和其他建构筑物相交时，应参考其他建构筑物所对应的规范要求，如铁路和公路相交时，交通涵的设计净空则应按照公路标准要求执行。目前我国铁路路基所执行的基本技术标准、规范和规定如下，实际在路基设计时视具体情况选用。

（1）《铁路路基设计规范》（TB 10001—2005）。适用范围：客货共线运行、旅客列车设计行车速度等于或小于160km/h、货物列车设计行车速度等于或小于120km/h 的Ⅰ、Ⅱ级标准铁路。

（2）《铁路特殊路基设计规范》（TB 10035—2006）。适用范围：铁路网中客货共线运行、旅客列车设计行车速度等于或小于200km/h、货物列车设计行车速度等于或小于120km/h 的Ⅰ、Ⅱ级标准轨距铁路特殊路基的设计。

（3）《铁路路基支挡结构设计规范》（TB 10025—2006）。适用范围：铁路网中客货列车共线运行、旅客列车设计行车速度等于或小于200km/h、货物列车行车速度等于或小于120km/h 的标准轨距铁路路基支挡结构的设计。

（4）《新建时速200公里客货共线铁路设计暂行规定》，铁建设函[2005]285号。适用范围：新建客货共线运行、旅客列车设计行车速度等于或小于200km/h、货物列车设计行车速度等于或小于120km/h 铁路的设计。

(5)《新建时速200～250公里客运专线铁路设计暂行规定(上、下)》,铁建设函[2005]140号。适用范围:新建时速200～250km客运专线铁路设计(有砟轨道)。

(6)《高速铁路设计规范(试行)》(TB 10621—2009)铁建设[2009]209号。适用范围:新建时速250～350km的客运专线铁路设计。

(7)《铁路路基土工合成材料应用设计规范》(TB 10118—2006)。适用范围:所有使用土工合成材料的铁路路基。

(8)《铁路桥涵设计基本规范》(TB 10002.1—2005)。

(9)《铁路桥涵混凝土和砌体结构设计规范》(TB 10002.4—2005)。

(10)《铁路桥涵地基和基础设计规范》(TB 10002.5—2005)。

(11)《铁路混凝土结构耐久性设计暂行规定》(铁建设[2005]157号)。

(12)《铁路工程抗震设计规范》(GB 50111—2006)。

(13)《铁路工程环境保护设计规范》(TB 10501—1998)。

(14)《铁路路基边坡绿色防护技术暂行规定》(铁建技[2003]7号)。

(15)《铁路边坡防护及防排水工程设计补充规定》(铁建设[2009]172号)。

(16)《客运专线铁路桥涵工程施工质量验收暂行标准》(铁建设[2005]160号)。

(17)《客运专线铁路路基工程施工质量验收暂行标准》(铁建设[2005]160号)。

(18)《铁路混凝土工程施工质量验收补充标准》(铁建设[2005]160号)。

(19)《客运专线无砟轨道铁路工程施工质量验收暂行标准》(铁建设[2007]85号)。

(20)《客运专线铁路工程静态验收指导意见》(铁建设[2009]183号)。

(21)《铁路混凝土与砌体工程施工质量验收标准》(TB 10424)。

(22)《客运专线铁路双块式无砟轨道双块式混凝土轨枕暂行技术条件》。

(23)《客运专线铁路CRTSⅡ型板无砟轨道暂行技术条件》。

(24)《建筑地基基础设计规范》(GB 50007—2011)。

(25)《建筑桩基技术规范》(JGJ 94—2008)。

(三)路基设计应收集的基础资料

(1)工程概况。

(2)拟建铁路线路平纵断面图(通常由线路专业给出,还包括地形图)。

(3)线路的工程地质勘察报告及补充勘察报告(包括水文报告)。

(4)其他交通方式和铁路的互穿情况。

(5)同类工程的设计参考资料(含前期有关关键技术的课题研究报告、同地区其他既有线路基工程情况等)。

(6)现场调研的相关资料。

二、设计采用的技术标准和主要设计原则确定

(一)路基的主要设计标准

对于新建铁路路基的设计而言,必须首先明确线路的设计标准,线路设计标准主要指:

(1)铁路等级。

(2)正线数目。
(3)设计速度目标值。
(4)正线最小曲线半径。
(5)限制坡度。
(6)正线线间距。
(7)牵引种类。
(8)机车类型。
(9)到发线有效长度。
(10)列车运行控制方式。
(11)列车指挥方式。
(12)建筑限界。
(13)轨道结构形式。

通过线路标准可以初步确定铁路路基设计的主要控制参数,如路基高程、路基尺寸、强度和变形控制指标、路基工程接口等。

(二)主要设计原则确定

1. 路基高程、形状及宽度

(1)路基高程

对于新建铁路路基,一般采用路肩高程代替路基高程,无砟轨道的路肩高程计算如下:

双块式路肩高程 = 轨面高程 − 815 − (4.3 − 3.4/2) × 0.04 × 1 000 = 轨面高程 − 919(mm)。

Ⅱ型板路肩高程 = 轨面高程 − 779 − (4.3 − 3.25/2) × 0.04 × 1 000 = 轨面高程 − 886(mm)。

设计中都按照直线考虑,断面出图后曲线地段单独附全线曲线地段表。

(2)路基面形状

有砟轨道路基面形状为三角形,并设计为由路基面中心向两侧4%的横向排水坡。曲线加宽时,路基面仍保持三角形形状。

无砟轨道区间正线直线地段路基面形状为梯形,混凝土支撑层下基床表层设0.5%的人字坡、混凝土支撑层边缘以外基床表层设4%的横向排水坡;路基基床底层顶面及基床下路基面自中心向两侧设4%的横向排水坡,形状为三角形;曲线地段路基面为折线形,宽度保持不变。

(3)路基面宽度

①客运专线路基标准横断面。

直线地段无砟轨道路基面宽度(节选)见表7-1,无砟轨道路基标准横断面见图7-1、图7-2。

路 基 面 宽 度　　　　表7-1

线别 单双线	200km/h 无砟轨道		350km/h 无砟轨道	
	路基面宽(m)	线间距(m)	路基面宽(m)	线间距(m)
单线	8.6	—	8.6	—
双线	13.2	4.6	13.6	5.0
	13.6	5.0		

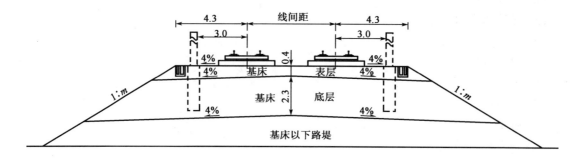

图 7-1　时速 350km/h 双线路堤标准横断面图(尺寸单位:m)

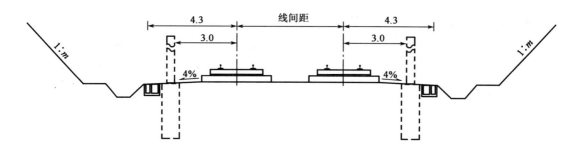

图 7-2　时速 350km/h 双线路堤式路堑(低路堤)标准横断面图(尺寸单位:m)

区间正线曲线地段路基一般不考虑曲线加宽,当轨道结构和接触网立柱等设施的设置有特殊要求时,根据具体情况计算确定;曲线地段路基超高在基床表层实现。

②时速 160km/h 及以下路基标准横断面。

普通Ⅰ级铁路直线地段路基面宽度(节选)见表 7-2。

路 基 面 宽 度　　　　　　　　　　表 7-2

线别	120～160km/h 有砟轨道		
单双线	路基面宽(m)	线间距(m)	备注
单线	7.8	—	—
双线	13.0	4.2	双侧设电缆槽
双线	12.8	4.0	双侧设电缆槽

曲线地段路基面宽度,应在曲线外侧按《铁路路基设计规范》(TB 10001—2005)表 4.2.4 所规定数值加宽。曲线加宽值在缓和曲线范围内渐变。

软土路堤沉降加宽应根据地基工后沉降量确定,每侧加宽量不应小于 0.3m。

2.路基基床结构形式及相关要求

(1)基床结构形式

时速 200～350km/h 无砟轨道路基基床表层与混凝土支承层总厚度为 0.7m,其中基床表层厚度不小于 0.4m,底层厚度为 2.3m,并在无砟轨道混凝土支承层外至电缆槽内侧设 0.08m

厚沥青混凝土防渗层。

时速160km/h及以下路基基床表层0.6m、基床底层厚1.9m,总厚度2.5m,按《铁路路基设计规范》(TB 10001—2005)中的标准执行。

(2)基床要求及压实标准

时速200km/h及以上无砟轨道路基基床表层采用级配碎石填筑,级配碎石的材质、粒径等性能指标满足《客运专线基床表层级配碎石暂行技术条件》的要求;时速160km/h及以下路基基床填料要求和压实标准按《铁路路基设计规范》(TB 10001—2005)中的规定执行。

无砟轨道路基表层级配碎石压实标准须满足《高速铁路设计规范(试行)》(铁建设[2009]209号)的要求,见表7-3。

级配碎石基床表层压实标准　　表7-3

填料	厚度(m)	压实标准			
		地基系数 K_{30} (MPa/m)	变形模量 E_{v2} (MPa)	动态变形模量 E_{vd} (MPa)	孔隙率 n
级配碎石	0.4	≥190	≥120	≥50	<18%

时速200~350km/h无砟轨道路基基床底层采用A、B组填料填筑,其压实标准见表7-4。

基床底层填料及压实标准　　表7-4

填料	厚度(m)	压实标准	改良细粒土	砂类土及细砾土	碎石类及粗砾土
A、B组填料	2.3	地基系数 K_{30} (MPa/m)		≥130	≥150
		变形模量 E_{v2} (MPa)		≥60	≥60
		动态变形模量 E_{vd} (MPa)		≥35	≥35
		压实系数 K		—	—
		孔隙率 n		≤28%	≤28%

注:压实系数K为重型击实标准。

(3)路基基床设计

时速200~350km/h无砟轨道路基基床底层范围内不得有 $P_s<1.8$MPa 或 $\sigma_0<200$kPa 的土层;时速160km/h及以下有砟轨道路基:Ⅰ级铁路基床底层范围不得有 $P_s<1.5$MPa 或 $\sigma_0<180$kPa 的土层,Ⅱ级铁路自路肩以下2.5m范围内不得有 $P_s<1.2$MPa 或 $\sigma_0<150$kPa 的土层。不满足上述要求时,应采取相应措施进行地基加固处理。对需深层处理的地段,结合深层处理水平垫层或筏板一并考虑基床加固措施。

①低矮路堤基床处理。

时速200km/h、350km/h无砟轨道路堤填高小于基床厚度(2.7m)时,采用路堤式路堑形式。基床范围内不得夹有 $P_s<1.8$MPa 或 $\sigma_0<200$kPa 的土层,否则应采取相应措施进行加固处理。基床底层换填A、B组填料,换填厚不小于1.0m,其下为软基处理的水平垫层或

筏板。

时速160km/h及以下有砟轨道路基路堤填高小于基床厚度(2.5m),基床范围内地基土不满足要求时,应进行地基加固处理。

②一般路堤基床:路堤填高大于基床厚度,按标准基床结构设置。

③基床底层换填厚度不一致时,设纵向长不小于20m的厚度渐变过渡段。

④路肩防护:在电缆槽外侧路肩处现浇C15混凝土护肩。

(三)一般路基设计

(1)路基边坡形式及坡率

①路堤边坡形式及坡率。

路堤边坡形式采用梯形断面,一般情况下路堤边坡坡率为1:1.5。浸水地段边坡放缓一级。

②路堤式路堑(低路堤)边坡形式及坡率。

土质路堤式路堑地段应在侧沟与堑坡坡脚之间设置不小于2.0m宽的侧沟平台,侧沟平台原则上要求采用M7.5浆砌片石封闭。边坡坡率为1:1.25。

(2)基床以下路堤设计

基床以下路堤填料按照相应规程规定执行,但均需分层摊铺、分层压实,填料压实标准见表7-5要求。

路堤填料及压实标准 表7-5

线路等级	填料	压实标准	改良细粒土	砂类土及细砾土	碎石类及粗砾土
200~350km/h 无砟轨道	A、B组填料	地基系数 K_{30}(MPa/m)		≥110	≥130
		压实系数 K		—	—
		孔隙率 n		<31%	<31%
		变形模量 E_{v2}(MPa)		≥45	≥45
160km/h 及以下	A、B和C组填料或改良土	地基系数 $K30$(MPa/m)	≥80	≥110	≥120
		压实系数 K	≥0.90	—	—
		孔隙率 n	—	<32	<32

注:1. 压实系数K为重型击实标准。
　　2. 改良土压实标准:当采用物理方法改良时,应符合本表规定;当采用化学方法改良时,除符合本表规定外,还应满足设计提出的技术要求。

(3)地基条件及工后变形控制标准

①路堤地基条件。

有砟轨道当路堤基底以下压缩层范围内(一般为25m)地基土不符合表7-6地基条件要求时,需进行路基工后沉降分析;无砟轨道土质地基均应进行工后沉降分析。

路基基底技术条件一览表　　　　　　　　　　　　　　　　　表7-6

地　层	地　基　条　件	附　注
砂类土	$P_s \geq 5\text{MPa}$ 或 $N_{63.5} \geq 10$，且无地震液化可能	无砟轨道均需进行横断面工后沉降分析
黏性土	$P_s \geq 1.2\text{MPa}$ 或 $[\sigma] \geq 150\text{kPa}$	

②稳定及沉降控制标准。

路基稳定安全控制标准见表7-7，工后沉降控制标准见表7-8。

稳　定　安　全　系　数　　　　　　　　　　　　　　　　　表7-7

设　计　速　度	铁　路　等　级	不考虑轨道列车荷载	考虑轨道列车荷载
$v = 200 \sim 350\text{km/h}$ 无砟	Ⅰ级铁路		≥1.25
$v = 120 \sim 160\text{km/h}$ 有砟	Ⅰ级铁路	≥1.2	≥1.15
120km/h 以下有砟	Ⅱ级铁路	≥1.2	≥1.10

不同速度线路工后沉降控制标准　　　　　　　　　　　　　表7-8

设　计　速　度	铁　路　等　级	一般地段工后沉降（mm）	路桥过渡段差异沉降（mm）	沉降速率（mm/年）
$v = 350\text{km/h}$ 无砟	Ⅰ级铁路	15	5	
$v = 120 \sim 160\text{km/h}$ 有砟	Ⅰ级铁路	200	100	50
120km/h 以下有砟	Ⅱ级铁路	300		

考虑架桥荷载时大于1.05，考虑预压荷载时大于1.15。

无砟轨道铺设完成后的工后沉降应满足扣件调整和线路竖曲线圆顺的要求。工后沉降一般不得超过扣件允许的沉降调高量15mm；长度大于20m的路基，允许的最大工后沉降量为30mm，并且调整轨面高程后的竖曲线半径能满足下列要求

$$R_{sh} \geq 0.4 V_{sj}^2 \tag{7-1}$$

式中：R_{sh}——轨面圆顺的竖曲线半径（m）；

V_{sj}——设计最高速度（km/h）。

路桥或路隧交界处的差异沉降不大于5mm，过渡段沉降造成的路基与桥梁或隧道的折角不大于1/1 000。

有砟轨道路基填筑施工完成后，需6~12个月的沉降观测和调整期，无砟轨道路基填筑施工完成后，需6~18个月的沉降观测和调整期，根据沉降观测资料经系统分析评估，沉降稳定且工后沉降满足要求后方可铺设轨道结构。

③路基稳定分析及沉降估算方法。

路堤稳定性分析检算通常采用圆弧法，对需采用深层处理的工点，应根据采用的工程措施，选择相应的分析方法。

（四）路堤基底处理原则

对于填高小于基床厚度的路堤按前述基床设计要求办理，对于填高大于基床厚度的路堤，路堤基底应按以下原则处理。

（1）水田、雨季滞水或地下水位高（地下水位距地表≤0.6m）的低洼谷地路堤地段，应清除表层种植土（一般0.6m左右），换填A、B组渗水性填料（如碎石土）。

(2)水塘地段路堤应采取排水疏干或围堰抽水后,填筑细粒土渗水填料后进行软基加固。

(3)当地基表层为人工填土等松散土层时,应挖除换填 A、B 组填料(厚度小于 3m 时)或采取加固措施。

(4)路堤基底均存在压缩性较大的地基土,经沉降估算分析,工后沉降不满足设计要求时,应采用挖除换填、堆载预压、排水固结、复合地基或碎石注浆桩、管桩等地基处理措施进行加固后再进行路基填筑。

(五)一般路堤边坡防护

路基边坡均应设置坡面防护工程,防护工程优先采用绿色植物防护或绿色植物防护与工程防护相结合的防范措施。

(1)路堤边坡高小于 3m 时,坡面采用混凝土空心砖内种植灌木结合撒播草籽防护,每隔 5~10m 设一条 C15 混凝土预制排水槽连接股道间横向排水通道。并在路肩下部设拦水坎与横向排水槽衔接。

路堤边坡高大于 3m 时,坡面采用 C25 混凝土拱形截水骨架内铺混凝土空心砖种植灌木结合撒播草籽防护,选择适宜当地生长的灌木,灌木窝距 0.6m,每窝 2 株。骨架净间距 3.0m,主骨架厚 0.6m,顶面留截水槽,骨架采用 C25 混凝土现浇或预制,截水槽采用 C10 混凝土砌筑。路堤填筑过程中,在不小于 3.0m 宽度边坡范围内每填筑 0.5~0.6m 铺一层 25kN/m 双向土工格栅。

(2)路堤采用硬质岩砟填筑时,在满足路基不同部位压实标准的前提下,边坡宜采用 C25 混凝土拱形截水骨架内客土植草防护,客土厚 15cm。

(3)沿线石料匮乏,景观要求敏感地段,采用三维排水柔性生态边坡防护,坡面喷播草灌。

(4)一般条件下,于坡脚设抬高式护道或 C25 混凝土脚墙基础,并于脚墙外 2m 设置预制 C15 钢筋混凝土排水沟或 M7.5 浆砌片石排水沟。脚墙至排水沟间撒草籽,并种植适宜当地生长的、易于成活的灌木、矮乔木各一列,纵向株距 2m。

(六)特殊路基设计

(1)低路堤(路堤式路堑)边坡防护。

低路堤(路堤式路堑)挖除换填底面一般在地下水位附近,边坡坡面铺混凝土空心砖内种植灌木结合撒播草籽防护;侧沟平台处设种植槽种植观赏性灌木,纵向株距 2m。

(2)浸水路基(水塘路堤、浸水路堤)。

浸水路基主要有:分布在沿线平原的水塘路堤,分布在沿线河流、港汊附近的滨河路基以及分布在沿线平原地区的内涝路基。防护高程:设计水位 + 波浪侵袭高 + 壅水高 + 0.5m(安全高)。

沿线水塘基底为软土、松软土,应视水塘大小、水深,采用围堰后抽水疏干清淤,围堰高程平塘埂,塘埂高程以下先填筑细粒渗水土(砂砾石、碎砾石),再按软土路基加固处理。

长期浸水的河岸、水塘路基,防护标高以下采用 C25 混凝土护坡,厚 0.3m,下设碎石垫层,厚 0.15m。

(3)软土路基。

①对于客运专线无砟轨道软土路基,采用以下设计原则。

a. 客运专线无砟轨道软土路基一般采用预应力管桩(或 CFG 桩)+筏板(或土工格栅褥垫层)结构进行地基加固,桩径一般为 0.5m 左右,间距 4~5 倍桩径,正方形布置。筏板一般采用 C30 钢筋混凝土现浇,板厚 0.5m;土工格栅一般采用单层双向土工格栅。

b. 对下穿既有公路桥、高压线时,考虑施工机具高度限制和前,采用桩板结构通过。

c. 为减少路基不均匀沉降及满足工后沉降的要求,客专无砟轨道路基必须进行超载预压,预压高度:一般地段 2.5m 设计、桥路过渡段预压高度 2.5~3.0m 设计,具体预压高度根据沉降计算确定。

②对于 160km/h 及以下有砟轨道软土路基,采用以下设计原则。

a. 软土松软土路基一般采用深层搅拌桩加固;桥路过渡段一般采用高压旋喷桩加固;既有线变形控制严格地段采用布袋注浆桩加固;工区、场段所软土地基一般采用砂垫层、砂井加固,咽喉区对沉降控制要求较高,采用砂井联合搅拌桩加固。

b. 当与客运专线正线并行且相互不能分割时,地基加固措施同客运专线正线。

c. 人工杂填土地基其厚度小于 2.0m 时,挖除换填处理;厚度较大挖除困难时,采用搅拌桩、旋喷桩加固。

不同的地基加固技术要求如下:

①各种桩基技术要求。

a. 搅拌桩:单桩设计承载力按土体强度与桩体强度分别计算,取小值;水泥掺入量不得小于 55kg(一般为 15%);桩径为 0.5m;桩间距(一般为 0.8~1.4m)和桩长根据稳定沉降计算确定。

b. 高压旋喷桩:单桩设计承载力按土体强度与桩体强度分别计算,取小值;水泥掺入量根据现场配比试验和试桩成果确定;桩径为 0.6~0.8m,桩间距一般为 1.6~1.8m;桩尖宜嵌入硬底不小于 1m。

c. 布袋注浆桩:单桩设计承载力按土体强度与桩体强度分别计算,取小值;水泥掺入量根据现场配比试验和试桩成果确定;桩径为 0.4m,桩间距一般为 1:2~1.4m。

d. 预应力混凝土管桩:预应力管桩型号为 PHC-AB-500(100)、PHC-AB-400(80)型,外径为 0.5m、0.4m,壁厚分别为 100mm、80mm;混凝土强度等级 C80,桩顶设置钢筋混凝土桩帽或筏板;正方形布置,桩间距一般为 2.2~2.4m;桩长由沉降计算确定。

e. 钻孔灌注桩:桩径为 0.6~1.0m,混凝土强度等级为 C30~C35,桩间距、桩长由计算确定。

②平面加固边界。

a. 砂井排水固结地基和搅拌桩、水泥砂浆桩、旋喷桩复合地基加固范围根据稳定计算确定,路基填高大于 5m 时宜超出路堤两侧坡脚外,宽度为坡脚外不少于 1 排桩。

软土松软土地基既有线增建二线并行地段,考虑列车运营和施工安全等因素,既有线无电气化地段,离既有线最近一排搅拌桩中心距既有线中心最小距离为 4.0~4.5m;变形控制敏感地段,距离既有线最近一排布袋注浆桩中心距既有线中心最小距离为 3.5m;既有线有电气化地段采取电气化过渡措施后按照上述原则处理。

b. 管桩加固范围可在路堤填土范围内。

③地基处理措施过渡。

对于软土松软土地基,纵向不同地基处理措施间设置地基处理过渡段,保证纵向地基沉降的均匀和控制沉降差,无砟轨道不小于20m范围、有砟轨道不小于15m范围内的地基加固桩长进行渐变过渡。路基横断面方向采用同一种地基处理措施,桩间距和桩长一致,以保证地基强度和沉降的均匀。

④稳定检算及沉降估算。

a. 稳定性计算。

检算一般按圆弧法。地基为薄层软土或斜坡软土时应检算沿硬底滑动的复式滑弧稳定性;采用复合地基加固后,根据滑弧切割地层及范围,强度分别采用加固体或天然地基土抗剪强度指标进行检算。水塘地段软土路基稳定计算采用的路基填高为路基中心基床表层顶面至清淤后的塘底高度。

b. 沉降估算。

复合地基:地基沉降估算按分层总和法进行,压缩层厚度按附加应力等于0.1倍自重应力确定。

预应力管桩、钻孔灌注桩沉降计算根据《建筑地基基础设计规范》(GB 50007—2011)、《铁路桥涵地基和基础设计规范》(TB 10002.5—2005)相关规定,按照实体深基础计算桩基沉降量。桩尖平面以下压缩层计算厚度按附加应力等于0.2倍自重应力确定。

c. 计算参数选用。

搅拌桩:桩体抗剪强度不小于233kPa、桩身28d龄期无侧限抗压强度不小于1.0MPa、桩体压缩模量50~60MPa、桩径0.5m、水泥掺入量不得小于55kg(一般为15%)。

高压旋喷桩:桩体抗剪强度不小于500kPa、桩体压缩模量120MPa、桩身28d龄期立方体抗压强度不小于3.0MPa、桩径0.6~0.8m、现场配比试验和试桩成果确定配比。

布袋注浆桩:桩体抗剪强度不小于400kPa、桩体压缩模量100MPa、桩身28d龄期立方体抗压强度不小于2.4MPa、桩径0.4m、现场配比试验和试桩成果确定配比。

土工格栅:地基加固双向土工格栅极限强度100kN/m、对应延伸率≤10%。

轨道列车荷载换算土柱和填料设计参数(节选)见表7-9、表7-10。

轨道列车荷载换算土柱　　　　表7-9

设计速度	铁路等级	宽度(m)	高度(m)	填料重度(kN/m³)
$v=200$、350km/h 无砟	Ⅰ级铁路	3.25	2.7	19
		3.25	2.6	20
$v=120\sim160$km/h 有砟	Ⅰ级铁路	3.7	3.4	18
		3.7	3.2	19
$v\leq120$km/h 有砟	Ⅱ级铁路	3.5	3.4	18
		3.5	3.2	19

填料设计参数　　　　表7-10

填料	重度(kN/m³)	C_u(kPa)	ϕ_u(°)	ϕ_{cu}(°)
C组填料及改良土等	19	25	25	25
A、B组填料	20	10	30	30

(4)侵限路基。

受地形地物限制地段(如路堤边坡)需侵占各种道路、河道或建筑物,设支挡结构避免改移道路、河道,拆迁建筑物。

①重力式挡土墙。

a. 重力式挡墙应采用 C25 片石混凝土,挡土墙背采用厚 0.3m 全墙砂砾石反滤层。

b. 挡墙地基采用旋喷桩或钻孔桩处理。

c. 按《铁路路基支挡结构设计规范》(TB 10025—2006)第 1.0.13 条要求设置护轮轨。

②加筋土挡墙。

a. 枢纽、站场内路基可设置加筋土挡土墙收坡,达到节约用地、减少地基处理范围的目的;采用整体面板式,坡率 1:0.05,挡墙上部路堤高 1.0~1.5m;采用单向土工格栅加筋,强度 60~80kN/m;挡墙地基采用旋喷桩或搅拌桩处理。

b. 客运专线正线路基因特殊要求需要设置加筋土挡土墙收坡时,坡面采用整三维排水生态边坡防护,坡率 1:0.5;采用土工格栅加筋,强度 60~80kN/m;挡墙地基采用管桩或钻孔桩处理。

③占压公路墩台、上跨地铁路基。

线路下穿公路立交桥,铁路路基侵入公路桥墩台范围或路基上跨地铁时,为减小新建铁路路基对公路桥或地铁的影响,设置桩板结构路基,每联 3 跨、跨度 10m,地基采用钻孔桩加固,桩径 0.8~1.0m。

(七)过渡段路基设计

路基过渡段的形式主要有桥路过渡段、路堤与横向结构物(立交框构、箱涵)过渡段等,各种过渡段分别存在地基的沉降过渡和本体及基床的过渡问题。

(1)路堤与桥梁过渡段

①过渡段采用倒梯形过渡,级配碎石过渡段长度:$L = 5 + 2 \times (H - 0.4)$,$H$ 为台后路堤填高。

②过渡段路基结构形式及材料性能。

距台尾不小于 20m 范围过渡段路堤基床表层级配碎石掺入 5% 水泥;表层以下的梯形部分掺入 5% 水泥分层填筑,碎石级配范围应满足表 7-11 要求。过渡段范围级配碎石及 A、B 组填料填筑压实标准应满足表 7-12 中规定的要求。过渡段级配碎石中掺入 5% 水泥,并在路基与桥台结合部位设宽 10cm 带排水槽的渗水墙,渗水墙采用无砂混凝土块砌筑,长 30cm、厚 10cm、宽 15cm。在渗水墙底部设直径 $\phi = 100mm$(TS-100)透水软管将渗流水排出路基以外。过渡段桥台基坑范围以 C15 混凝土回填。如图 7-3 所示。

桥路过渡段级配碎石的级配范围　　　表 7-11

级配编号	通过筛孔(mm)质量百分率(%)									
	50	40	30	25	20	10	5	2.5	0.5	0.075
1	100	95~100			60~90		30~65	20~50	10~30	2~10
2		100	95~100		60~90		30~65	20~50	10~30	2~10
3			100	95~100		50~80	30~65	20~50	10~30	2~10

注:颗粒中针状、片状碎石含量不大于 20%;质软、易破碎的碎石含量不得超过 10%;黏土团及有机物含量不得超过 2%。

桥路过渡段填料压实标准   表 7-12

路基类型	填料	压实标准			
		地基系数 K_{30}（MPa/m）	变形模量 E_{v2}（MPa）	动态变形模量 E_{vd}（MPa）	孔隙率 η
无砟轨道路基	级配碎石	≥150	≥80	≥50	<28%
	A、B组填料	≥150	≥60	≥35	<28%
有砟轨道路基		≥150	≥80	≥50	
		≥150	≥60	≥35	

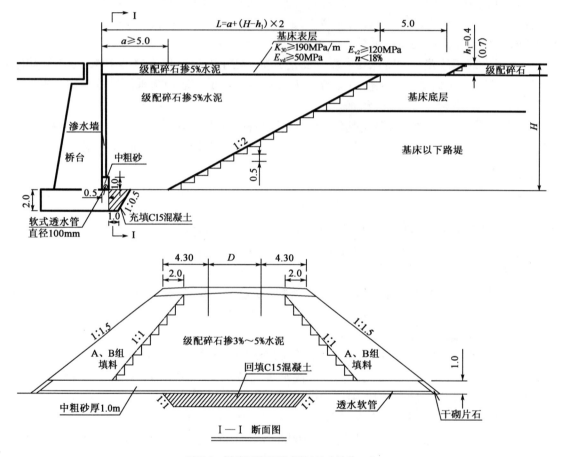

图 7-3　桥路过渡段形式图（尺寸单位：m）

(2) 路堤与横向结构物（立交框构、箱涵等）过渡段

路堤与横向结构物连接处过渡段设置见图 7-4、图 7-5。

① 过渡段采用倒梯形过渡，级配碎石过渡段长度：$L = 2 + 2h_2$，H 为台后路堤填高（涵顶距路基面高度 $h \geq 2$m 时）；或 $L = 2 + 2 \times (H - 0.4)$（涵顶距路基面高度 $h < 2$m 时），H 为涵洞后路堤填高，h_2 为涵洞顶距涵后路基地面高。

② 过渡段路基结构形式及材料性能。

a. 当涵洞顶部至路基面的高度 $h \geq 2.0$m 时，涵洞两侧过渡段级配碎石掺5%水泥，涵顶及两侧不小于20m 范围路堤基床表层级配碎石掺5%水泥。

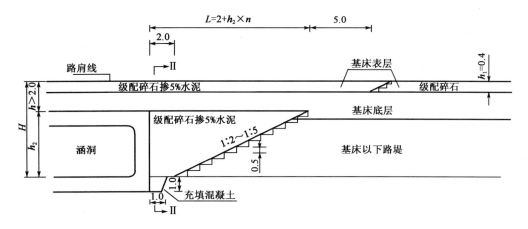

图 7-4　路堤与横向结构物连接图（$h \geq 2\mathrm{m}$）（尺寸单位：m）

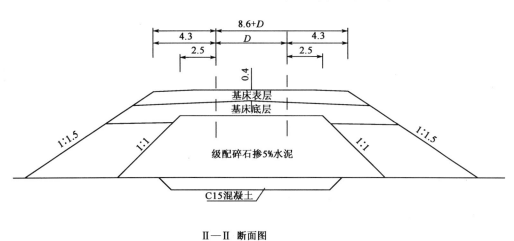

Ⅱ—Ⅱ　断面图

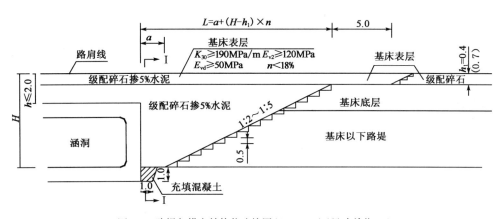

图 7-5　路堤与横向结构物连接图（$h < 2.0\mathrm{m}$）（尺寸单位：m）

b. 当涵洞顶部至路基面的高度 $h<2.0\mathrm{m}$ 时，涵洞两侧过渡段级配碎石掺 5% 水泥，涵顶及两侧不小于 20m 范围路堤基床表层级配碎石掺入 5% 水泥。

碎石的级配范围应符合规定；过渡段范围级配碎石及 A、B 组填料填筑压实标准应满足规范要求。过渡段涵洞基坑回填 C15 混凝土。

当构筑物轴线与线路中线斜交时,应首先采用掺 5% 水泥的级配碎石填筑斜交部分,然后再设置过渡段,以减小路基与涵洞横向刚度的差异,如图 7-6 所示。

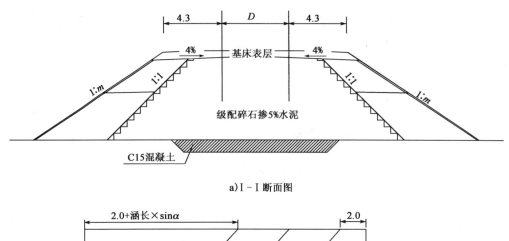

a) Ⅰ-Ⅰ断面图

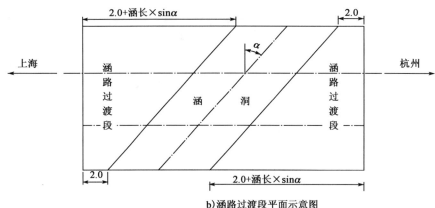

b) 涵路过渡段平面示意图

图 7-6 斜交涵过渡段示意图(尺寸单位:m)

③地基处理过渡段。

对于软弱地段地基,为满足无砟轨道纵向地基沉降的均匀和控制沉降差,地基处理过渡长度不小于 20m,并对加固措施进行渐变过渡。

④结构物间短路基过渡段的设置。

当桥与桥之间距离小于 60m 时,路基地段一般宜根据过渡段具体情况,选用级配碎石掺 3%~5% 水泥进行路基填筑或回填素混凝土进行设计,以实现桥路桥之间在基床刚度上的差异过渡。碎石的级配范围应符合规定。过渡级配碎石及 A、B 组填料填筑压实标准应满足表 7-12 的要求。

⑤不同速度目标值基床过渡段。

不同速度目标值的基床结构形式不同,应渐变过渡。过渡段长度一般不小于 10m。

(八)路基防排水设计

路基要有良好、完善的排水系统。排水设备布置合理,与桥涵、隧道、车站等排水设备衔接配合,有足够的过水能力。设计流量按 1/50 频率计算。纵坡不小于 2‰,地面平坦或反坡排水地段,仅在特殊困难情况下,可减小至1‰。排水设施过水截面尺寸根据流量计算。特别注意路基面排水、边坡排水和附属排水系统的衔接。

(1)地表排水设计

①对路基有危害的地面水,设置侧沟、天沟、排水沟及边坡平台截水沟,将水拦截引排至路基范围以外,防止水流冲刷路基。

②路堤一般双侧均设置排水沟。排水沟平面尽量采用直线,如必须转弯时,其半径宜为10~20m,排水沟的长度根据实际需要而定,通常宜在500m以内。排水沟视石料分布情况采用厚度0.3m的M7.5浆砌片石砌筑,或采用C15钢筋混凝土预制块加固,厚度0.08m。排水沟最小尺寸为0.4m×0.6m,边坡坡率1:1。

③土质路堑侧沟一般采用C25钢筋混凝土加固,侧沟底宽0.6m、深0.6~0.9m矩形沟,厚0.2m。

④路堤边坡采用骨架护坡时,骨架设置截水缘;采用空心砖+种草防护地段设顺边坡向的横向排水槽,深0.2m,间距15.0m,采用C15混凝土预制构件,厚度0.1m。

⑤站场排水:车站、段所的排水自成系统。动车段(所)、综合维修段(工区)、大型养路机械段内路基排水设计均需满足《铁路车站及枢纽设计规范》(GB 50091)有关规定。

(2)基床防排水设计

①路基线间排水。

无砟轨道间表水通过埋设于线间的PVC透水管汇集入集水井,集水井每间距50m设一个,并通过埋设于路基内(基床表层下一定深度)横向高强度耐压PVC排水管或镀锌铁管(ϕ150mm)将水引出路堤坡脚外、排水沟内或路堑侧沟内。集水井及排水管的设置位置与边坡排水设施对应。

②基床及护肩排水。

a. 无砟轨道路堤、土质和软质岩路堑地段路基基床表层轨道板边缘至路肩设4%排水坡,并铺设沥青混凝土防水层(厚0.08m),基床表水经护肩顶面汇流于路堑侧沟或路堤两侧拦水坎或截水槽,路堤地段表水再经路堤边坡的横向排水槽(每隔15m一处)或截水槽引入排水沟或路堤坡脚外。

b. 电缆槽采用横向排水,分别于中隔板、外侧壁下部设泄水孔,底部铺设不透水土工膜防水层,电缆槽与接触网基础或护肩衔接处,及其本身纵向连接处填塞沥青混凝土,以防地表水渗入路基本体。

(九)路基变形控制设计

(1)路堤稳定监测设计

软土及松软土地基上进行路堤填筑时,沿线路纵向每隔20m在距坡脚2m、10m处设水平位移观测木桩,于路堤基底中心地面设置沉降观测设备,进行水平位移和沉降观测,用以控制填土速率。填筑过程中填筑速率应满足以下要求:路堤中心地面沉降速率小于10mm/d,坡脚水平位移速率小于5mm/d。

(2)路堤沉降变形监测设计

客运专线无砟轨道路基作为变形控制十分严格的土工构筑物,在路基上铺设无砟轨道前,应对路基变形进行系统的监测和评估,确认路基的工后沉降和变形符合设计要求。路基填筑完成或施加预压荷载后的观测和调整期应不少于6~18个月,且必须至少经过一个雨季。路基沉降观测以路基面沉降和地基沉降为主。

①路基面沉降观测:一般地基地段沿线纵向每50m左右设一个沉降观测断面,桥路过渡段位置必须设置沉降观测断面。每个沉降观测断面在路基面中心及左右线中心以外2.7m处设路基面沉降观测桩,观测桩采用C15混凝土桩。

②基底沉降观测:每100m设一个监测断面。路堤填筑前,于路堤基底地面预埋沉降板进行监测,每个监测断面预埋3个沉降板。桥路过渡段必须设置。沉降板由沉降板底座、测杆($\phi=20mm$钢管)及保护测杆的$\phi=50mm$的PVC塑料管组成。

③地基中心深层沉降观测:一般地基地段沿线纵向每300m设一处,软土及松软土地基地段沿线纵向每150m一处,桥路过渡段需设置。采用机动钻($\phi108mm$)引孔埋设PVC管($\phi100mm$)和沉降磁环,利用电磁式深层沉降仪进行观测。

④水平位移观测:松软土、软土路堤填筑施工过程中应在两侧坡脚外约2.0m、10m处设位移观测桩,沿线路方向间距为20~50m。变形观测的控制标准为边桩水平位移小于5mm/d,竖向位移小于10mm/d,路基中心沉降板沉降量小于10mm/d。

(3)观测资料分析

①动态分析:对边桩水平位移和沉降观测资料要当天进行整理分析,绘制边桩水平位移、沉降与路堤填高及时间的关系曲线,指导路堤填筑施工,必要时根据分析结果调整设计,判断分析沉降稳定的时间,以达到有效控制工后沉降的目的。

②路堤填筑完成后根据沉降观测情况进行综合分析,推算地基的最终沉降量,及时调整预压土放置时间。

③无砟轨道路基预压观测调整期不能满足《客运专线铁路无砟轨道铺设条件评估技术指南》(铁建设[2006]158号)"路基填筑完成或施工预压荷载后应有不少于6个月的观测和调整期"的要求。评估单位对全线采用堆载预压的路基根据实测沉降资料进行沉降评估,沉降评估结果经专家论证确认路基工后沉降满足无砟轨道路基设计要求,可进行预压土卸载和进行上部轨道结构施工。

三、路基设计的主要内容

铁路路基工程的设计紧紧围绕四个分项工程展开,即路基本体工程、路基排水工程、路基支挡工程、路基防护工程;主要设计分述如下。

(一)路基本体工程

(1)路基面的构筑要求、形状和宽度

(2)路基基床结构

(3)路基填料选择和压实

(4)路堤和路堑边坡的稳定性检算

(5)路基变形的检算和控制

(二)路基排水工程

(1)地面排水

(2)地下排水

(3)站场排水

(三)路基支挡工程

根据具体工程背景情况选用重力式挡土墙、桩板结构挡墙、锚杆挡土墙等,完成设计检算和结构设计。

(四)路基防护工程

(1)路基本体的坡面防护

(2)路基冲刷防护(必要时)

第二节 设计文件组成与编制深度

一、设计文件编制深度

(一)工程概况及重难点

(1)××铁路线工程概况

(2)本次设计范围

(3)工程地质概况

(4)设计重难点

(二)设计依据

(1)设计的主要技术参数

(2)设计参考的规范

(3)设计使用的资料

(三)路基本体设计

1. 填料选择及压实标准

(1)级配碎石标准

(2)级配砂砾石标准

(3)ABC 组填料标准

(4)路基填料要求

2. 过渡段路基技术标准

(1)国外过渡段的路基处理措施

(2)我国过渡段路基的处理措施

3. 计算理论

(1)路基荷载

(2）边坡稳定性检算

(3）路基变形验算

4．设计及验算

(1）路基荷载计算

(2）路堤边坡设计及稳定性验算

(3）路堑边坡设计及稳定性验算

(4）地基变形验算

(5）地基处理

5．过渡段路基设计原则

6．过渡段具体设计方案

(1）过渡段纵向设计

(2）过渡段横向设计

(四)路基排水设计

1．排水工程计算理论

2．排水工程设计原则

(1）地面排水设计原则

(2）地下排水设计原则

(五)路基支挡设计（仅以重力式挡土墙设计为例）

1．支挡结构选择

2．重力式挡土墙计算理论

(1）挡土墙稳定性检算

(2）合力偏心距及基底应力检算

(3）墙身截面应力检算

3．重力式挡土墙设计及检算

(1）滑动稳定性验算

(2）倾覆稳定性验算

(3）地基应力及偏心距验算

(4）基础强度验算

(5）墙底截面强度验算

(6）台顶截面强度验算

4．重力式挡土墙具体设计方案

(六)路基防护设计

1．路堤分级和边坡防护设计原则

(1）混凝土拱形截水骨架设计原则

(2)混凝土空心砖植草护坡设计原则

2.路堑分级和坡面防护设计原则

(七)工程量统计

(1)土石方填挖量
(2)空心砖及混凝土骨架工程量
(3)路基填料数量
(4)排水工程量
(5)挡土墙工程量
(6)工程量统计

(八)小结与体会

二、铁路路基设计图的编制深度

通过各方面的工作,形成完整的铁路路基施工图册,设计图纸的组成如下:
(1)设计总说明
(2)区间平面图
(3)区间纵断面图
(4)路基断面图
(5)支挡结构图
(6)地基加固方式图
(7)过渡段设计图
(8)路基边坡防护图
(9)防排水设计图

第三节 设 计 实 例

本章主要介绍京九铁路赣县站(含)至龙厦铁路龙岩站(含)段新建铁路路基本体工程的设计实例。

一、线路的主要技术标准及有关说明

(一)设计范围

(1)京九铁路赣县站(含)至龙厦铁路龙岩站(含),正线全长249.42km。
(2)新建龙岩地区东南联络线9.26km。

(二)正线主要技术标准

(1)铁路等级:国铁Ⅰ级。
(2)正线数目:双线。
(3)路段旅客列车设计行车速度:200km/h。
(4)最小曲线半径:一般3 500m,困难2 800m。
(5)限制坡度:6‰,瑞金至龙岩段加力坡13‰。
(6)到发线有效长度:850m,双机地段880m。
(7)牵引种类:电力。
(8)牵引质量:4000t。
(9)闭塞类型:自动闭塞。

本线区间正线设计速度目标值为200km/h,路基面宽度、曲线加宽、基床厚度、填料要求、压实标准及路基工后沉降等按200km/h时速客货共线有砟轨道标准进行设计。

东南联络线、既有线改线按100~120km/h的Ⅰ级铁路标准设计。

二、时速200km/h路基主要技术标准和一般设计原则

(一)路基面宽度、形状及道床厚度

(1)正线直线地段标准路基面宽度。单线路基面宽:路堤8.8m,路堑9.2m;双线路基面宽:路堤13.2m,路堑13.6m;线间距为4.4m。

(2)路基面形状为三角形,由路基面中心向两侧设4%的横向排水坡,路基面加宽时,路基面仍保持三角形形状。

(3)正线曲线地段的路基面加宽值应在曲线外侧按表7-13规定的数值加宽。曲线加宽应在缓和曲线内递减完成。

曲线地段路基面加宽值　　　表7-13

曲线半径R(m)	路基面外侧加宽值(m)	曲线半径R(m)	路基面外侧加宽值(m)
>6 000	0.2	3 500~6 000	0.3

(4)路堤沉落加宽

考虑电缆槽上路肩后,一般情况下可不考虑预留沉落加宽。对于填高大于12m的高路堤沉落加宽值,根据填料、边坡高度和地基条件等情况单独研究确定。

(5)区间正线直线地段路基标准横断面形式,如图7-7~图7-16所示。

(6)路基上的轨道及列车荷载换算土柱高度和分布宽度应符合表7-14的规定。对于架桥机等特种荷载通过的路段应按特种荷载分布计算。

轨道及列车荷载换算土柱高度和分布宽度　　　表7-14

设计轴重(kN)	计算高度(m)					分布宽度(m)
	土的重度(kN/m³)					
	18	19	20	21	22	
220	3.0	2.8	2.7	2.6	2.4	3.3

注:重度与本表不符时,需另行计算换算土柱高度。

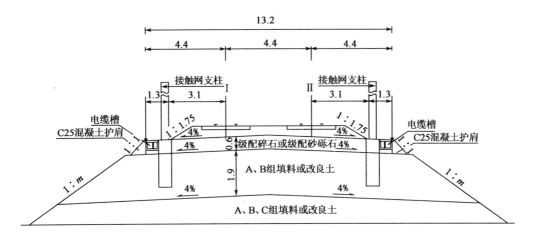

图 7-7 双线路堤标准横断面（尺寸单位：m）

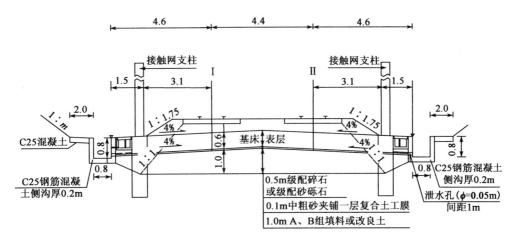

图 7-8 双线路堑标准横断面（一般土质、极软岩和膨胀性岩土）（尺寸单位：m）

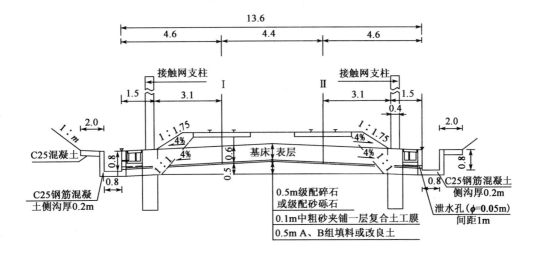

图 7-9 双线路堑标准横断面（强风化软质岩）（尺寸单位：m）

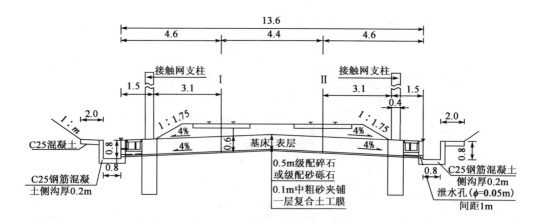

图 7-10 双线路堑标准横断面(弱风化软质岩、强风化硬质岩)(尺寸单位:m)

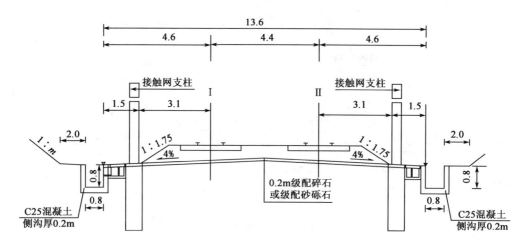

图 7-11 双线路堑标准横断面(不易风化的硬质岩石)(尺寸单位:m)

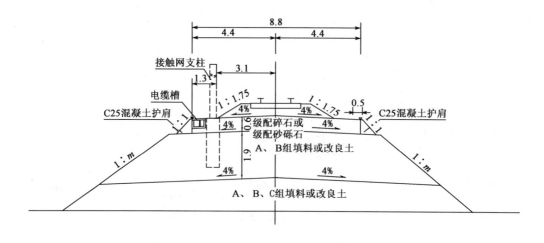

图 7-12 单线路堤标准横断面(尺寸单位:m)

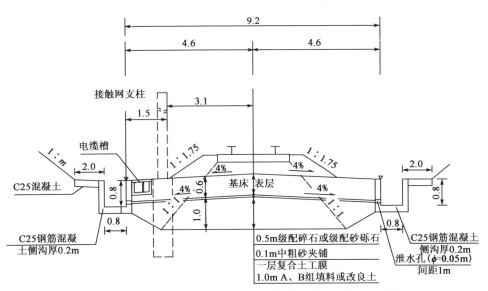

图 7-13 单线路堑标准横断面(一般土质、极软岩和膨胀性岩土)(尺寸单位:m)

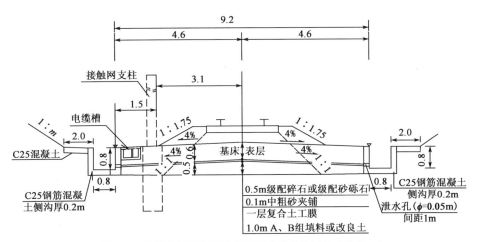

图 7-14 单线路堑标准横断面(强风化软质岩)(尺寸单位:m)

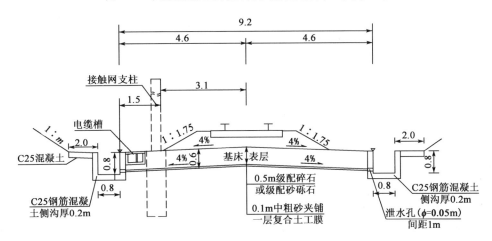

图 7-15 单线路堑标准横断面(弱风化软质岩、强风化硬质岩)(尺寸单位:m)

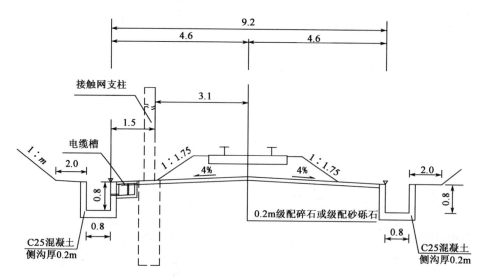

图 7-16　单线路堑标准横断面(不易风化的硬质岩石)(尺寸单位:m)

(二)路基基床结构形式及相关要求

基床由表层和底层组成:表层厚度为 0.6m,底层厚度为 1.9m,总厚度为 2.5m。

基床表层应采用级配碎石或级配砂砾石等材料。基床表层材料规格及压实标准应符合下列规定:

(1)采用级配碎石时,应符合下列技术要求:

①材料粒径、级配及品质应符合《铁路碎石道床底砟》(TB/T 2897—1998)的有关规定;

②上部道床道砟及与下部填土之间的颗粒级配均应满足 $D_{15}<4d_{85}$ 的要求;

③当级配碎石与下部填土不能满足第②项要求时,基床表层可采用颗粒级配不同的双层结构,或在基床底层表面铺设土工合成材料;

④当路堤填料为化学改良土时,可不受第②项规定限制。

(2)采用级配砂砾石时应符合下述技术要求:

①颗粒的粒径、级配应符合表 7-15 的规定;

砂砾石的级配范围　　　　　　　　　表 7-15

级配编号	通过筛孔(mm)质量百分率(%)								
	50	40	30	20	10	5	2	0.5	0.075
1	100	90~100	—	65~85	45~70	30~55	15~35	10~20	4~10
2	—	100	90~100	75~95	50~70	30~55	15~35	10~20	4~10
3	—	—	100	85~100	60~80	30~50	15~30	10~20	2~8

②级配曲线应接近圆滑,某种尺寸的颗粒不应过多或过少;

③颗粒中细长及扁平颗粒含量不应超过 20%;

④与上部道床碎石及与下部填土之间的颗粒级配均应满足 $D_{15}<4d_{85}$ 的要求;

⑤当级配砂砾石与下部填土之间不能满足第④项要求时,基床表层应采用颗粒级配不同的双层结构,或在基床底层表面铺设土工合成材料;

⑥当路堤下部填土为化学改良土时,可不受第④项规定限制;
⑦粒径小于0.5mm细集料的液限不应大于28%,其塑性指数不应大于6;
⑧黏土团及有机物含量不应超过2%。

(3)基床表层填料压实标准应符合表7-16的规定。

基床表层填料的压实标准　　　　表7-16

填　料	厚度(m)	压实标准		适用范围
		地基系数 K_{30} (MPa/m)	孔隙率 n(%)	
级配砂砾石或级配碎石	0.6	≥190	<18	路堤
级配砂砾石	0.6	≥190	<18	软质岩、强风化硬质岩及土质路堑
级配碎石	0.5	≥190	<18	软质岩、强风化硬质岩及土质路堑
中粗砂	0.1	≥130	<18	

路堤基床底层应采用A、B组填料或改良土,并在其表面设4%的向外排水坡,其填料压实标准应符合表7-17的规定。

基床底层压实标准　　　　表7-17

压实标准	化学改良土	细粒土	粗粒土	碎石类
地基系数 K_{30}(MPa/m)	—	≥110	≥120	≥150
压实系数 K	≥0.95	≥0.95	—	—
孔隙率 n	—	—	<28%	<28%
7d饱和无侧限抗压强度(kPa)	≥350			

注:K为重型击实标准。

(三)路堑基床处理

(1)对易风化的软质岩、强风化硬质岩及土质路堑基床,其基床应满足表7-16、表7-17要求,基床范围内不得夹有比贯入阻力 P_s<1.5MPa 或基本承载力 σ_0<180kPa 的细粒土层,否则按以下原则处理:

①一般土质、极软岩、软质岩、膨胀性岩土和强风化硬质岩地段路堑基床表层换填0.5m级配碎石或级配砂砾石+0.1m中粗砂夹铺一层复合土工膜,并在其底面设4%的向外排水坡。

②一般土质、极软岩和膨胀性岩土地段,基床表层以下换填厚度(路肩处)不小于1.0m的A、B组填料或改良土。

③强风化软质岩地段,基床表层以下换填厚度(路肩处)不小于0.5m的A、B组填料或改良土。

(2)不易风化的硬质岩石基床,开挖至路基面以下0.2m处,开挖面由路基中心向两侧设4%的横向排水坡,其上填筑级配碎石。

(四)低矮路堤基床处理

(1)对于路堤填高小于基床厚度的低矮路基,其基床应符合相应填料的压实标准。基床范围内的地基为细粒土时比贯入阻力 P_s 值不应小于 1.5MPa,或基本承载力 σ_0 不应小于 180kPa,不能满足时,应采取土质改良或其他处理措施。

(2)对需深层处理的地段,基床处理应结合深层处理一并考虑基床加固措施。

(3)当地下水水位较高或地下水较发育时,路基基床应采取路堤式路堑形式或采用加深侧沟、设置排水盲沟、暗沟等方式引排地下水。

三、路堤填料及相关要求

(一)路堤填料及压实标准

路堤基床以下采用 A、B、C 组填料或改良土填筑,其压实标准应符合表 7-18 的规定;当选用 C 组填料中的细粒土、粉砂和软块石土进行填筑时,应采取隔水或加强边坡防护措施。

路堤填料及压实标准　　表 7-18

压实标准	化学改良土	细粒土	粗粒土	碎石土
地基系数 K_{30}(MPa/m)		≥90	≥110	≥130
孔隙率 n(%)		—	<31	<31
压实系数 K	≥0.9	≥0.9	—	—
7d 饱和无侧限抗压强度(kPa)	≥250			

注:K 为重型击实标准。

(二)路堤填料要求

(1)路堤填筑采用硬质岩和不易风化的软质岩的碎、块石时,应级配良好,分层填筑,分层压实,不得倾填。采用强风化硬质岩填筑时,必须进行级配改良。采用碎、块石作为填料时,对其压实方法及施工工艺的要求,应通过现场填筑试验确定。

(2)路基填料的最大粒径在基床底层层内应小于 60mm,在基床以下路堤内应小于 75mm。

(3)路堤浸水部分不应填筑易风化的软块石。

(三)路基填料设计说明

(1)填料设计原则

由于赣龙铁路扩能改造工程全线的地形地质条件不同,填料的来源、需求和性质差异较大。从沿线拟开挖弃砟的岩土情况分析,全线路基填料设计原则及改良措施如下:

①第四系黏性土填料

第四系黏性土填料,大部分地段为 C 组细粒填料,可以用于基床以下填筑;部分地段为 D 组,用作基床底层与基床以下路堤填料需改良(经试验,本线细粒土的 D 组填料,I_p 大于 12,掺入一定比例的石灰改良)。该类型填料改良前,水稳定性差、不浸水无侧限抗压强度较高,浸水无侧限抗压强度低;7d 龄期和 28d 龄期掺 4%、5% 生石灰 2 880min 内均不发生崩解,水稳定性较好;加生石灰改良后填料的浸水抗压强度均得到了很大程度的提高。综合考虑技术可行、经济合理的原则,对该类填料掺入 4%~5% 的生石灰改良后可用于路基基床底层以下路堤填筑。用作基床以下路堤填料可采用路拌法施工,作为基床底层填料需采用场拌法施工。改良站点根据需要设置,区间一般 10~15km 设置一处。

②极软岩填料

泥岩、炭质板岩、页岩、千枚岩等极软岩,属 D 组填料,水稳定性极差,应弃用。

③软质岩填料

粉砂岩、含砾砂岩、凝灰质砂岩、变质砂岩、板岩等软质岩,属 B、C 组填料,可通过二次破碎、控制粒径及级配后,用于基床以下路堤填筑。对 B 组填料及通过改良的 C 组填料,压实标准满足基床底层要求时,可用作基床底层填料。现场填筑时应作工艺性填筑试验测试。

④硬质岩填料

花岗岩、石英砂岩、砂砾岩、砾岩、灰岩等硬质岩,属 A、B 组填料,可用作基床底层及以下路堤本体填料填筑。用于基床底层或以下部位路堤填筑的硬质岩块均应满足《新建时速 200 公里客货共线铁路设计暂行规定》(铁建设[2005]285 号)规定的粒径要求,否则应进行级配改良。

⑤岩石全风化物填料

一般岩石全风化物填料宜根据土工试验成果,按现行规范中的有关要求划分填料组别,具体适用范围及处理措施详见表 7-19。

赣龙铁路沿线填料性质、类别及来源一览表　　　　表 7-19

序号	里程范围	填料来源	填料性质	填料类别	利用情况
1	DK021+800 ~DK029+000	白枧取土场、移挖作填(路堑取土)	局部地段存在白垩系泥质砂岩	D 组	废弃
			全风化花岗岩、粉砂岩、砂岩 (不适用于基床底层)	C 组	基床以下
			强~弱风化花岗岩、粉砂岩、砂岩 (适用于基床底层及以下路堤)	A、B、C 组	级配改良
2	DK029+000~ DK045+500	移挖作填(隧道弃渣)	全风化变质砂岩夹板岩、砂砾岩(不适用于基床底层)	C 组	基床以下
			强~弱风化变质砂岩夹板岩、砂砾岩 (适用于基床以下路堤)	B、C 组	级配改良
3	DK045+500~ DK054+000	移挖作填 (路堑取土、隧道弃渣)	全风化砂砾岩 (不适用于基床底层)	C 组	基床以下
			强~弱风化砂砾岩 (适用于基床底层及以下路堤)	A、B 组	级配改良
4	DK046+400~ DK057+600	东溪取土场、移挖作填(路堑取土)	全风化砂砾岩、变质砂岩夹板岩 (不适用于基床底层)	C 组	基床以下
			强~弱风化砂砾岩、变质砂岩夹板岩 (适用于基床以下路堤)	B、C 组	级配改良
5	DK057+600~ DK068+700	移挖作填 (路堑取土、隧道弃渣)	第四系上更新统粉质黏土、全风化板岩 (不适用于基床底层以下路基)	D 组	化学改良 (掺石灰)
			新枫树排隧道、梓山隧道出口附近煤层、炭质板岩、炭质页岩	D 组	废弃
			强~弱风化砂砾岩、板岩夹变质砂岩 (适用于基床以下路堤)	B、C 组	级配改良

续上表

序号	里程范围	填料来源	填料性质	填料类别	利用情况
6	DK068+700～DK081+100	移挖作填（路堑取土、隧道弃渣）	全风化变质砂岩夹板岩、长石砂岩（不适用于基床底层）	C组	基床以下
			强～弱风化变质砂岩夹板岩、长石砂岩（适用于基床以下路堤）	B、C组	级配改良
7	DK081+100～DK083+000	移挖作填（路堑取土、隧道弃渣）	全风化花岗岩（不适用于基床底层）	C组	基床以下
			强～弱风化花岗岩（适用于基床底层及以下路堤）	A、B组	级配改良
8	DK083+000～DK091+400	移挖作填（隧道弃渣）	小密隧道、西江隧道附近局部地段存在煤层、炭质页岩、页岩	D组	废弃
			全～强风化变质砂岩夹板岩（不适用于基床底层）	C组	基床以下
			强～弱风化变质砂岩夹板岩（适用于基床以下路堤）	B、C组	级配改良
9	DK091+400～DK096+000	移挖作填（隧道弃渣）	全风化花岗岩（不适用于基床底层）	C组	基床以下
			强～弱风化花岗岩（适用于基床底层及以下路堤）	A、B组	级配改良
10	DK096+000～DK130+000	象湖取土场，移挖作填（路堑取土、隧道弃渣）	沙洲坝隧道附近局部地段存在煤层、炭质页岩	D组	废弃
			全风化变质砂岩、粉砂岩夹硅质岩、粉砂岩(不适用于基床底层)	C组	基床以下
			强～弱风化变质砂岩、粉砂岩夹硅质岩、粉砂岩(适用于基床以下路堤)	B、C组	级配改良
11	DK130+000～DK156+960	移挖作填（隧道弃渣）	省界DK130～DK145附近局部地段存在千枚岩、炭质板岩、页岩	D组	废弃
			全风化变质砂岩夹板岩、粉砂岩（不适用于基床底层）	C组	基床以下
			强～弱风化变质砂岩夹板岩、粉砂岩（适用于基床以下路堤）	B、C组	级配改良
12	DK156+960～DK171+650	移挖作填（路堑取土、隧道弃渣）	全风化长石石英砂岩、粉砂岩、砂砾岩（不适用于基床底层）	C组	基床以下
			强～弱风化长石石英砂岩、粉砂岩、砂砾岩(适用于基床底层及以下路堤)	A、B、C组	级配改良
13	DK171+650～DK174+300	移挖作填（路堑取土、隧道弃渣）	全风化花岗岩（不适用于基床底层）	C组	基床以下
			强～弱风化花岗岩（适用于基床底层及以下路堤）	A、B组	级配改良

续上表

序号	里程范围	填料来源	填料性质	填料类别	利用情况
14	DK174+300~DK176+000	移挖作填（路堑取土）	第四系上更新统粉质黏土、全风化花岗岩（不适用于基床底层及以下路基）	D组	化学改良（掺石灰）
15	DK176+000~DK180+400	移挖作填（路堑取土、隧道弃渣）	全风化花岗岩（不适用于基床底层）	C组	基床以下
			强~弱风化花岗岩（适用于基床底层及以下路堤）	A、B组	级配改良
16	DK180+400~DK191+480	移挖作填（隧道弃渣）	全风化长石石英砂岩、粉砂岩（适用于基床底层及以下路堤）	A、B、C组	基床以下
			强~弱风化长石石英砂岩、粉砂岩（适用于基床以下路堤）	B、C组	级配改良
17	DK191+480~DK213+000	朋口取土场、移挖作填（路堑取土、隧道弃渣）	全风化花岗岩（不适用于基床底层）	C组	基床以下
			强~弱风化花岗岩（适用于基床底层及以下路堤）	A、B组	级配改良
18	DK213+000~DK250+840	移挖作填（隧道弃渣）	全风化花岗岩、砂岩、砂砾岩（不适用于基床底层）	C组	基床以下
			强~弱风化花岗岩、砂砾岩、砂岩（适用于基床底层及以下路堤）	A、B组	级配改良
19	DK250+840~DK262+140	移挖作填（路堑取土、隧道弃渣）	第四系上更新统粉质黏土、全风化花岗岩（不适用于基床底层及以下路基）	D组	化学改良（掺石灰）
			强~弱风化花岗岩（适用于基床底层及以下路堤）	A、B组	级配改良
20	DK262+140~DK264+200	移挖作填（隧道弃渣）	全风化花岗岩、粉砂岩（不适用于基床底层）	C组	基床以下
			强~弱风化花岗岩、粉砂岩（适用于基床底层及以下路堤）	A、B、C组	级配改良
21	DK264+200~DK269+950	移挖作填（隧道弃渣）	第四系上更新统粉质黏土、全风化花岗岩、粉砂岩（不适用于基床底层及以下路基）	D组	化学改良（掺石灰）
			强~弱风化花岗岩、粉砂岩（适用于基床底层及以下路堤）	A、B、C组	级配改良
22	DK269+950~DK270+700	移挖作填（隧道弃渣）	第四系上更新统粉质黏土、全风化粉砂岩（不适用于基床底层及以下路基）	D组	化学改良（掺石灰）
			强~弱风化泥质粉砂岩、砂砾岩（适用于基床以下路堤）	B、C组	级配改良

续上表

序号	里程范围	填料来源	填料性质	填料类别	利用情况
23	DK270+700~DK273+000	移挖作填（隧道弃渣）	全风化砂岩、砂砾岩（不适用于基床底层）	C组	基床以下
			局部地段存在页岩	D组	废弃
			强~弱风化砂岩、砂砾岩（适用于基床底层及以下路堤）	A、B组	级配改良

（2）细粒土填料改良试验情况

沿线选取11处细粒土填料进行夯实及化学改良试验，部分天然原状土为高液限黏性土，进行天然素土及掺和不同比例的生石灰（浸水）无侧限强度以及浸水崩解的试验，得到了不同的试验参数，试验情况见表7-20。

赣龙线沿线填料改良试验情况一览表　　　表7-20

编号	取样地点	掺和料及掺和比	制样条件 含水率W/压实系数K/龄期(d)	无侧限强度（kPa）	浸水无侧限强度（kPa）	48h浸水崩解情况	填料定名
1	DK28+300中心	素土	—				低液限粉质黏土
		5%生石灰	$W_{opt}/K=1.0/7$		531	无崩解	
2	DK73+180中心	素土	—				高液限黏土
		5%生石灰	$W_{opt}/K=1.0/7$		60	粒状崩解10%	
3	DK84+650中心	素土	—				高液限粉质黏土
		5%生石灰	$W_{opt}/K=1.0/7$	1042	—	粒状崩解30%	
4	DK102+340中心	素土	—				高液限粉质黏土
		5%生石灰	$W_{opt}/K=1.0/7$		399	无崩解	
5	DK109+200中心	素土	—				高液限黏土
		5%生石灰	$W_{opt}/K=1.0/7$		410	无崩解	
6	DK119+100中心	素土	—				低液限粉质黏土
		4%生石灰	$W_{opt}/K=1.0/7$		242	无崩解	
7	DK119+350中心	素土	—				低液限黏土
		4%生石灰	$W_{opt}/K=1.0/7$		382	无崩解	

续上表

编号	取样地点	掺和料及掺和比	制样条件 含水率W/压实系数K/龄期(d)	无侧限强度(kPa)	浸水无侧限强度(kPa)	48h浸水崩解情况	填料定名
8	DK127+200 右1275	素土	—				低液限粉土
		5%生石灰	$W_{opt}/K=1.0/7$	1 074	170	粒状崩解10%	
9	DK127+200 右816	素土	—				低液限粉质黏土
		4%生石灰	$W_{opt}/K=1.0/7$		573	无崩解	
10	DK127+850 右	素土	—				低液限粉质黏土
		5%生石灰	$W_{opt}/K=1.0/7$		539	无崩解	
11	DK132+300 右812	素土	—				低液限粉质黏土
		5%生石灰	$W_{opt}/K=1.0/7$		160	无崩解	

注:1.W_{opt}指最佳含水率,浸水无侧限试验在试验前试件浸水24h,压实系数为$K=1.0$,龄期为7d。
2.掺和料采用Ⅲ级钙质生石灰,掺和比为掺和料与干土质量之比。
3.改良试验按照最佳含水率和不同压实度制样,保湿养护相应龄期后进行。素土无侧限试件浸水后破坏。

从试验结果可以看出,通过掺和不同比例的生石灰后,改良土浸水后能保持其稳定性,一般无崩解现象。

四、路堤地基条件和稳定、变形控制标准及基底处理要求

(一)路堤地基条件

当路堤基底以下压缩层范围内(一般不小于25m)的地基土不符合表7-21要求时,应结合架梁和铺轨的施工组织安排和工期要求,进行工后沉降分析。

路 基 地 基 条 件　　　表7-21

地　层	基岩、碎卵砾石类	砂　类　土	黏　性　土
地基条件	无条件	$P_s \geq 5.0$MPa 或 $N \geq 10$,且无地震液化可能	$P_s > 1.2$MPa 或 $[\sigma] \geq 0.15$MPa

注:N为标准贯入锤击数。

(二)沉降控制标准

路基工后沉降按速度目标值200km/h标准控制,沉降控制标准见表7-22,并严格控制不均匀沉降。

路基工后沉降、沉降速率控制表　　　　表7-22

速度目标值(km/h)	一般地段(cm)	桥路过渡段(cm)	沉降速率(cm/年)
200	15	8	4

（三）路堤稳定安全系数

考虑列车荷载作用时的路堤稳定安全系数不得小于1.25，考虑运架梁作业施工荷载作用时，其路堤稳定安全系数不得小于1.05。

（四）路堤基底处理

对于填高小于基床厚度的路堤按前述基床处理要求处理，对于填高大于基床厚度的路堤，路堤基底按以下原则处理。

1. 地基不需深层处理时

（1）对岗地及丘坡区地面横坡缓于1∶10的路堤地段根据地表植被情况，采取就地碾压、翻挖回填压实，或挖除表层0.3m厚种植土，换填路堤本体填料。

（2）对水田、雨季滞水或地下水位高（地下水位距地表≤0.5m）的低洼谷地路堤地段，应清除表层种植土（一般0.5m左右），换填A、B组填料，并高于地表0.5m。

（3）路堤基底处于地面横坡为1∶2.5~1∶10的稳定斜坡地段时，路堤基底应挖台阶，台阶高度不大于0.6m，台阶宽度不小于1.0m，台阶底设2%~4%向外倾斜的坡度。当地面横坡处于等于或陡于1∶2.5的地段时，应按陡坡路堤进行设计。

2. 地基需深层处理时

当路堤基底以下压缩层范围内（一般不小于25m）的地基土不符合表7-21要求，经稳定和沉降分析，不满足设计要求时，一般采用复合地基或其他地基加固措施处理。

五、路基边坡形式及计算参数

路堤采用梯形断面，一般情况下路堤边坡坡率见表7-23，浸水路堤边坡坡率放缓一级。

路 堤 边 坡 坡 率　　　　表7-23

填料种类	边坡高度(m)	边坡坡率	平台宽度	备　　注
细粒土及改良土	0~8	1∶1.5		边坡控制高度不大于12m；边坡高度大于12m时，于8m处设边坡平台
	8~15	1∶1.75		
A、B组及C组中的块石、碎石、砾石类填料	0~8	1∶1.5		边坡控制高度不大于15m；边坡高度大于15m时，于8m处设边坡平台
	8~20	1∶1.75		

当山体稳定、无不良地质现象时，路堑设计岩土基本设计参数，见表7-24。路堑应设置侧沟平台，宽不小于2.0m；在土石分界、透水和不透水层交界面处或较高边坡应设置边坡平台，平台宽不小于2.5m。

路堑设计岩土基本参数表　　　　表7-24

地层岩性	风化程度	岩土施工工程分级	分级防护控制高度（m）	边坡坡率	力学指标
坡残积黏性土	—	Ⅱ、Ⅲ	6	1∶1.5	$\gamma=18\sim19\mathrm{kN/m^3}, \phi=35°$, $\sigma_0=150\sim200\mathrm{kPa}, f=0.3$
膨胀土	—	Ⅲ	6	1∶1.75～1∶2.0	$\gamma=18\sim19\mathrm{kN/m^3}, \phi=25°\sim30°$ $\sigma_0=200\sim220\mathrm{kPa}, f=0.25\sim0.3$
花岗岩类全风化	—	Ⅲ	6～8	1∶1.5	$\gamma=19\mathrm{kN/m^3}, \phi=35°$ $\sigma_0=250\mathrm{kPa}, f=0.3\sim0.4$
白垩系、侏罗系泥质砂岩、粉砂岩、泥岩、沉凝灰岩、凝灰质砂岩以及元古界的千枚岩等软岩、极软岩	全风化	Ⅲ	6～8	1∶1.25～1∶1.5	$\gamma=19\mathrm{kN/m^3}, \phi=35°$ $\sigma_0=200\mathrm{kPa}, f=0.3$
	强风化	Ⅲ～Ⅳ	8	1∶1.0～1∶1.25	$\gamma=20\mathrm{kN/m^3}, \phi=40°\sim45°$ $\sigma_0=300\sim400\mathrm{kPa}, f=0.35\sim0.4$
	弱风化	Ⅳ	10	1∶1	$\gamma=20\mathrm{kN/m^3}, \phi=45°\sim50°$ $\sigma_0=400\sim500\mathrm{kPa}, f=0.4$
侏罗系、二迭系、三迭系和石炭系长石砂岩、含砾砂岩、砂岩及元古界的片岩、片麻岩等软质岩	全风化	Ⅲ	8	1∶1.25～1∶1.5	$\gamma=19\mathrm{kN/m^3}, \phi=35°\sim40°$ $\sigma_0=250\mathrm{kPa}, f=0.35\sim0.4$
	强风化	Ⅳ	10	1∶1～1∶1.25	$\gamma=20\mathrm{kN/m^3}, \phi=40°\sim45°$ $\sigma_0=350\sim450\mathrm{kPa}, f=0.4$
	弱风化	Ⅳ～Ⅴ	12	1∶0.75～1∶1	$\gamma=21\sim22\mathrm{kN/m^3}, \phi=45°\sim55°$ $\sigma_0=500\sim800\mathrm{kPa}, f=0.5$
灰岩、白云岩、石英砂岩、变粒岩、硅质岩及钙铁质胶结的砾岩、凝灰岩、凝灰熔岩、花岗岩类等硬质岩	全风化	Ⅲ	8	1∶1.25	$\gamma=20\mathrm{kN/m^3}, \phi=40°$ $\sigma_0=250\sim300\mathrm{kPa}, f=0.4$
	强风化	Ⅲ	12	1∶1	$\gamma=21\sim22\mathrm{kN/m^3}, \phi=45°\sim50°$ $\sigma_0=500\sim600\mathrm{kPa}, f=0.5$
	弱风化	Ⅴ	15	1∶0.5～1∶0.75	$\gamma=22\sim24\mathrm{kN/m^3}, \phi=55°\sim65°$, $\sigma_0=800\sim1500\mathrm{kPa}, f=0.5\sim0.6$

注：1. 岩石坚硬程度的定性划分按《铁路工程岩土分类标准》（TB 10077—2001）中表3.1.2处理。
　　2. 当岩体破坏、有结构面、地下水发育及岩体软硬不均时，设计参数相应降低一级。

六、过渡段设计原则及相关要求

（一）路基与桥梁过渡段设计

路堤与填方桥台连接处均应设置过渡段，采用倒梯形过渡；挖方桥台或填方空间较小，难以采用大型机械施工，两桥或桥隧之间间距小时，在参照以下原则的基础上，可依据具体情况调整过渡段几何尺寸设置（全断面长度、坡率），或单独研究确定。

（1）过渡段长度。

过渡段长度：$L=A+n(H-h_1)$（A 为常数，一般为5m；H 为填高；h_1 为基床表层厚度0.6m；

n 为常数,取 2~5)。过渡段长度不足 20m 时,按 20m 设置。

(2)过渡段材料性能要求。

过渡段范围基床表层级配碎石应掺入 5% 普通硅酸盐水泥,过渡段基床表层以下倒梯形范围采用级配碎石分层填筑,台背不易碾压的 2.0m 范围应掺入 3% 普通硅酸盐水泥;碎石级配范围及材质要求应满足表 7-25 的规定,其压实标准应满足表 7-26 的规定。

过渡段碎石级配范围   表 7-25

级配编号	通过筛孔(mm)质量百分率(%)									
	50	40	30	25	20	10	5	2.5	0.5	0.075
1	100	95~100			60~90		30~65	20~50	10~30	2~10
2		100	95~100		60~90		30~65	20~50	10~30	2~10
3			100	95~100		50~80	30~65	20~50	10~30	2~10

注:颗粒中针状、片状碎石含量不大于 20%;质软、易破碎的碎石含量不得超过 10%;黏土团及有机物含量不得超过 2%。

桥路过渡段填料压实标准   表 7-26

填 料	压 实 标 准		
	地基系数 K_{30}(MPa/m)	孔隙率 n	动态变形模量 E_{vd}(MPa)
级配碎石	≥150	<28%	≥50

(3)在路基与桥台结合部位设带排水槽的渗水墙,渗水墙采用无砂混凝土块砌筑,长 30cm、宽 15cm、厚 10cm。在渗水墙底部设直径 $\phi = 100$mm(TS-100)透水软管将渗流水排出路基以外。过渡段桥台基坑范围以 C25 混凝土回填。

桥路过渡段结构形式,如图 7-17 所示。

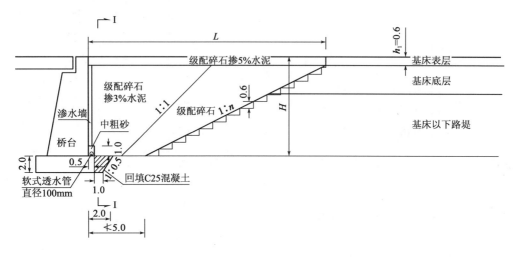

图 7-17 桥路过渡段形式(尺寸单位:m)

(二)路基与横向构筑物过渡段设计

路基与所有横向构筑物(立交框构、箱涵等)连接处均需设置过渡段,采用倒梯形过渡;对需特殊设置的过渡段应单独研究确定。

(1)过渡段长度:横向构筑物顶距路肩高度不大于 1.0m 时,过渡段长度 $L = 2 + 2(H - h_1)$

(h_1 为基床表层厚度),见图 7-18;横向构筑物顶距路肩高度大于 1.0m 时,过渡段长度 $L = 2 + 2 \times h_2$(h_2 为涵顶距地面高度),见图 7-19。当构筑物轴线与线路中线斜交时,应首先采用级配碎石填筑斜交部分,然后再设置过渡段,以减小路基与涵洞横向刚度的差异。

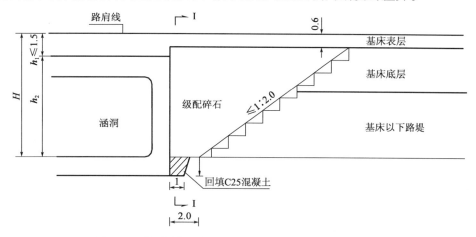

图 7-18　路堤与横向结构物连接图($h_1 \leq 1.0\text{m}$)(尺寸单位:m)

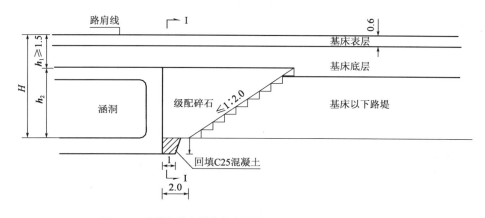

图 7-19　路堤与横向结构物连接图($h_1 > 1.0\text{m}$)(尺寸单位:m)

(2)过渡段路基材料性能要求:

过渡段范围内采用级配碎石分层填筑;横向构筑物顶距路肩高度小于 1.0m 时,结构物顶部应填筑级配碎石。横向构筑物顶部及其两侧各 20m 范围基床表层采用掺 5% 级配碎石填筑。过渡段碎石级配范围、材质要求及压实标准应满足表 7-16、表 7-17 的规定。

(3)当横向结构物顶面距地面高度小于 1.0m,且不足路堤高度的 1/2 时,可不设过渡段。

(三)路堤与路堑过渡段设计

1.路堤与土质、极软岩、软质岩路堑过渡段

(1)路基本体过渡。当路堤与路堑连接处为极软岩或土质路堑时,应顺原地面纵向挖成 1:1.5 的坡面,坡面上开挖台阶,台阶高度 0.6m。过渡段范围内填料及压实标准应满足路基各部位的填料要求。路堤与土质、极软岩、软质岩路堑的连接方式,见图 7-20。

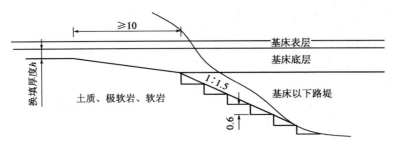

图 7-20 路堤与土质路堑连接方式(尺寸单位:m)

(2)基床结构过渡。路堤与路堑连接处为土质或极软岩路堑时,基床底层换填厚度由路堤向路堑的过渡梯度不大于 1.0m/10m;路堑范围基床底层的换填厚度应满足路堑基床的有关要求。

2.路堤与硬质岩路堑过渡段

(1)路基本体过渡。当路堤与路堑连接处为岩石路堑时,在路堑一侧顺原地面纵向开挖台阶,台阶高度 0.6m,在路堤一侧设置过渡段,过渡段级配碎石的级配、材质及压实标准同桥路过渡段。

(2)基床结构过渡。基床表层换填厚度由路堤向路堑过渡的长度不小于 10m,如图 7-21 所示。

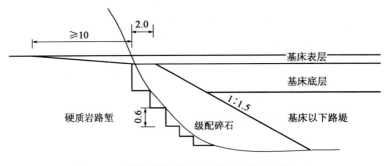

图 7-21 路堤与硬质岩路堑连接方式(尺寸单位:m)

(四)路基与隧道过渡段

土质、软质岩及强风化硬质岩路堑与隧道连接处,在路堑基床范围内设置过渡段,过渡段长度不小于 20m。

(五)不同速度目标值基床过渡段

不同速度目标值的基床结构形式不同,应渐变过渡,过渡段长度一般不小于 10m。

(六)不同过渡段间短路基处理

不同过渡段间距离较小时,设置短路基容易引起路基刚度的纵向突变;考虑列车行车的平顺性要求、过渡段的施工工艺要求和经济造价等因素,不同过渡段间短路基宜综合考虑、连续设置,实现路基刚度的平稳过渡。

第八章 铁路跨区间无缝线路设计指导

第一节 设计流程与设计方法

一、跨区间无缝线路设计应收集的设计基础资料

(一)管理性文件

(1)国家或地方政府批准的基本计划文件,主要指相应主管部门的批件,如发改委批件、原铁道部批件、相关省市的批件等,是确认工程合法性的重要标志。

(2)初步设计文件或扩大初步设计文件,初步确立了铁路设计等级、走向和投资概算或修正概算,依据我国建设工程立项审批程序,上述文件是进一步进行施工图设计的重要依据。

(3)项目投资方(建设方)和设计单位签订的设计合同,该文件对项目的设计标准、设计深度、设计进度、设计费用、工作方法和流程等都有具体的规定。

(二)技术标准、规范和规定

目前我国铁路无缝线路设计执行的基本技术标准、规范和规定如下,但在具体设计时可根据实际情况选用。

(1)《无缝线路铺设及养护维修方法》(TB/T 2098—2007)。
(2)《钢轨焊接 第1部分:通用技术条件》(TB/T 1632.1—2005)。
(3)《新建铁路桥上无缝线路设计暂行规定》。
(4)《高速铁路设计规范(试行)》(TB 10621—2009)。
(5)《高速铁路设计规范(试行)条文说明》(TB 10621—2009)。
(6)《铁路轨道设计规范》(TB 10082—2005)。
(7)《铁路线路设计规范》(GB 50090—2006)。
(8)《时速250公里客运专线(兼顾货运)有砟轨道60kg/m钢轨伸缩调节器暂行技术条件》(科技基[2008]166号)。
(9)《时速350公里客运专线无砟轨道60kg/m钢轨伸缩调节器暂行技术条件》(科技基[2008]166号)。
(10)原铁道部*《客运专线综合接地技术实施办法(暂行)》(铁集成[2006]220号)。
(11)《无砟轨道条件下ZPW-2000系列轨道电路传输特性关键参数技术条件(暂行)》(铁科技[2006]188号)。

---

* 原铁道部已于2013年并入交通运输部。

(12)《客运专线无砟轨道铁路工程施工技术指南》(TZ 216—2007)
(13)《高速铁路工程测量规范》(TB 10601—2009)。
(14)《客运专线无砟轨道铺设条件评估技术指南》(铁建设[2006]158号)。
(15)《铁路混凝土工程施工质量验收补充标准》(铁建设[2005]160号)。
(16)《新建时速200公里客货共线铁路设计暂行规定》,铁建设函[2005]285号。适用范围:新建客货共线运行、旅客列车设计行车速度等于或小于200km/h、货物列车设计行车速度等于或小于120km/h铁路的设计。
(17)《新建时速200~250公里客运专线铁路设计暂行规定(上、下)》,铁建设函[2005]140号。适用范围:新建时速200~250km客运专线铁路设计(有砟轨道)。
(18)《新建时速300~350公里客运专线铁路设计暂行规定(上、下)》铁建设[2007]47号。适用范围:新建时速300~350km客运专线铁路设计。
(19)《Ⅲ、Ⅳ级铁路设计规范》(GB 50012—2012)。适用范围:新建、改建和扩建工业企业铁路设计。
(20)《铁路桥涵设计基本规范》(TB 10002.1—2005)。
(21)《客运专线无砟轨道铁路设计指南》(铁建设函[2005]754号)。
(22)《客运专线无砟轨道铁路工程施工质量验收暂行标准》(铁建设[2007]85号)。
(23)《客运专线铁路工程静态验收指导意见》(铁建设[2009]183号)。
(24)《客运专线铁路双块式无砟轨道双块式混凝土轨枕暂行技术条件》。
(25)《客运专线铁路CRTSⅡ型板无砟轨道暂行技术条件》。

(三)无缝线路设计资料

做好外业调查是正确设计和铺设的前提。外业调查可收集以下资料(毕业设计将提供这些资料):

(1)铺设无缝线路区段的起讫里程,线路平、纵断面状况。
(2)铺设区段近期和远期的机车类型、行车速度、运量等。
(3)铺设地区的历史最高和最低气温,最高、最低气温出现次数、持续时间、月份、最大日温差等。
(4)现有线路设备状况:钢轨类型、长度,夹板类型、螺栓等级、轨枕类型、每千米铺设根数和伤损数量,道床顶宽、肩宽、厚度、边坡坡度、道砟等级、材质、脏污程度、病害情况,扣件类型、失效状况,防爬设备情况,绝缘接头类型、工况、里程。
(5)桥梁情况:桥梁全长、里程,桥跨类型、结构形式、孔数、跨度、支座类型、布置方式。
(6)隧道情况:隧道长度、里程,洞内温度和洞口温度变化情况,钢轨状况,轨下基础类型、使用状态、扣件、防爬设备情况。
(7)线路坡度:坡度大小、坡段长度、变坡点、竖曲线半径、制动坡段里程、防爬设备状况、钢轨有无爬行等。
(8)曲线情况:曲线里程、半径、缓和曲线长度和圆曲线长度,钢轨磨耗情况。
(9)路基状况:路基是否稳固,是路堤还是路堑,有何病害,病害区段里程及病害情况。
(10)道口情况:道口里程、铺面类型、宽度,道口标志是否齐全,有无看守。

二、设计采用的技术标准和主要设计原则确定

(一)无缝线路的主要设计标准

对于无缝线路的设计而言,必须首先明确线路的设计标准,线路设计标准主要指:
(1)铁路等级。
(2)正线数目。
(3)设计速度目标值。
(4)正线最小曲线半径。
(5)限制坡度。
(6)正线线间距。
(7)牵引种类及牵引质量。
(8)机车类型。
(9)到发线有效长度。
(10)列车运行控制方式。
(11)列车指挥方式。
(12)建筑限界。
(13)轨道结构形式(表8-1)。

轨 道 结 构 形 式　　　　　　表8-1

钢轨类型 (kg/m)	轨温最大变化幅度 (℃)	允许桥长 (m)	桥枕、扣件	
			明桥面	有砟桥
50	60~70	≤300	木桥枕、分开式扣件,扣件螺母扭矩为 50~70N·m	混凝土桥枕,梁跨度大于16m用小阻力扣件,扣件螺母扭矩为 60~80N·m
	71~80	≤240		
	81~90	≤200		
	91~100	≤160		
60	60~70	≤220		
	71~80	≤200		
	81~90	≤160		
	91~100	≤100		

通过线路标准可以初步确定无缝线路设计的主要控制参数,如最高轨温、最低轨温、锁定轨温、单位轨节长度、轨道结构等。

(二)主要设计原则确定

轨道类型的选择,应根据设计线路在路网中的作用、性质、速度和客货运量确定。

我国各干线铁路的年通过客货运量,均在20Mt以上,旅客列车运行速度200~120km/h的线路,应铺设60kg/m及以上的无缝钢轨。

(1)轨道结构采用无缝线路结构。
(2)轨道结构部件的选择应有利于线路的平顺性,满足标准化和通用化的要求。

(3)轨道结构应符合质量均衡、弹性连续、结构等强、合理匹配的原则。

(4)铁路轨道及附属设施的限界应符合铁路建筑限界的有关规定。

(5)铺设无缝线路的曲线,最小允许半径为400m。

(6)铺设无缝线路的桥梁,若当地年最大轨温变化幅度、桥枕及扣件符合表8-1的规定,可不做单独设计。桥头引线的锁定长度不短于300m。

(7)无缝线路上的长大坡道和制动坡段,应加强锁定。

(8)年轨温变化幅度大于90℃的寒冷地区,在满足强度和稳定的条件下铺设无缝线路时,可适当压缩锁定轨温范围,如按6~8℃设计。

三、跨区间无缝线路设计内容

(一)单元轨节布置设计

(1)跨越区间的超长无缝线路长轨条长度不受限制。全区间超长无缝线路长轨条长度,应以两车站最外道岔间的距离减两个缓冲区段长度来计算。

(2)长轨条由若干单元轨节组成。区间内单元轨节长度以500~2500m为宜,最短不得小于200m。

(3)下列区段宜单独设计为一个或数个单元轨节。

长大桥梁及其两端线路护轨梭头范围之内,长度超过1000m的隧道,大跨度连续梁的两端设置调节器时,单元轨节长度应与每联连续梁长度相同。

(4)超长无缝线路,一次铺设的单元长轨条的长度越长越好。长可以减少连入焊接和封锁的次数,但实际上单元长轨条的长度受诸多因素制约,如施工技术、施工配合、封锁天窗的长短和季节温度特性等。

①施工的技术条件。

a.施工队伍经验丰富、技术熟练、工具齐全,采用新型换轨车;

b.工务段、电务段、供电段配合密切,电力、信号设备与线路设备同步恢复;

c.施工天窗不少于2h;

d.单元长轨条长度可定为1.5~2.5km。

②施工的季节性影响。

a.春、秋季节气,轨温状态比较稳定,天窗时间内自然轨温符合设计锁定轨温范围时,2h的天窗可换入1.5~2.5km的钢轨。

b.冬季自然轨温低,低于设计锁定轨温下限时,换铺之后要拉伸,以提高零应力轨温值。一次铺入长轨条的长度短些为宜,可定在1.5km。夏季轨温偏高,天窗内自然轨温高于设计锁定轨温上限时,换铺之后要放散应力,否则不能接续铺设,或改为插入法铺设。一次铺入的单元长度不得大于2km。

(二)锁定轨温设计

无缝线路按钢轨承受温度力的形式,可分为温度应力式、定期放散温度应力式和自动放散温度应力式三种类型。放散温度应力式无缝线路结构复杂、管理操作烦琐,除前苏联曾经试用过之外,无一国家采用。我国铁路铺设的无缝线路均属温度应力式。这一类型是我国铁路无缝线路轨道结构的基本形式。

为防止发生胀轨跑道,一般都设法减小允许温升的值,因此,锁定轨温高于中间轨温。

在年轨温差较大,而最高轨温出现次数很少,持续时间又很短,低温季节较长的地区,锁定轨温可选择偏低一些,如我国北方地区。南方地区则相反,低温季节较短,而最低轨温出现次数也较少,持续时间也较短,则锁定轨温可选择偏高一些。

实际锁定轨温的上下限,还应照顾缓冲区轨缝的要求,即高温不挤严、低温不超出构造轨缝。

(三)轨道强度检算

无缝线路的强度检算在于求出满足轨道强度条件的允许温升$[\Delta t_c]$和允许温降$[\Delta t_d]$的幅值。作用在钢轨的各个应力总和不得超过钢轨的容许应力$[\sigma]$,即

$$\sigma_d + \sigma_t + \sigma_f \leq [\sigma] \tag{8-1}$$

式中:σ_d——钢轨动弯应力;

σ_t——钢轨温度应力;

σ_f——桥上钢轨附加应力,如伸缩力、挠曲力、无缝道岔基本轨附加应力以及制动区段的制动力$\sigma_{制}$(一般取10MPa);

$[\sigma]$——钢轨容许应力,它等于钢轨钢屈服强度σ_s除以安全系数K_2,一般取$K_2 = 1.25 \sim 1.35$。

(四)轨道稳定性检算

无缝线路稳定性计算的目的是求算保证轨道稳定的容许温升$[\Delta t_c]$,按下式计算:

$$\left.\begin{array}{l}[\Delta t_c] = \dfrac{[P] - 2P_f}{2E\alpha F} \\ [P] = \dfrac{P_N}{K_1}\end{array}\right\} \tag{8-2}$$

式中:E——钢轨钢弹性模量;

F——钢轨截面积;

α——钢轨钢线膨胀系数;

P_f——轨道纵向附加力;

P_N——轨道稳定性计算温度压力;

K_1——安全系数,一般取$K_1 = 1.25 \sim 1.3$。

(五)位移观测桩布置设计

为了掌握运营中无缝线路钢轨是否发生了不正常位移,判断无缝线路在长期养护维修中是否锁定牢固,以及在各种施工作业中是否改变了原锁定轨温,应定期对无缝线路钢轨进行位移观测。通过对位移观测数据的分析,判定无缝线路的锁定状态,如发现有不正常位移,应及时采取措施予以整治。迄今对位移的观测,一般都采用设置位移观测桩测量位移量的方法。在无缝线路的伸缩区、固定区设有不同对数的防爬观测桩,这些观测桩把长钢轨分成几个固定的观测区段,应进行定期观测。

(六)防爬设备布置设计

为防止钢轨沿垫板滑移,要使扣件阻力大于道床纵向阻力,否则,应在伸缩区增设防爬设备,为此,应满足:

$$P_{防} + nP_{扣} \geq nR \tag{8-3}$$

式中:$P_{防}$——一对穿销防爬器的阻力;

$P_{扣}$——一根轨枕上的扣件阻力;

R——一根轨枕的道床纵向阻力;

n——前后正反防爬器之间需要设防爬木撑的轨枕根数。

缓冲区段为木枕时,一般应增设防爬器,而为混凝土枕时,则不必设置防爬器,在固定区,不必设置防爬器。

(七)桥梁区段无缝线路设计

中小跨度桥系指桥梁跨度为60m以下的桥梁。中小跨度桥多为简支梁桥。为减少轮轨和桥梁之间的相互作用力,桥上轨道的扣件要做特殊处理和特殊布置。通常采用降低扣件阻力的办法加以解决,但由于扣件阻力又不能降低过多,否则低温下钢轨一旦折断,将出现大的断缝,危及行车安全,所以选好桥上无缝线路的纵向阻力值和布置方式非常重要。

对于普通无缝线路,应将桥上无缝线路设计为固定区,对于跨区间无缝线路,桥上长轨条要与桥梁两端无缝线路焊连。

大跨度桥系指桥梁跨度为60m及以上的桥梁。大跨度桥的梁部结构,因温度变化和列车荷载作用而产生的相应变形量都比较大。据此特点,通常在连续梁或简支梁的活动端设置钢轨伸缩调节器,便于梁轨的伸缩,改善梁轨之间的受力情况。大跨度桥上无缝线路的设计条件与中小跨度桥上无缝线路的设计条件基本相同。但无缝线路的结构设计和纵向力计算,则要取决于桥面的结构。

1. 伸缩力计算

梁因温度变化而伸缩,并带动桥枕位移,桥枕位移使扣件产生纵向力,作用于钢轨,这一作用力就是伸缩力。其算法可按《铁路轨道设计规范》(TB 10082—2005)进行,或参考广钟岩的《铁路无缝线路》及陈秀方的《轨道工程》。

2. 挠曲力计算

在列车荷载作用下,梁跨结构因挠曲引起梁轨相对位移而产生的钢轨纵向附加力就是挠曲力。其算法可参考广钟岩的《铁路无缝线路》及陈秀方的《轨道工程》。

3. 断缝检算

低温时,桥上钢轨产生温度拉力和伸缩力,钢轨一旦折断,温度力和伸缩力将按纵向阻力梯度在断轨处释放,形成较大断缝。断缝的大小与线路纵向阻力、温度拉力及钢轨折断位置有关。

桥上钢轨折断时,必须保证列车能够安全通过断缝。为此,必须控制钢轨断缝的量值。

钢轨折断断缝检算按下式计算:

$$\lambda = \frac{EF(\alpha \cdot \Delta T)^2}{Q} \leqslant [\lambda] \tag{8-4}$$

式中:ΔT——无缝线路最大温降;

　　$[\lambda]$——钢轨折断允许断缝值,无砟轨道桥取 100mm,有砟轨道桥取 80mm,客运专线桥梁取 70mm。

4. 断轨力计算

桥梁墩台及固定支座承受的断轨力,按一跨简支梁之长或连续梁一联之长的纵向阻力计算,但不得超过最大温度拉力。断轨力以 T_3 表示。

$$T_3 = r \cdot l \tag{8-5}$$

式中:l——简支梁长度或一联连续梁长度。

无论单线桥或双线桥,仅计算一轨折断的断轨力。

5. 墩台检算

一般地,混凝土和石砌的实体墩台,应检算墩台身及基底合力的偏心、压应力、墩台身纵向弯曲稳定、墩台倾覆和滑动的稳定等。较高的实体墩、空心墩以及其他轻型墩台,还要检算顶端的弹性水平位移等。钢筋混凝土墩台,需按容许应力法检算钢筋拉应力。设墩台容许偏心为 e_0,则

主力:

$$e_0 \leqslant 0.5y \tag{8-6}$$

主力 + 附加力:

$$e_0 \leqslant 0.6y \tag{8-7}$$

主力 + 特殊力:

$$e_0 \leqslant 0.7y \tag{8-8}$$

其中,y 代表截面重心至最大压应力边缘的距离。计算出的最小应力为负值时,在不考虑圬工承受拉应力的情况下,对圬工墩台应重新确定受压区的截面积,并计算其最大压应力。

6. 支座锚栓检算

按作用于桥梁的最大组合纵向力(固定支座承受的最大纵向力为最大组合纵向力),检算固定支座螺栓的抗剪强度。支座螺栓抗剪强度的条件为:

$$\tau = \frac{T}{nF} \leqslant [\tau] \tag{8-9}$$

式中:τ——计算剪应力;

　　nF——n 个螺栓的截面积;

　　T——最大纵向力;

　　$[\tau]$——容许剪应力。

(八)道岔区段无缝线路设计

跨越区间的无缝线路一般是先把区间无缝线路和站区无缝道岔铺好,而后在适当轨温条件下,再把区间无缝线路和站区无缝道岔焊联起来,构成跨区间的超长无缝线路。设计时往往把区间无缝线路和站区无缝道岔的锁定轨温等同设定。如两者的锁定轨温有差异时,区间无

缝线路与无缝道岔邻近的单元轨条,可按相邻单元轨条的锁定轨温相差小于5℃的条件,向无缝道岔过渡,使最终与无缝道岔直接焊联的那根单元轨条的锁定轨温与无缝道岔的锁定轨温一致。不论如何处理,对无缝道岔都要进行检算。

1. 钢轨强度检算

无缝道岔的直股基本轨不仅承受与区间无缝线路钢轨同样的温度力,同时还承受尖轨跟处间隔铁或限位器传给基本轨的附加温度力。因此,进行强度检算时,应考虑这一附加温度力的作用,即

$$\sigma_{动} + \sigma_t + \sigma_{制} + \sigma_{跟} \leqslant [\sigma] \tag{8-10}$$

式中:$\sigma_{动}$——动应力;

σ_t——温度应力;

$\sigma_{制}$——制动应力;

$\sigma_{跟}$——辙跟处直股基本轨的附加温度应力,按式(8-11)计算。

$$\sigma_{跟} = \frac{\Delta P_{跟}}{F} \tag{8-11}$$

式中:$\Delta P_{跟}$——辙跟处直股基本轨的附加温度拉力;

F——钢轨断面积。

2. 稳定性检算

无缝道岔稳定性检算,关键部位是辙跟部。此处基本轨承受的附加温度力有以下两种情况:

(1)道岔转辙器部分,直股和侧股基本轨都处在固定区,两股基本轨在辙跟处均承受附加温度力,直股大一些,曲股可能小一些。为便于检算,假设两股基本轨承受相同的附加温度力。这一部分的稳定性检算,应满足下式要求:

$$2(\max P_t + \Delta P_{跟}) \leqslant [P] \tag{8-12}$$

式中:$[P]$——允许温度压力;

$\max P_t$——直股基本轨承受的最大温度压力,相当于固定区最大温度压力;

$\Delta P_{跟}$——辙跟处直股基本轨承受的附加温度压力。

(2)直股基本轨处在固定区,侧股基本轨处在伸缩区,在侧股基本轨未与无缝线路焊连时,将出现这一情况。在此情况下,由于直尖轨及与之联结的钢轨也处在伸缩区,直尖轨与侧股基本轨相对伸缩,两者通过辙跟间隔铁实现连接,其连接点也是两者纵向力的平衡点。在这一点的温度力将小于 $\max P_t$。轨道的稳定性,会比前一种情况好一些。但轨道属于偏心受压。

3. 道岔里股钢轨伸缩位移检算

主要检算尖轨尖端相对基本轨的位移,并检算可动心轨尖端相对翼轨咽喉处的位移。

4. 尖轨相对基本轨的位移

尖轨尖端相对基本轨的位移,与无缝道岔的焊接方式和辙叉结构形式有关。如果是全焊式(侧股也焊成无缝线路),则曲尖轨与直尖轨相对基本轨的位移相同,只检算一侧尖轨的位移即可。如果是半焊式(侧股基本轨不全焊),由于侧股基本轨与直尖轨的位移方向不同(相反),直尖轨相对侧股基本轨的位移,可能大于曲尖轨相对直股基本轨的位移,因此,要检算直尖轨相对曲股基本轨的位移。

全焊式的相对位移,按式(8-13)计算。

$$\max\Delta l' = \max\Delta l - f_j \leq [\Delta l'] \tag{8-13}$$

式中:$\max\Delta l'$——尖轨尖端相对直股基本轨的最大位移;

$\max\Delta l$——尖轨尖端的最大位移,按式(8-14)计算:

$$\max\Delta l = f_0 + \alpha l_0 \Delta t_{\max} \tag{8-14}$$

f_0——尖轨限位器处的最大位移;

l_0——尖轨长度(铺设温度下的长度);

$\Delta t_{\max}$——相对铺设温度的最大轨温差;

f_j——尖轨尖端处基本轨在$\Delta P_{跟}$作用下产生的位移:

$$f_j = \frac{(\Delta P_{跟} - l_0 p_0)^2}{2 p_0 EF} \tag{8-15}$$

p_0——基本轨单位道床纵向阻力;

$[\Delta l']$——尖轨尖端相对基本轨的位移,《铁路线路维修规则》规定$[\Delta l'] \leq 20$mm。

5. 可动心轨相对翼轨咽喉的位移

位移式中可动心轨无缝道岔,要检算直股长心轨尖端相对翼轨咽喉的位移$\max\Delta l'$,即

$$\max\Delta l' = \max\Delta l_0 \pm f_w \leq [\Delta l''] \tag{8-16}$$

式中:$\max\Delta l_0$——长心轨尖端最大伸缩量,按式(8-17)计算:

$$\max\Delta l_0 = f_T + \alpha l_1 \Delta t_{\max} \tag{8-17}$$

f_T——可动心轨弹性可弯中心的最大伸缩量;

l_1——可动心轨可动部分长(可动心轨弹性可弯中心至可动心轨尖端长度);

f_w——翼轨咽喉处最大伸缩量;

$[\Delta l'']$——可动心轨尖端相对翼轨咽喉的允许位移量,$[\Delta l''] = 15$mm。

6. 道岔部件强度检算

主要是检算限位器连接螺栓及可动心轨与翼轨连接螺栓的抗剪强度。

7. 限位器连接螺栓剪切强度检算

限位器连接螺栓剪切强度检算限位器螺栓承受的剪应力τ为:

$$\tau = \frac{T - T'}{\frac{\pi d^2}{4}} \leq [\tau] \tag{8-18}$$

式中:d——螺栓直径;

T——限位器螺栓承受的最大剪力;

T'——螺栓拧紧后限位器与钢轨间的摩擦阻力;

$[\tau]$——螺栓允许剪应力。

8. 可动心轨与长翼轨连接螺栓剪切强度检算

可动心轨与长翼轨连接螺栓剪切强度检算时,心轨承受温度力,心轨与长翼轨间隔铁的连接螺栓受剪,其剪应力按下式计算:

$$\tau = \frac{T''}{\frac{\pi d^2}{4}} \leq [\tau] \tag{8-19}$$

式中：T'''——翼轨间隔铁螺栓承受的剪力，这一剪力是温度力克服了摩擦阻力之后形成的力。

（九）隧道区段无缝线路设计

一般隧道内无缝线路锁定轨温与隧道两端一致。长大隧道内距隧道口200m范围内无缝线路的设计锁定轨温与两端区间无缝线路的设计锁定轨温一致，隧道内锁定轨温应降低。隧道口轨温过渡区段应加强锁定。

第二节 设计文件组成与编制深度

一、跨区间无缝线路设计说明的编制深度

（一）工程概况及重难点

1. ××铁路线工程概况

2. 本次设计范围

3. 线路外业调查概况

4. 设计重难点

（二）设计依据

1. 设计的主要技术参数

2. 设计参考的规范

3. 设计使用的资料

（三）设计内容

1. 单元轨节布置设计

2. 锁定轨温设计

3. 轨道强度检算

4. 轨道稳定性设计

5. 位移观测桩布置设计

6. 防爬设备布置设计

7. 桥梁区段无缝线路设计

(1) 伸缩力计算

(2) 挠曲力计算

(3) 断缝检算
(4) 墩台检算
(5) 支座锚栓检算

8. 岔区段无缝线路设计

(1) 钢轨强度检算
(2) 稳定性检算
(3) 道岔里股钢轨伸缩位移检算
(4) 尖轨相对基本轨的位移
(5) 可动心轨相对翼轨咽喉的位移
(6) 道岔部件强度检算
(7) 限位器连接螺栓剪切强度检算
(8) 可动心轨与长翼轨连接螺栓剪切强度检算

9. 隧道区段无缝线路设计

(四) 小结与体会

二、铁路无缝线路设计图的编制深度

通过各方面的工作,形成完整的铁路无缝线路施工设计图册,设计图纸的组成如下:
(1) 设计总说明。
(2) 铺设区间平面图。
(3) 铺设区间纵断面图。
(4) 长轨条布置图:含轨条长度位置,缓冲区布置、预留轨缝,各段长轨条的锁定轨温。
(5) 防爬设备及观测桩布置图。
(6) 桥上无缝线路设计与道岔设计的计算书及详图。
(7) 设计计算说明书,含计算资料。
(8) 工程数量汇总表、材料表及预算表。
(9) 施工指示图。

第三节 设 计 实 例

本节主要介绍西小召至金泉线的轨道跨区间无缝线路的设计实例。

一、初步设计主要内容

正线轨道按次重型轨道标准设计,预留重型条件,铺设区间无缝线路。
正线采用 50kg/m 钢轨;轨枕铺设新Ⅱ型混凝土轨枕,1 760 根/km,配套采用弹条Ⅱ型扣件;道床采用Ⅰ级碎石道砟,道床厚度按次重型标准铺设。
全线铺设 50kg/m 钢轨区间无缝线路,每公里 1 760 根新Ⅱ型混凝土轨枕,扣件采用与

50kg/m 钢轨配套的弹条Ⅰ型扣件(弹条Ⅱ型扣件与50kg/m 钢轨不能配套);桥梁区段铺设1 667根新Ⅲ型混凝土桥枕,采用弹条Ⅰ型扣件。单线道床顶宽3.3m,双层道床表层厚25cm,底层厚20cm;单层道床厚30cm;采用Ⅰ级碎石道砟。

二、线路概况

(一)主要技术标准

(1)铁路等级:Ⅰ级。
(2)正线数目:单线。
(3)限制坡度:重车6‰,轻车13‰。
(4)最小曲线半径:一般区段1 200m,困难区段800m。
(5)牵引种类:电力。
(6)机车类型:SS_4系列。
(7)牵引质量:5 000t。
(8)到发线有效长度:1 050m,预留1 700m条件。
(9)闭塞类型:半自动闭塞。

(二)设计范围

线路自包兰铁路西小召西咽喉区(包兰线K151+500右侧5.3m=DK1+990)引出,于十顶房子附近DK4+630=SDK5+812.56设线路所(下行疏解引入西小召站包兰线K151+500左侧5.3m=SDK1+990),之后折向东北上跨丹拉高速公路后于白栓罗村东侧设五原东车站。线路继续向东北行进,上跨110国道,通济渠、向阳渠后经建丰农场西侧,设建丰车站。之后继续北行,跨乌家河总干渠、热细渠、民生渠,经沙圪卜、召圪梁等村镇后至德岭山镇东侧,折向西北,设金泉车站后,至海流图沟大桥,本线设计终点DK60+171.37,正线长58.105km,疏解线长3.823km。

西金线上行线西小召站内利用既有车站4道,并改建为西金线上行正线;下行疏解线西小召站内利用既有车站3道,并改建为西金线下行疏解线;由此引起既有包惠线惠农端咽喉区改造工程。

近期设西小召、五原东、建丰、金泉车站4个,西小召西线路所1个。

三、设计说明

(一)轨道结构形式、轨道类型

正线和疏解线均采用次重型轨道,铺设区间无缝线路。

(二)正线(含疏解线)有砟轨道

1. 钢轨及配件

正线无缝线路采用50kg/mU75V钢轨,采用25m定尺长无孔钢轨,厂焊500m长轨条,现场焊接成1~2km单元轨节。工厂焊接采用接触焊,现场焊接采用移动式接触焊。钢轨焊接质量、力学性能指标应满足《钢轨焊接 第1部分：通用技术条件》(TB/T 1632.1—2005)的规定。配套采用接头夹板、10.9级高强度接头螺栓、10级高强度螺母、高强度平垫圈。

2. 轨枕及扣件

正线采用新Ⅱ型混凝土轨枕，配套采用弹条Ⅰ型扣件及橡胶垫板，每公里铺设1 760根。铺设护轮轨的桥梁及其他铺设护轮轨区段采用新Ⅲ型混凝土桥枕，配套采用弹条Ⅰ型扣件，每公里铺设1 667根。

半径小于或等于800m曲线区段、坡度大于12‰的下坡区段按规范规定进行加强，详见附件：加强区段表。

3. 道床

正线单线道床顶面宽度3.3m，道床边坡坡率1:1.75，砟肩堆高15cm。

双层道床面砟厚度25cm，底砟厚度20cm。单层道床厚度30cm。采用一级碎石道砟，面砟应符合《铁路碎石道砟》(TB/T 2140—2008)中一级碎石道砟的有关规定，底砟应符合《铁路碎石道床底砟》(TB/T 2897—1998)的规定。

(三)无缝线路

1. 类型及铺设范围

正线(含疏解线)全线铺设区间无缝线路。

2. 单元轨节布置

区间无缝线路的长轨条长度一般为1 000～2 000m，最短不宜小于200m，本次设计按照2 000m考虑。

缓冲区应设置2～4对同类型钢轨，本次设计按照设置3根12.5m钢轨考虑。缓冲区的预留轨缝6～8mm。

单元轨节始、终端左右股钢轨接头相错量不应大于100mm。

轨条详细布置见附件：无缝线路布置表。

3. 设计锁定轨温

(1)锁定轨温设计原则

无缝线路的设计锁定轨温根据气象资料、无缝线路的允许温降和允许温升计算确定，并满足桥上无缝线路的断缝检算要求。

无缝线路锁定轨温还应满足相邻单元轨节间的锁定轨温差不大于5℃，左右股锁定轨温差不大于5℃，同一区间内单元轨节的最高与最低锁定轨温差不大于10℃的要求。

(2)设计锁定轨温

本线沿线气温资料见表8-2。

西金线沿线气温资料表　　表8-2

气象站点名称	乌拉特前旗气象站	大佘太气象站
代表里程	DK0+000～DK30+000	DK30+000～DK62+000
历年最高气温(℃)	38.7	40
历年最低气温(℃)	-30.7	-36.5

由于本线长度较短,全线气温比较接近,为方便养护,全线统一按9℃±5℃锁定。

4. 桥上无缝线路

本线除丹拉高速公路大桥有一个64m系杆拱桥外,其余均采用32m简支梁桥,无须特殊设计。

5. 位移观测桩

区间无缝线路在长轨条起终点、距长轨条起终点100m处各设1对位移观测桩;区间按单元轨节等距离设置位移观测桩,桩间距离不宜大于500m,单元轨节长不足500m整倍数时,可适当调整桩间距离。特大、大桥两端应增设位移观测桩。

位移观测桩应牢固稳定,可以设置在线路两侧的固定构筑物上。

(四)改建既有线轨道

西小召站内需改造既有包惠线惠农端咽喉区,由此引起既有线改建工程,上行里程范围为:K150+737~K151+370,下行里程范围为:K150+793~K151+314。

改建既有线按包惠线既有轨道标准恢复,轨道标准如下:

正线铺设60kg/m钢轨区间无缝线路,每公里铺设1667根ⅢA型混凝土轨枕,采用弹条Ⅱ型扣件;缓冲区铺设25m有螺栓孔钢轨,每公里铺设1680根ⅢA型混凝土轨枕,采用弹条Ⅱ型扣件。双层道床表层厚30cm,底层厚20cm;单层道床厚35cm。道床顶宽3.4m,边坡1:1.75,砟肩堆高15cm。道砟采用一级碎石道砟。

改建工程数量详见附件:改建铁路轨道工程数量汇总表。

(五)轨道附属设备和常备材料

1. 线路标志

线路标志包括公里标,半公里标,曲线标,圆曲线和缓和曲线始终点标,桥梁标,坡度标,用地界标及铁路局(集团公司)、工务段、领工区、养路工区的界标、位移观测桩等,线路标志一律采用反光标志,并符合《铁路线路及信号标志(客货共线铁路线路标志图集)》[通线(2007)8024-Ⅰ、Ⅱ]的规定。

详见附件:正线线路标志及信号标志工程数量表。

2. 常备材料

轨道常备材料满足《铁路轨道设计规范》(TB 10082—2005)第13.0.6条规定。

详见附件:正线轨道工程数量汇总表。

四、施工注意事项

(1)施工应严格按照《客货共线铁路轨道工程施工技术指南》(TZ 201—2008)执行。

(2)改建包惠线既有钢轨可充分利旧,但应满足《铁路轨道设计规范》(TB 10082—2005)、《铁路线路修理规则》(铁运[2006]146号)的相关要求。旧轨使用应符合《铁道旧轨使用和整修技术条件》(TB/T 3119—2005)的规定。新铺道岔前后各铺设1根新钢轨;线路上个别插入的短轨,正线上不得短于6m,并不得连续插入2根及以上;在既有无缝线路上锯轨,应保证锯口位置距既有焊接接头距离不小于6m。

(3)道砟材料应按照最新的"关于进一步加强客运专线铁路道砟质量控制等工作的通知"(铁建设[2009]29号)和"关于印发《铁路建设协调小组第四十四次会议纪要》的通知"(铁建设函[2009]190号)执行,严格控制道砟质量,有条件时进行水洗,避免粉尘污染。

五、安全施工的措施

在既有线上施工,严格按照铁办发[2005]133号《关于印发〈铁路营业线施工安全管理办法〉的通知》,任何情况下不得擅自变更设计内容或简化施工工序。切实把确保行车安全放在首位。

轨道施工前做好充分准备,集中力量采取平行作业方法,综合利用好施工"天窗",确保施工质量,提高作业效率和保证作业安全,按时开通线路。

六、附件

(1)加强区段表(表8-3)
(2)正线轨道工程数量汇总表(表8-4)
(3)正线线路标志及信号标志工程数量表(表8-5)
(4)改建铁路轨道工程数量汇总表(表8-6)
(5)无缝线路布置表(表8-7)
(6)采用通用图、标准图一览表(表8-8)
(7)图纸目录(表8-9)

附件一:

加强区段表

表8-3

起点里程	终点里程	长度(m)	加强根数	备 注
DK52+050	DK52+750	663.8	13‰坡度,80根/km	DK53+510.4~DK53+546.6段桥上Ⅲ型枕区段不加强
DK52+750	DK53+550	800	12.7‰坡度,80根/km	
DK54+300	DK55+200	900	13‰坡度,80根/km	
DK55+350.12	DK56+330.56	980.44	$R=800m$,80根/km	
……				

附件二:

正线轨道工程数量汇总表

表8-4

项 目	单 位	数 量	附 注
线路长度	km	57.634	单线公里
(一)铺轨	km	57.634	单线公里
(1)50kg/m·25m钢轨无缝线路,每公里铺设1760根新Ⅱ型混凝土枕(弹条Ⅰ型扣件)	km	49.891	一般路基区段(含桥梁不铺设护轮轨区段)

续上表

项 目	单 位	数 量	附 注
（2）50kg/m·25m 钢轨无缝线路，每公里铺设 1 840 根新Ⅱ型混凝土枕（弹条Ⅰ型扣件）	km	3.344	加强区段
……			
（二）铺道床			
（1）路基区段			
碎石面砟			
底砟			
碎石道砟			
（2）无砟道床			
……			

附件三：正线线路标志及信号标志工程数量表。

新建铁路西小召至金泉线初步设计（DK1+990～DK59+700） 表 8-5

序 号	名 称	制作材料	单 位	数 量	备 注
1	公里标	钢筋混凝土	块	57	反光材料贴面
2	半公里标	钢筋混凝土	块	57	反光材料贴面
3	百米标	钢筋混凝土	块	11	反光材料贴面
4	曲线标	钢筋混凝土	块	44	反光材料贴面
……					

附件四：

改建铁路轨道工程数量汇总表 表 8-6

序号	项 目	单位	数量	说 明
1	新铺 60kg/m 钢轨，ⅢA型有挡肩混凝土枕（1 667 根/km），弹条Ⅱ型扣，无缝线路	km	0.23	
2	新铺 60kg/m 钢轨，ⅢA型有挡肩混凝土枕（1 680 根/km），弹条Ⅱ型扣件,有缝线路	km	0.139	未含新铺道岔 0.152km
3	拆除 60kg/m 钢轨，混凝土枕（1 840 根/km），Ⅱ型扣件,无缝线路	km	0.308	
4	拆除 60kg/m 钢轨，混凝土枕（1 840 根/km），Ⅱ型扣件,有缝线路	km	0.099	未含拆除道岔 0.114km
……				

附件五：

无缝线路布置表 表8-7

起 点 里 程	终 点 里 程	单元轨节长度(m)	备 注
K148+987.53	K149+025.43	37.907	道岔11
K149+025.43	K149+037.94	12.50	
K149+037.94	K149+075.844	37.907	道岔15
K149+075.84	K149+113.37	37.522	缓冲区,3对12.5m孔轨
……			

附件六：

采用通用图、标准图一览表 表8-8

序 号	图 别	图 号	图 名
1	部标准	TB/T 2344—2012	43~75kg/m钢轨订货技术条件(60kg/m钢轨)
2	部标准	TB/T 2344—2012	60kg/m钢轨形式尺寸
3	部标准	TB/T 2345—2008	43~75kg/m钢轨接头夹板订货技术条件
4	通用图	专线3351	60kg/m钢轨用弹条Ⅱ型扣件
……			

附件七：

图 纸 目 录 表8-9

序 号	册 次	里 程 范 围	附 注
1			
2			
3			
4			
……			

第九章 高速铁路轨道结构设计指导

第一节 设计流程与设计方法

一、高速铁路轨道结构设计应收集的设计基础资料

（一）管理性文件

（1）国家或地方政府批准的基本计划文件，主要指相应主管部门的批件，如发改委批件、原铁道部批件、相关省市的批件等，是确认工程合法性的重要标志。

（2）初步设计文件或扩大初步设计文件，初步确立了铁路设计等级、走向和投资概算或修正概算，依据我国建设工程立项审批程序，上述文件是进一步进行施工图设计的重要依据。

（3）项目投资方（建设方）和设计单位签订的设计合同，该文件对项目的设计标准、设计深度、设计进度、设计费用、工作方法和流程等都有具体的规定。

（二）技术标准、规范和规定

目前我国铁路无缝线路设计执行的基本技术标准、规范和规定如下，但在具体设计时可根据实际情况选用。

（1）《无缝线路铺设及养护维修方法》（TB/T 2098—2007）。
（2）《钢轨焊接 第1部分:通用技术条件》（TB/T 1632.1—2005）。
（3）《新建铁路桥上无缝线路设计暂行规定》。
（4）《高速铁路设计规范（试行）》（TB 10621—2009）。
（5）《高速铁路设计规范（试行）条文说明》（TB 10621—2009）。
（6）《铁路轨道设计规范》（TB 10082—2005）。
（7）《铁路线路设计规范》（GB 50090—2006）。
（8）《时速250公里客运专线（兼顾货运）有砟轨道60kg/m钢轨伸缩调节器暂行技术条件》（科技基[2008]166号）。
（9）《时速350公里客运专线无砟轨道60kg/m钢轨伸缩调节器暂行技术条件》（科技基[2008]166号）。
（10）原铁道部《客运专线综合接地技术实施办法（暂行）》（铁集成[2006]220号）。
（11）原《无砟轨道条件下ZPW-2000系列轨道电路传输特性关键参数技术条件（暂行）》（铁科技[2006]188号）。
（12）《客运专线无砟轨道铁路工程施工技术指南》（TZ 216—2007）。
（13）《高速铁路工程测量规范》（TB 10601—2009）。

(14)《客运专线无砟轨道铺设条件评估技术指南》(铁建设[2006]158号)。
(15)《铁路混凝土工程施工质量验收补充标准》(铁建设[2005]160号)。
(16)《新建时速200公里客货共线铁路设计暂行规定》,铁建设函[2005]285号。适用范围:新建客货共线运行、旅客列车设计行车速度等于或小于200km/h、货物列车设计行车速度等于或小于120km/h铁路的设计。
(17)《新建时速200~250公里客运专线铁路设计暂行规定(上、下)》,铁建设函[2005]140号。适用范围:新建时速200~250km客运专线铁路设计(有砟轨道)。
(18)《新建时速300~350公里客运专线铁路设计暂行规定(上、下)》铁建设[2007]47号;适用范围:新建时速300~350km客运专线铁路设计。
(19)《Ⅲ、Ⅳ级铁路设计规范》(GB 50012—2012)。适用范围:新建、改建和扩建工业企业铁路设计。
(20)《铁路桥涵设计基本规范》(TB 10002.1—2005)。
(21)《客运专线无砟轨道铁路设计指南》(铁建设函[2005]754号)。
(22)《客运专线无砟轨道铁路工程施工质量验收暂行标准》(铁建设[2007]85号)。
(23)《客运专线铁路工程静态验收指导意见》(铁建设[2009]183号)。
(24)《客运专线铁路双块式无砟轨道双块式混凝土轨枕暂行技术条件》。
(25)《客运专线铁路CRTS Ⅱ型板无砟轨道暂行技术条件》。
(26)《京沪高速铁路设计暂行规定》(铁建设[2004]157号)。
(27)《高速铁路设计规范(试行)》(TB 10621—2009)。

(三)轨道设计应收集的基础资料

(1)工程概况。
(2)拟建铁路线路平纵断面图(通常由线路专业给出,还包括地形图)。
(3)线路的工程地质勘察报告及补充勘察报告。
(4)同类工程的设计参考资料(含前期有关关键技术的课题研究报告、同地区其他既有线轨道工程情况等)。
(5)现场调研的相关资料。

二、设计采用的技术标准和主要设计原则确定

(一)轨道结构设计的主要标准

对于高速铁路轨道结构的设计而言,必须首先明确线路的设计标准,线路设计标准主要指:
(1)铁路等级。
(2)正线数目。
(3)设计速度目标值。
(4)正线最小曲线半径。
(5)限制坡度。
(6)正线线间距。

(7)牵引种类及牵引质量。
(8)机车类型。
(9)到发线有效长度。
(10)列车运行控制方式。
(11)列车指挥方式。
(12)建筑限界。
(13)轨道结构形式。

(二)主要设计原则确定

1. 一般规定

正线及到发线轨道应按一次铺设跨区间无缝线路设计。

(1)正线应根据线路速度等级和线下工程条件,经技术经济论证后合理选择轨道结构类型,轨道结构宜采用无砟轨道。无砟轨道与有砟轨道应集中成段铺设,无砟轨道与有砟轨道之间应设置轨道结构过渡段。

(2)无砟轨道的结构形式应根据线下工程、环境条件等具体情况,经技术经济比较后合理选择。同一线路可采用不同无砟轨道结构形式,同一形式的无砟轨道结构宜集中铺设。

(3)轨道结构部件及所用工程材料应符合国家和行业的相关标准要求。

(4)无砟轨道主体结构应不少于60年设计使用年限的要求。

(5)轨道结构设计应考虑减振降噪要求。

(6)轨道结构应设置性能良好的排水系统。

2. 钢轨和扣件

(1)钢轨

正线轨道采用60kg/m、100m定尺长、非淬火无孔新轨。钢轨质量应符合《350km/h客运专线60kg/m钢轨暂行技术条件》(铁科技[2004]120号)及《客运专线250km/h和350km/h钢轨检验及验收暂行标准》(铁科技[2005]402号)的要求。

(2)扣件

有砟轨道采用与轨枕配套的弹性扣件,其轨下弹性垫层静刚度宜为60kN/mm±10kN/mm。无砟轨道采用与轨道板或双块式轨枕相配套的弹性扣件,其轨下弹性垫层静刚度宜为25kN/mm±5kN/mm。

3. 轨道铺设精度

轨道静态铺设精度标准如表9-1~表9-4所示。

有砟轨道静态铺设精度标准　　　　表9-1

序号	项目	容许偏差	备注
1	轨距	±1mm	相对于标准轨距1 435mm
		1/1 500	变化率
2	轨向	2mm	弦长10m
		2mm/5m	基线长30m
		10mm/150m	基线长300m

续上表

序号	项目	容许偏差	备注
3	高低	2mm	弦长10m
		2mm/5m	基线长30m
		10mm/150m	基线长300m
4	水平	2mm	不包含曲线、缓和曲线上的超高值
5	扭曲	2mm	基长3m,包含缓和曲线上由于超高顺坡所造成的扭曲量
6	与设计高程的偏差	10mm	站台处的轨面高程不应低于设计值
7	与设计中线的偏差	10mm	

无砟轨道静态铺设精度标准　　　　　　　　　　　表9-2

序号	项目	容许偏差	备注
1	轨距	±1mm	相对于标准轨距1 435mm
		1/1 500	变化率
2	轨向	2mm	弦长10m
		2mm/测点间距8a(m)	基线长48a(m)
		10mm/测点间距240a(m)	基线长480a(m)
3	高低	2mm	弦长10m
		2mm/测点间距8a(m)	基线长48a(m)
		10mm/测点间距240a(m)	基线长480a(m)
4	水平	2mm	不包含曲线、缓和曲线上的超高值
5	扭曲	2mm	基长3m,包含缓和曲线上由于超高顺坡所造成的扭曲量
6	与设计高程的偏差	10mm	站台处的轨面高程不应低于设计值
7	与设计中线的偏差	10mm	

注:表中 a 为扣件节点间距,单位为 m。

道岔(直向)静态铺设精度标准　　　　　　　　　　　表9-3

项目	高低	轨向	水平	扭曲(基长3m)	轨距	
幅值(mm)	2	2	2	2	±1	变化率 1/1 500
弦长(mm)	10				—	

站线道岔静态铺设精度标准　　　　　　　　　　　表9-4

项目	高低	轨向		水平	轨距
		直线	支距		
到发线(mm)	4	4	2	4	+3/-2
其他站线(mm)	6	6	2	6	+3/-2

4. 无砟轨道

(1) 无砟轨道结构设计应符合下列规定：

无砟轨道设计荷载应包括列车荷载、温度荷载、牵引/制动荷载等，同时应考虑下部基础变形对轨道结构的影响。

①结构设计活载。

a. 竖向设计活载：

$$P_d = \alpha P_j \tag{9-1}$$

式中：P_d——动轮载；

α——动载系数，对于设计时速 300km 及以上线路，取 3.0；设计时速 250km 线路，取 2.5；

P_j——静轮载。

b. 横向设计活载：

$$Q = 0.8 P_j \tag{9-2}$$

②结构疲劳检算活载。

a. 竖向疲劳检算活载：

$$P_f = 1.5 P_j \tag{9-3}$$

b. 横向疲劳检算活载：

$$Q_f = 0.4 P_j \tag{9-4}$$

③温度荷载及混凝土收缩影响。

露天区间（包括隧道洞口 200m 范围）年温差根据当地气象条件取值。温度梯度取 45℃/m。混凝土收缩以等效降温 10℃取值。

④扣件节点间距不宜大于 650mm，特殊情况下超过 650mm 时，应进行设计检算，且不宜连续设置。

(2) CRTS Ⅰ 型板式无砟轨道结构。

CRTS Ⅰ 型板式无砟轨道结构可由钢轨、弹性扣件、轨道板、水泥乳化沥青砂浆充填层、底座、凸形挡台及其周围填充树脂等组成。

①结构及形式尺寸应符合下列规定：

a. 轨道板结构类型可分为预应力混凝土平板、预应力混凝土框架板和钢筋混凝土框架板。轨道板类型应根据环境条件和下部基础合理选用。标准轨道板长度宜为 4 962mm，轨道板宽度宜为 2 400mm，厚度不宜小于 190mm。轨道板两端设半圆形缺口，半径宜为 300mm。

b. 水泥乳化沥青砂浆充填层厚度为 50mm；对于减振型板式轨道，厚度为 40mm。水泥乳化沥青砂浆及原材料的性能应符合相关规定。水泥乳化沥青砂浆应采用袋装灌注法施工。

c. 底座结构设计应根据列车荷载、温度荷载及混凝土收缩等的共同作用，进行强度和裂缝宽度检算，同时应考虑下部基础变形的影响，进行结构强度检算。底座采用钢筋混凝土结构，混凝土强度等级为 C40。底座的外形尺寸根据设计荷载计算确定，曲线地段底座内侧厚度不应小于 100mm。

d. 凸形挡台按固定于混凝土底座上的悬臂构件设计，形状分圆形和半圆形，混凝土强度等级为 C40。凸形挡台和轨道板之间填充树脂材料，设计厚度为 40mm。填充树脂应采用袋装灌注法施工，其性能应符合相关规定。

e.曲线超高在底座上设置。超高设置以内轨顶面为基准,采用外轨抬高方式,并在缓和曲线范围内线性过渡。

f.轨道板外侧的底座顶面应设置横向排水坡。

②路基地段 CRTS I 型板式无砟轨道如图 9-1 所示,设计应符合下列规定:

a.底座应在路基基床表层上设置。

b.底座每隔一定长度,对应凸形挡台中心位置,应设置横向伸缩缝。

c.线间排水应结合线路纵坡、桥涵等线路条件和环境条件具体设计。采用集水井方式时,集水井设置间隔应根据汇水面积和当地气象条件计算确定。严寒地区线间排水设计应考虑防冻措施。

d.线路两侧及线间路基面应进行防水处理。

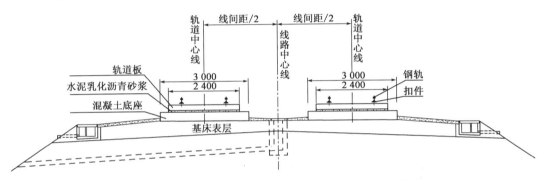

图 9-1　路基地段 CRTS I 型板式无砟轨道标准横断面示意图(尺寸单位:mm)

③桥梁地段 CRTS I 型板式无砟轨道如图 9-2 所示,设计应符合下列规定:

a.底座在梁面上设置,通过梁体预埋套筒植筋或预埋钢筋方式与桥梁连接。轨道中心线 2.6m 范围内,梁面应进行拉毛处理。

b.底座对应每块轨道板,在凸形挡台中心位置应设置横向伸缩缝。

c.底座范围内,梁面不设防水层和保护层。

d.桥上扣件纵向阻力及梁端扣件结构形式应根据计算确定。

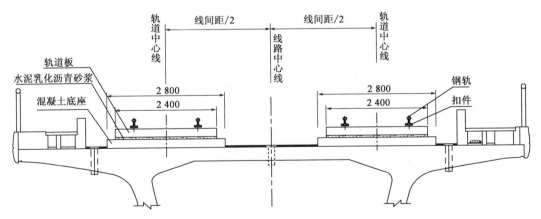

图 9-2　桥梁地段 CRTS I 型板式无砟轨道标准横断面示意图(尺寸单位:mm)

④隧道地段 CRTS I 型板式无砟轨道如图 9-3 所示,设计应符合下列规定:

a.有仰拱隧道内,底座在仰拱回填层上构筑。沿线路纵向,底座每隔一定长度,对应凸形挡台中心位置,应设置横向伸缩缝。底座在隧道沉降缝位置,应设置伸缩缝。底座宽度范围内,仰拱回填层表面应进行拉毛处理。

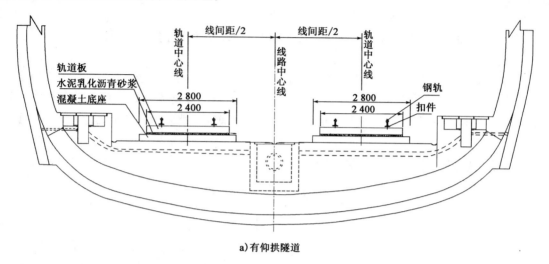

a) 有仰拱隧道

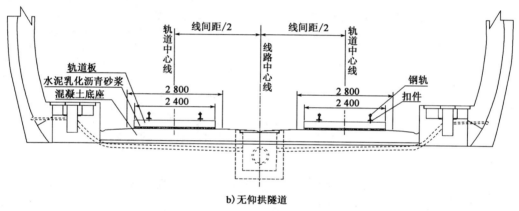

b) 无仰拱隧道

图 9-3　隧道地段 CRTS Ⅰ 型板式无砟轨道标准横断面示意图(尺寸单位:mm)

b. 无仰拱隧道内,底座与隧道底板应合并设置并连续铺设。当位于曲线地段时,超高一般在底座面上设置。

c. 距隧道洞口 100m 范围,仰拱回填层应设置钢筋与底座连接。

(3) CRTS Ⅱ 型板式无砟轨道结构。

① 结构设计应符合下列规定:

a. CRTS Ⅱ 型板式无砟轨道轨道板采用预应力混凝土结构,混凝土强度等级为 C55。标准轨道板长度为 6 450mm,宽度为 2 550mm,厚度为 200mm,补偿板和特殊板根据具体条件配置。

b. 水泥乳化沥青砂浆充填层厚度为 30mm,水泥乳化沥青砂浆及原材料性能应符合相关规定。

② 路基地段 CRTS Ⅱ 型板式无砟轨道如图 9-4、图 9-5 所示,设计应符合下列规定:

a. 轨道结构由钢轨、弹性扣件、轨道板、水泥乳化沥青砂浆充填层、支承层等组成。

b. 支承层在路基基床表层上设置,其性能应符合相关规定。支承层顶面宽度为 2 950mm,底面宽度为 3 250mm,厚度为 300mm。沿线路纵向,每隔不大于 5m 切一横向预裂缝,缝深宜为厚度的 1/3。轨道板宽度范围内的支承层表面应进行拉毛处理。

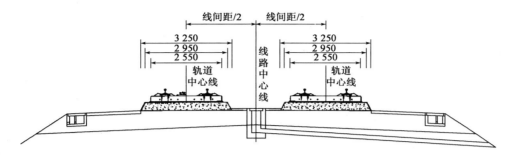

图9-4 温暖地区路基地段 CRTS Ⅱ 型板式无砟轨道标准横断面示意图(尺寸单位:mm)

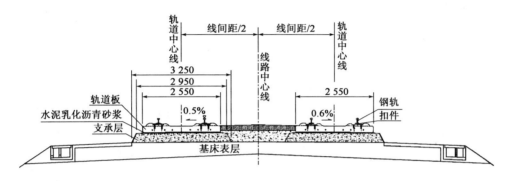

图9-5 寒冷地区路基地段 CRTS Ⅱ 型板式无砟轨道标准横断面示意图(尺寸单位:mm)

c.曲线超高在路基基床表层上设置。

d.线间排水应结合线路纵坡、桥涵等线路条件和环境条件具体设计。当采用集水井方式时,集水井设置间隔应根据汇水面积和当地气象条件计算确定。

e.线路两侧及线间路基面应进行防水处理。

③桥梁地段 CRTS Ⅱ 型板式无砟轨道如图9-6所示,设计应符合下列规定:

a.轨道结构由钢轨、弹性扣件、轨道板、水泥乳化沥青砂浆充填层、底座板、滑动层、高强度挤塑板、侧向挡块、台后锚固结构等组成。

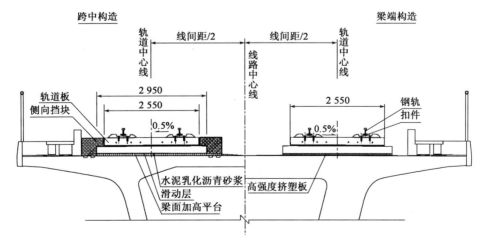

图9-6 桥梁地段 CRTS Ⅱ 型板式无砟轨道标准横断面示意图(尺寸单位:mm)

b. 底座板采用纵向连续的钢筋混凝土结构,混凝土强度等级为C30。底座板宽度宜为2 950mm;直线区段的底座板厚度不宜小于190mm;曲线超高在底座板上设置,曲线内侧的底座板厚度不应小于175mm。

c. 底座板结构中可根据施工组织安排设置一定数量的混凝土后浇带及钢板连接器。

d. 底座板宽度范围内,梁面设置滑动层,滑动层结构及性能应符合相关规定。

e. 在桥梁固定支座上方,梁体设置底座板纵向限位机构,相应位置设置抗剪齿槽及锚固筋连接套筒,形式尺寸及数量应根据计算确定。

f. 底座板两侧隔一定距离设置侧向挡块,梁体相应位置设置钢筋连接套筒。侧向挡块与底座板间应设置弹性限位板,其性能应符合相关规定。

g. 距梁端一定范围,梁面设置高强度挤塑板,厚度宜为50mm,其性能应符合相关规定。

h. 轨道板外侧的底座板顶面应设置横向排水坡。

i. 台后路基应设置锚固结构及过渡板,其结构及形式尺寸应根据计算确定。

④隧道地段 CRTS Ⅱ 型板式无砟轨道如图9-7所示,设计应符合下列规定:

a. 轨道结构由钢轨、弹性扣件、轨道板、水泥乳化沥青砂浆充填层、支承层等组成。

b. 当支承层采用低塑性水泥混凝土时,曲线超高可在支承层设置。当支承层采用水硬性混合料时,曲线超高可在仰拱回填层(有仰拱隧道)或底板(无仰拱隧道)上设置。

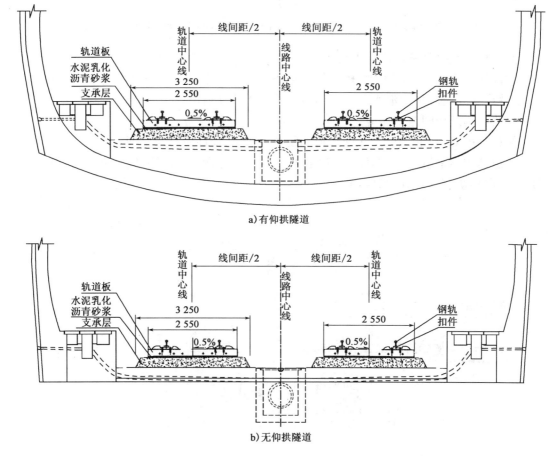

图9-7 隧道地段CRTSⅡ型板式无砟轨道横断面示意图(尺寸单位:mm)

c. 其他规定与路基地段相同。

（4）CRTS Ⅰ型双块式无砟轨道结构。

道床板采用钢筋混凝土结构，现场浇筑成型，混凝土强度等级为 C40。

①路基地段 CRTS Ⅰ型双块式无砟轨道如图 9-8 所示，设计应符合下列规定：

a. 轨道结构由钢轨、弹性扣件、双块式轨枕、道床板、支承层等组成。

b. 支承层在路基基床表层上设置，其性能应符合相关规定。支承层顶面宽度宜为 3 200mm，底面宽度宜为 3 400mm，厚度宜为 300mm。沿线路纵向，每隔不大于 5m 设一横向预裂缝，缝深宜为厚度的 1/3。道床板宽度范围内的支承层表面应进行拉毛处理。

c. 道床板为纵向连续的钢筋混凝土结构，在支承层上构筑。道床板宽度为 2 800mm，厚度为 260mm。

d. 曲线超高在路基基床表层上设置。

e. 线间排水应结合线路纵坡、桥涵等线路条件和环境条件具体设计。当采用集水井方式时，集水井设置间隔应根据汇水面积和当地气象条件计算确定。

f. 线路两侧及线间路基面应进行防水处理。

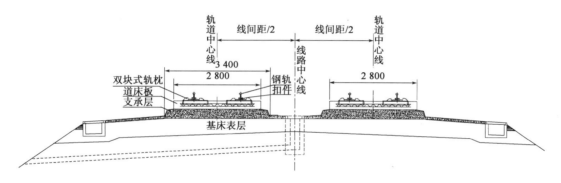

图 9-8 路基地段 CRTS Ⅰ型双块式无砟轨道标准横断面示意图（尺寸单位：mm）

②桥梁地段 CRTS Ⅰ型双块式无砟轨道如图 9-9 所示，设计应符合下列规定：

a. 轨道结构由钢轨、弹性扣件、双块式轨枕、道床板、隔离层、底座及凹槽周围弹性垫层等组成。

b. 道床板、底座沿线路纵向在梁面上分块构筑，分块长度宜在 5.0～7.0m 范围内，相邻道床板及底座的间隔缝为 100mm。道床板宽度宜为 2 800mm，厚度宜为 260mm。底座宽度宜为 2 800mm，直线地段底座厚度不宜小于 210mm，曲线地段底座内侧厚度不应小于 100mm。

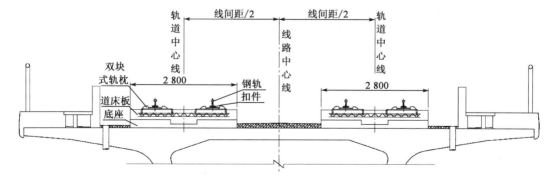

图 9-9 桥梁地段 CRTS Ⅰ型双块式无砟轨道标准横断面示意图（尺寸单位：mm）

c.底座通过梁体预埋套筒植筋或预埋钢筋与桥梁连接,轨道中心线2.6m范围内,梁面应进行拉毛处理。

d.曲线超高在底座上设置。

e.底座顶面应设置隔离层。对应每块道床板,底座设置限位凹槽,凹槽的形式尺寸应根据设计荷载计算确定,凹槽侧面设弹性垫层。

f.底座范围内,梁面不设防水层和保护层。

g.桥上扣件纵向阻力及梁端扣件结构形式应根据计算确定。

③隧道地段CRTS I型双块式无砟轨道如图9-10所示,设计应符合下列规定:

a.轨道结构由钢轨、弹性扣件、双块式轨枕、道床板等组成。

b.道床板为纵向连续的钢筋混凝土结构,直接在隧道仰拱回填层(有仰拱隧道)或底板(无仰拱隧道)上构筑。道床板宽度宜为2 800mm,厚度宜为260mm,其宽度范围内,仰拱回填层或底板表面应进行拉毛处理。

c.曲线超高在道床板上设置。

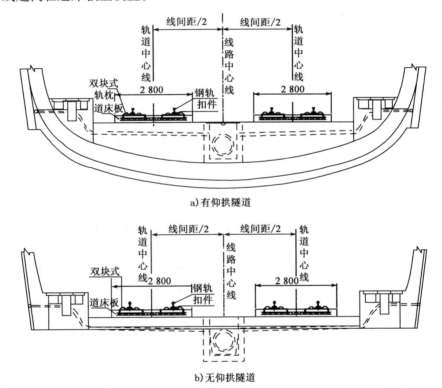

图9-10 隧道地段CRTS I型双块式无砟轨道标准横断面示意图(尺寸单位:mm)

d.距洞口200m范围,隧道内道床板结构与路基地段相同。其余地段的道床板结构设计应根据相应的设计荷载确定。

(5)道岔区轨枕埋入式无砟轨道结构设计应满足以下规定:

①道岔区轨枕埋入式无砟轨道结构由道岔钢轨件、弹性扣件、岔枕、道床板及底座等组成。

②道岔区扣件间距宜为600mm,特殊位置的扣件间距应根据道岔结构确定。

③道床板采用钢筋混凝土结构,混凝土强度等级为C40,道床板结构应根据设计荷载计算确定。

④底座采用钢筋混凝土结构,混凝土强度等级为C30。底座厚度宜为300mm,宽度根据道岔结构尺寸确定。对应转辙器及辙叉区段,底座应设置与道床板的连接钢筋。

⑤道床板表面应设置横向排水坡。

⑥道岔区范围内的轨道刚度设计应均匀,并与区间轨道刚度相匹配。

⑦无砟轨道结构设计应满足道岔电务设备的安装要求。

(6)道岔区板式无砟轨道结构设计应符合下列规定:

①轨道结构由道岔钢轨件、弹性扣件、道岔板、底座等组成。

②道岔区扣件间距宜为600mm,特殊位置的扣件间距根据道岔结构设计确定。

③道岔板采用钢筋混凝土结构,混凝土强度等级为C50。道岔板厚度宜为240mm,宽度根据道岔结构尺寸确定。道岔板表面应设横向排水坡。

④底座采用钢筋混凝土结构,混凝土强度等级为C40,厚度不宜小于180mm,宽度根据道岔结构尺寸确定。

⑤道岔区范围内的轨道刚度设计应均匀,并与区间轨道刚度相匹配。

⑥无砟轨道结构设计应满足道岔电务设备的安装要求。

5. 有砟轨道

正线有砟轨道应采用2.6m长混凝土轨枕,每千米铺设1667根。道岔区段应铺设混凝土岔枕。道床设计应符合下列规定:

(1)应采用特级碎石道砟,道砟的物理力学性能应符合有关规定。道砟上道前应进行清洗,清洁度应满足有关要求。

(2)道床顶面应低于轨枕承轨面不应小于40mm,且不应高于轨枕中部顶面。

(3)路基地段单线道床顶面宽度3.6m,道床厚度0.35m,道床边坡1:1.75,砟肩堆高0.15m。双线道床顶面宽度应分别按单线设计。石质路堑地段应采用弹性轨枕或铺设砟下弹性垫层。

(4)桥上道床标准应与路基地段相同,应采用弹性轨枕或铺设砟下弹性垫层。砟肩至挡砟墙之间以道砟填平。

(5)隧道内道床标准应与路基地段相同,应采用弹性轨枕或铺设砟下弹性垫层。砟肩至边墙(或高侧水沟)间以道砟填平。

(6)线路开通前,道床密度不应小于$1.75g/cm^3$,轨枕支承刚度不应小于120kN/mm,纵向阻力不应小于14kN/枕,横向阻力不应小于12kN/枕。

6. 曲线地段超高设置

路基地段曲线超高在路基面上实现,超高与曲线半径的关系见表9-5。

路基地段超高与曲线半径关系 表9-5

曲线半径(m)	实设超高(mm)	曲线半径(m)	实设超高(mm)
5 500	150	10 000	105
6 000	150	11 000	95
7 000	150	12 000	85
8 000	145	14 000	65
9 000	125		

桥梁地段曲线超高在道床板上实现,超高与曲线半径的关系见表9-6。

桥梁地段超高与曲线半径关系　　　　　　　　　　　表9-6

曲线半径(m)	实设超高(mm)	曲线半径(m)	实设超高(mm)
5 500	150	10 000	105
6 000	150	11 000	95
7 000	150	12 000	85
8 000	145	14 000	65
9 000	125		

隧道地段曲线超高在道床板上实现,超高与曲线半径的关系见表9-7。

隧道地段超高与曲线半径关系　　　　　　　　　　　表9-7

曲线半径(m)	实设超高(mm)	曲线半径(m)	实设超高(mm)
5 500	150	10 000	105
6 000	150	11 000	95
7 000	150	12 000	85
8 000	145	14 000	65
9 000	125		

7. 混凝土设计

(1)无砟轨道混凝土结构使用年限应不小于60年。

(2)混凝土应添加适量的粉煤灰,以降低水化热,提高混凝土的抗裂性能。

(3)混凝土应采取措施预防碱—集料反应,并符合《铁路混凝土工程预防碱—集料反应技术条件》(TB/T 3054—2002)。

(4)其余未尽事宜按《铁路混凝土结构耐久性设计暂行规定》(铁建设[2005]157号)及相关规程、规范办理。

8. 站线轨道

正线为无砟轨道时,与正线相邻的两条到发线宜采用无砟轨道,其他可采用混凝土宽枕的有砟轨道;高架车站或站台范围设架空层的车站到发线区段宜采用无砟轨道结构。

站线采用有砟轨道时,轨道结构设计应符合下列规定:

(1)到发线应采用60kg/m无螺栓孔新钢轨;其他站线宜铺设50kg/m钢轨。

(2)到发线应采用混凝土轨枕,每千米铺设1 667根;当铺设混凝土宽枕时,每千米铺设1 760根。其他站线每千米铺设1 440根。

(3)站线应采用一级碎石道砟。到发线道床顶宽3.4m,道床厚度0.35m,边坡为1:1.75;其他站线道床顶宽2.9m,道床厚度0.25m,边坡为1:1.5。

(4)站线混凝土轨枕宜采用弹条Ⅱ型扣件。

9. 轨道结构过渡段

(1)轨道结构过渡段设计应符合下列规定:

①不同轨道结构应在相同下部基础上进行过渡。

②不同轨道结构间的过渡段区域不应设置工地焊接接头。

(2)无砟轨道与有砟轨道结构间的过渡应符合下列规定:

①无砟轨道结构的底座或支承层应从过渡点开始向有砟轨道延伸长度不应小于10m,同时应满足有砟轨道区段最小道床厚度的要求。

②过渡段无砟轨道一定范围内,应保证轨道板或道床板与支承层的可靠连接。

③过渡段应设置60kg/m的辅助轨及配套扣件,辅助轨长度25m(其中无砟轨道内约5m,有砟轨道内约20m)。辅助轨的设置不应影响大型养路机械维修作业。

④过渡段范围的轨道刚度应按分级过渡设计。

⑤过渡段有砟轨道一定范围可采用道砟胶对碎石道床不同部位进行黏结。

不同无砟轨道结构间的过渡设计应考虑无砟轨道结构高度差异。

10.钢轨伸缩调节器

(1)桥梁、线路和轨道应系统设计,减少钢轨伸缩调节器的设置。平面曲线和竖曲线地段应避免设置钢轨伸缩调节器。

(2)钢轨调节器基本轨始端和尖轨跟端焊接接头的位置距梁缝不应小于2m。

(3)钢轨伸缩调节器范围的轨道刚度应均匀,并与区间轨道刚度相匹配。

11.接口设计

(1)轨道结构与路基、桥梁、隧道等土建工程的接口设计应符合下列规定:

①轨道设计应提出路基、桥梁和隧道等工程结构物预埋件、平整度及高程等相关要求。

②桥梁地段的梁面排水方式除有砟轨道、CRTSⅠ型双块式无砟轨道为两列排水外,其他轨道结构均为三列排水方式。轨道结构排水设计应与路基、桥梁和隧道等土建工程的排水系统统筹考虑。

③桥上道岔区轨道结构应与桥梁、道岔结构进行系统设计。

(2)轨道与信号系统的接口设计应符合下列规定:

①轨道结构设计应考虑信号设备的安装要求。

②有砟轨道的道床漏泄电阻不应小于$2\Omega \cdot km$,无砟轨道的道床漏泄电阻不应小于$3.0\Omega \cdot km$。

③无砟轨道绝缘处理设计应符合下列规定:

a.CRTSⅠ型板式无砟轨道轨道板内钢筋网片宜进行绝缘处理,并应设置综合接地钢筋和接地端子。

b.CRTSⅡ型板式无砟轨道轨道板内钢筋网片及相邻轨道板间张拉锁件宜进行绝缘处理,轨道板内应设置综合接地钢筋和接地端子。

c.CRTSⅠ型双块式无砟轨道道床板内钢筋网宜进行绝缘处理,并应设置接地钢筋和接地端子。

d.道岔区无砟轨道道床板或道岔板内钢筋网宜进行绝缘处理,并应设置接地钢筋和接地端子。

e.一般情况下,无砟轨道底座钢筋不进行绝缘处理。

12.轨道附属设备及常备材料

(1)正线应设置线路基桩。

（2）正线应设置线路标志、用地界标及行政区界标等标志。线路标志包括公里标、半公里标、曲线标、桥梁标、隧道标、涵渠标、坡度标及设备管理单位的界标等。线路标志的设置应符合下列规定：

①线路标志应设置在最近的接触网支柱上，实际位置应在钢轨轨腰或无砟轨道结构上标注。

②公里标、半公里标的标志牌底边距轨面 3.0m，曲线标、坡度标、桥梁标的标志牌底边距轨面 0.5m。

③桥梁地段的曲线标、坡度标、桥梁标可设置在线路一侧的防护墙上，标志牌顶边距防护墙顶面距离为 0.1m。

④隧道地段的标志应设在边墙上，高度距轨面 3.0m。

⑤车站无接触网支柱地段，线路标志的相关内容应标志在站台侧面。

（3）正线有砟轨道和无砟轨道常备材料可分别按表 9-8 和表 9-9 规定的数量设计。

正线有砟轨道常备材料数量　　　　　　　　　　　表 9-8

材料名称		备料数量
混凝土枕		每单线千米 2 根
扣件及其垫板		每单线千米 5 根
断轨急救器		每单线千米 1 套
臌包夹板		每单线千米 1 套
25m 无孔轨		每个综合工区 6 根
6m 有孔短轨		每个综合工区 6 根
6.25m 有孔胶接绝缘轨		每个综合工区 6 根
25m 无孔胶接绝缘轨		每个综合工区 6 根
接头螺栓及垫圈		每个综合工区 36 套
接头夹板		每个综合工区 34 块
道岔	整组道岔（含配件及岔枕）	单开道岔每种型号每 1000 延展公里备 1 组
	岔枕	每 1~100 组备 1 组
	辙叉（含配套扣配件）	新建车站每站新增道岔每种型号每 1~20 组备 1 个
		改、扩建车站每站新增 30 组道岔备 1 个
	尖轨（含配套扣配件）	新建车站每站新增道岔每种型号每 1~20 组备 1 对
		改、扩建车站每站新增 30 组道岔备 1 对
	基本轨（含配套扣配件）	新建车站每站新增道岔每种型号每 1~20 组备 1 个
		改、扩建车站每站新增 30 组道岔备 1 对
钢轨伸缩调节器	整组钢轨伸缩调节器（含配件及轨枕）	每种型号每 1000 延展公里备 1 组
	轨枕	每 1~100 组备 1 组
	尖轨（含配套扣配件）	每种型号每 1~20 组备 1 对
	基本轨（含配套扣配件）	每种型号每 1~20 组备 1 对

正线无砟轨道常备材料数量 表9-9

材 料 名 称		备 料 数 量
CRTS Ⅰ型板式轨道	水泥乳化沥青砂浆修补材料	每单线千米0.1 m³
	凸台树脂修补材料	每单线千米0.01 m³
CRTS Ⅱ型板式轨道	水泥乳化沥青砂浆修补材料	每单线千米0.1 m³
过渡段	过渡段辅助轨扣件及垫板	每1~20处5套
	过渡段基本轨扣件及垫板	每1~20处5套
	过渡段轨枕	每1~20处2根

到发线轨道常备材料数量应按正线标准执行,站线轨道(有缝线路)常备材料可按表9-10规定的数量设计。

站线轨道(有缝线路)常备材料数量 表9-10

材 料 名 称		备 料 数 量
钢轨		每单线千米0.5根(25m轨)
钢轨接头配件		每单线千米2套
接头螺栓及垫圈		每单线千米2套
混凝土枕		每单线千米1根
混凝土枕扣件及其垫板		每单线千米2套
道岔	岔枕	每1~100组备1组
	辙叉(含配套扣配件)	每1~20组备1个
	尖轨(含配套扣配件)	每1~20组备1对
	基本轨(含配套扣配件)	每1~20组备1对

13. 无砟轨道施工

(1)混凝土保护层及凸台施工

①混凝土保护层施工前应对桥面进行验收,桥面应满足铺设无砟轨道的要求,其顶面应平整,高程误差为+10mm。

②混凝土保护层施工前应对桥梁表面进行清洁,并提前2h进行预湿。

③按设计图纸确定的位置尺寸安放保护层钢筋网及凸台钢筋网,对纵向钢筋与横向钢筋交叉处以及纵向钢筋搭接范围搭接点进行焊接或绑扎。

④灌注混凝土前应进行绝缘性能测试,保证绝缘性能满足相关要求。

⑤分段进行保护层混凝土连续均匀浇灌,灌注混凝土时应防止对钢筋的撞击。混凝土保护层抹面时,应严格按设计进行高程控制,只有达到设计强度的70%以后才能进行凸台混凝土的施工作业。

⑥凸台施工前对凸台范围内混凝土表面进行清洁,并预先湿润。

⑦架立凸台模板,对纵向钢筋与横向钢筋交叉处设计绝缘套管并用塑料带绑扎牢固。

⑧浇灌凸台混凝土时应防止对模板的撞击,达到设计强度的70%以上后才能进行铺设中间层和垫板的安装作业。

⑨混凝土保护层顶面应非常平整,其平整度要求为6mm/4m,保护层和凸台顶面的高程误差为+0mm、-5mm。

⑩在混凝土保护层及凸台顶面铺设4mm厚聚丙烯土工布时,土工布接缝应与轨道方向垂

直,采用对接方式并用胶带粘贴,应注意不能出现折叠和重叠。铺设土工布时,其边缘应比道床板宽出20cm,在土工布边缘处采取固定措施。

⑪根据设计在凸台周围安装橡胶垫板和泡沫板,并用胶带纸封闭所有间隙。

(2)道床板施工

①架设道床板底层钢筋,同时在纵横向钢筋交叉处设置绝缘卡并用塑料带绑扎。

②铺设轨枕和工具轨并组装轨排,通过粗调机和支架架设轨排。

③架设中间层和上层纵横向钢筋,并对纵向钢筋与横向钢筋及轨枕桁架钢筋交叉处按设计要求进行焊接或设置绝缘卡并用塑料带绑扎。

④道床板钢筋架设完成后,应进行绝缘性能测试,确保钢筋绝缘措施符合要求。

⑤架立混凝土模板,并固定焊接接地端子,充分湿润轨枕混凝土和保护层混凝土,精确调整轨距、水平、方向后,方可进行道床板混凝土灌注。灌注混凝土时应防止对模板、钢筋和绝缘卡的撞击。道床板灌注后按设计要求进行抹面,混凝土达到设计强度70%前,禁止在道床板上行车及碰撞轨枕。

(3)施工注意事项

①混凝土施工前,应进行混凝土的原材料及配比试验,合格后方可施工。

②应采取切实可行的措施减少道床板混凝土的水化热,控制早期强度。

③混凝土浇筑应该逐步填充轨枕之间的空隙,直到完全密实,并且待前一个空隙填充达到设计的高度后,再进行下一个空隙的混凝土浇筑。

④浇筑道床板混凝土时应采取措施防止污染扣件。

⑤道床板混凝土浇筑完成后,应松开扣件。松开扣件的时机根据试验确定。

⑥不能在混凝土内部温度很高时拆模,拆模后不能立即浇凉水,且注意保温。

⑦施工中应采取措施防止轨排及钢筋骨架"上浮"。

⑧混凝土浇灌后应尽早全面覆盖及保湿养护,养护时间应根据所采用的水泥品种及相对湿度来确定,但最低不应少于7d。

⑨无砟轨道施工应严格按照《铁路工程施工安全技术规范》(TB 10401.1—2003)执行。

⑩应注意对到场的轨枕进行合格验收,确保各项性能指标符合要求。

⑪无砟轨道的施工应认真做好过程控制,确保每一道工序达到要求后,才能进行下一道工序的作业。

⑫其他未尽事宜按现行相关规范执行。

三、轨道结构设计的主要内容

高速铁路轨道结构的设计分为路基区段轨道设计、桥梁区段轨道设计、隧道区段轨道设计、道岔区轨道设计、站场轨道设计以及过渡段设计。高速铁路分有砟轨道和无砟轨道结构,有砟轨道结构通常按通用图设计,而高速铁路无砟轨道轨下结构复杂多样,故本指导书提及的轨道结构设计均以无砟轨道设计为主,分述如下:

(一)路基区段无砟轨道设计

(1)路基区段轨道的结构形式

(2)标准部件的选型

(3)道床板配筋设计

(4)支撑层

(5)线间填充

(6)关键部件的强度与稳定性检算

(二)桥梁区段无砟轨道设计

(1)桥梁区段轨道的结构形式

(2)标准部件的选型

(3)道床板或是底座设计

(4)保护层配筋设计

(5)凸台配筋设计

(6)道床板接地设计

(7)梁面保护层接地设计

(8)关键部件的强度与稳定性检算

(三)隧道区段无砟轨道设计

(1)隧道段结构形式

(2)标准部件的选型

(3)明洞段结构形式

(4)道床板结构与配筋设计

(5)道床板接地设计

(6)关键部件的强度与稳定性检算

(四)道岔区无砟轨道设计

(1)道岔区段轨道的结构形式

(2)道岔区段钢轨的线位布置

(3)标准部件的选型

(4)道岔板结构与配筋设计

道岔板采用钢筋混凝土结构,混凝土强度等级为 C40,道床板结构应根据设计荷载计算确定。

(5)底座板结构与配筋设计

底座采用钢筋混凝土结构,混凝土强度等级为 C30。底座厚度宜为 300mm,宽度根据道岔结构尺寸确定。对应转辙器及辙叉区段,底座应设置与道床板的连接钢筋。

(6)道岔板表面横向排水坡设计

(7)道岔区轨道刚度设计

(8)关键部件的强度与稳定性检算

(五)站线轨道设计

(1)站线轨道的结构形式及布置

①站线无砟轨道结构形式

高架车站或站台范围设架空层的车站到发线区段宜采用无砟轨道结构。

②站线有砟轨道结构形式

根据到发线选择钢轨、扣件、轨枕和道砟的配置等。

(2)站线轨道标准部件的选型

(3)道床板结构与配筋设计

(4)关键部件的强度与稳定性检算

(六)过渡段设计

(1)路桥过渡段无砟轨道设计及端挡配筋设计

(2)路隧过渡段无砟轨道设计及端挡配筋设计

(3)道岔过渡段无砟轨道设计

(4)有砟轨道与无砟轨道过渡段轨道设计

(七)编写设计说明书

根据上述设计内容,应系统地、细致地整理有关设计资料、计算数据、绘制图表,并着重说明设计过程中的设计指导思想、设计原则和依据,将设计的详细说明,编写成设计说明书。说明书字数控制在一万字左右,文字要简练,字迹清晰,并附有编号的图表,最后装订成册连电子文件(光盘),交审阅。

第二节 设计文件组成与编制深度

一、设计文件编制深度

(一)概述

1. 工程概况

(1)设计目的

(2)国内外现状

(3)客运专线概况

(4)设计范围

(5)设计内容

2. 设计依据

3. 设计标准

4. 设计原则

(1)路基段轨道设计原则

(2)桥梁段轨道设计原则

(3)隧道段轨道设计原则

(4)道岔段轨道设计原则

(5)过渡段轨道设计原则

(6)站线段轨道设计原则

(7)混凝土设计原则

5.设计图纸组成

(二)路基段无砟轨道结构

1.路基上直线段无砟轨道结构

(1)结构形式

(2)标准部件的选型

(3)道床板配筋设计

(4)支撑层

(5)线间填充

(6)关键部件的强度与稳定性检算

2.路基上曲线段无砟轨道结构

(三)桥梁段无砟轨道结构

1.结构形式

2.标准部件的选型

3.道床板或底座板设计

4.保护层配筋设计

5.凸台配筋设计

6.道床板接地设计

7.梁面保护层接地设计

8.关键部件的强度与稳定性检算

(四)隧道段无砟轨道结构

1.隧道段结构形式

2.标准部件的选型

3.明洞段结构形式

4.道床板设计

5.道床板接地设计

6. 关键部件的强度与稳定性检算

(五) 道岔段无砟轨道结构

1. 道岔区段轨道的结构形式
2. 道岔区段钢轨的线位布置
3. 标准部件的选型
4. 道岔板结构与配筋设计
5. 底座板结构与配筋设计
6. 道岔板表面横向排水坡设计
7. 道岔区轨道刚度设计
8. 关键部件的强度与稳定性检算

(六) 站线轨道设计

1. 站线轨道的结构形式及布置
2. 站线轨道标准部件的选型
3. 道床板结构与配筋设计
4. 关键部件的强度与稳定性检算

(七) 过渡段设计

1. 路桥过渡段无砟轨道结构
 (1) 路桥过渡段设置
 (2) 路桥过渡段端挡配筋
2. 路隧过渡段
3. 道岔区过渡段设计
4. 有砟轨道与无砟轨道过渡段轨道设计

(八) 施工注意事项

1. 无砟轨道施工原则
 (1) 路基段无砟轨道施工原则
 (2) 桥梁段无砟轨道施工原则
 (3) 隧道段无砟轨道施工原则
 (4) 过渡段轨道施工原则
2. 无砟轨道施工注意事项

(九)结论和展望

1. 本文的主要工作和结论
2. 未来工作与展望

二、铁路路基设计图的编制深度

通过各方面的工作,形成完整的高速铁路轨道结构施工图图册,设计图纸的组成如下:
(1)设计总说明
(2)路基地段平面布置图
(3)路基地段轨道横断面图
(4)路基段道床板配筋图
(5)25m/32m简支梁轨道布置图
(6)25m/32m简支梁凸台布置图
(7)桥上无砟轨道横断面图
(8)25m/32m简支梁保护层及凸台配筋图
(9)桥台上和桥台后过渡段轨道布置图
(10)路桥过渡段端挡配筋图
(11)桥台保护层及凸台配筋图
(12)隧道地段轨道横断面图
(13)隧道内轨道布置及配筋图
(14)明洞地段轨道布置图
(15)道床板接地钢筋平面布置示意图
(16)道床板接地钢筋横断面布置示意图
(17)梁面保护层钢筋接地示意图
(18)路隧过渡段轨道布置图
(19)道岔地段平面布置图
(20)道岔地段轨道横断面图
(21)道岔段道床板配筋图
(22)道岔段底座板配筋图
(23)道岔区过渡段设计图

第三节 设 计 实 例

本章主要介绍武广客运专线第Ⅲ标段无砟轨道结构施工图设计的实例。

一、概述

(一)工程概况

1. 设计目的

随着我国高速铁路大规模建设的展开,无砟轨道结构得到了广泛应用。作为高速铁路的核心技术之一,无砟轨道的设计和施工工艺直接影响着列车运行的安全性、平顺性、舒适度,也决定了无砟轨道自身的使用寿命。按照轨道板进行分类,无砟轨道可以分为板式轨道结构和双块式轨道结构。其中从德国引进的 Rheda2000 型双块式无砟轨道结构作为典型的双块式代表,运用于我国高速铁路主干线之一的武广客运专线。

本设计以武广客运专线第Ⅲ标段为背景,进行施工图设计。要求掌握 Rheda2000 型双块式无砟轨道的结构特点和设计要求,研究在不同轨下结构(路基段、桥梁段和隧道段)上轨道结构的设计差异、曲线段设计以及过渡段(路桥过渡段和路隧过渡段)的合理设计。

2. 武广客运专线概况

武广客运专线为京广客运专线的南段,途经鄂、湘、粤三省,北起武汉站,南到广州南站,途经 15 个车站。湖北:路线全长 173km,境内设武汉站(始发站)、咸宁北、赤壁北 3 座新火车站。湖南:路线全长 518km,境内设岳阳东、汨罗东、长沙南(始发站)、株洲西、衡山西、衡阳东、耒阳西、郴州西 8 座新火车站。广东:路线全长 298km,境内设韶关站、英德西站、清远站、广州北站、广州南站(始发站)5 座新火车站。其中仅韶关—花都段,就设计了 39 座大中桥、特大桥,以及 20 座隧道、2 座框架桥和 1 座公跨铁桥。武广客运专线为中国新建的高速铁路工程之一,是京广客运专线的南段组成部分。武广铁路客运专线北起武汉站北端 DK1188+000,终于新广州站南端 DK2220+158,正线全长 968.326km。武广客运专线全线总工期四年半(含调试期半年),国家批复的投资估算为 1080 亿元,是我国目前里程最长、技术标准最高、投资最大的铁路客运专线,于 2009 年 12 月 26 日全线建成通车。

武广客运专线双块式无砟轨道结构是 2005 年铁四院根据德国睿铁公司提供的 Rheda2000 无砟轨道技术转让资料,结合中国轨道电路原材料性能指标等有关要求完成的。其双块式无砟轨道采用的主要是再创新的 CRTS Ⅰ 型双块式无砟轨道结构。

武广客运专线全线基本采用无砟轨道,一次铺设跨区间无缝线路。正线路基共计 388km,占线路总长的 40.1%;全线桥隧总长 579.549km,占线路长度的 59.9%。共有桥梁 661 座 401.239km,占线路长度的 41.4%,其中流溪河特大桥 13.431km,为全线最长大桥。隧道 237 座 178.858km,占线路长度的 18.5%,其中浏阳河隧道 10.115 公里为全线最长隧道,大瑶山 1 号隧道 10.081km 为全线最长山岭隧道。

3. 设计范围

本设计的设计范围为武广客运专线第Ⅲ标段,即历程范围:DK1599+962.19 ~ DK1601+547.56。设计范围内下部结构为莲花坡 1 号大桥、莲花坡 2 号大桥、黄登仙隧道及桥、桥与桥隧之间的路基和过渡段。具体轨道类型及地段见表 9-11。

轨道类型及地段　　　　　　　　　　表 9-11

起点里程	终点里程	长度(m)	说　　明
DK1599+962.19	DK1600+032.73	70.54	路基(直线)双块式无砟轨道
DK1600+032.73	DK1600+352.73	320.00	莲花坡 1 号大桥双块式无砟轨道
DK1600+352.73	DK1600+399.73	47.00	路基(直线)双块式无砟轨道
DK1600+399.73	DK1600+719.73	320.00	莲花坡 2 号大桥双块式无砟轨道
DK1600+719.73	DK1600+893.85	174.12	路基(曲线)双块式无砟轨道
DK1600+893.85	DK1681+547.56	653.71	黄登仙隧道双块式无砟轨道
合计		1.585 37	

本工程范围内线路最大纵坡为11.7‰,最小纵坡3‰;其中DK1600+719.73~DK1600+893.85段位于武广客运专线57号曲线内,平曲线半径10 000m,其余段落均在直线中。本次设计范围内,含桥梁2座,路基3段,隧道1段。桥梁分别为莲花坡1号大桥及莲花坡2号大桥,总长1 585.37m。所有桥梁均采用32m现浇简支梁,桥台采用长6.73m的薄壁空心结构。3段路基总长291.66m。路基填方段、挖方段均存在,最高填方近10m。

4. 设计内容

本设计的主要设计内容为进行在设计范围内的不同轨下基础的双块式无砟轨道施工图设计。由于缺乏前期资料,因此,本设计还包含了一部分的初步设计,包括了轨道结构尺寸的选取以及钢轨、轨枕、扣件的选择等。初步设计的主要内容将在"(四)设计原则"中做详细的阐述。施工图设计主要有路基段双块式无砟轨道、桥梁段双块式无砟轨道和隧道段双块式无砟轨道的纵断面、横断面和平面布置图设计,其中路基段包括了直线段和曲线段,桥梁段和隧道段均为直线段。而不同轨下基础要专门进行过渡段设计,其中包括了路桥过渡段和路隧过渡段。为了能更清楚更全面地掌握设计流程,本设计以路基上直线段为例,做了详细的道床板配筋设计。其余各轨道结构设计皆按照Rheda 2000无砟轨道设计理论和规范规定进行通用图设计。

(二)设计依据

本线区间正线设计速度目标值为350km/h,由于我国并没有推出时速350km/h客运专线设计标准,本次设计中轨道板宽度、轨道板长度、轨道板厚度、曲线超高、轨距加宽、过渡段设置等按《京沪高速铁路设计暂行规定》(铁建设函[2004]157号)和《新建时速300~350公里客运专线铁路设计暂行规定》(铁建设函[2007]47号)进行设计。另外部分参考的规范如下:

(1)《关于武汉至广州客运专线乌龙泉至花都段初步设计的批复》(铁建设函[2005]783号)。

(2)睿铁(原弗莱德尔)公司《技术转让·Rheda 2000无砟轨道系统施工高度的评定》。

(3)《无砟轨道施工要求目录》第4修订版。

(4)《混凝土结构设计规范》(GB 50010—2002)。

(5)《铁路混凝土结构耐久性设计暂行规定》(铁建设[2005]157号)。

(6)《350km/h客运专线60kg/m钢轨暂行技术条件》(铁科技[2004]120号)。

(7)《客运专线250km/h和350km/h钢轨检验及验收暂行标准》(铁科技[2005]402号)。

(8)《铁路桥涵钢筋混凝土和预应力混凝土结构设计规范》(TB 10002.3—2005)。

(9)《客运专线高性能混凝土暂行技术条件》(科技基[2005]101号)。

(10)《铁路混凝土与砌体工程施工规范》(TB 10210)

(11)《新建铁路桥上无缝线路设计暂行规定》(铁建设函[2003]205号)。

(12)《客运专线无砟轨道铁路设计指南》(铁建设[2005]754号)。

(13)《铁路轨道设计规范》(TB 10082—2005)。

(14)《客运专线铁路轨道工程施工质量验收暂行标准》(铁建设[2005]160号)。

(15)《铁路混凝土工程施工质量验收补充标准》(铁建设[2005]160号)。

(16)《铁路轨道工程施工质量验收标准》(铁建设[2003]127号)。

(17)《铁路混凝土与砌体工程施工质量验收标准》(铁建设[2003]127号)。

(三)设计标准

(1)铁路等级:客运专线。

(2)正线数目:双线。

(3)设计速度:350km/h 及以上。

(4)正线线间距:5m。

(5)最小曲线半径:7 000m。

(6)最大坡度:11.2‰。

(7)到发线有效长度:650m。

(8)牵引种类:电力。

(9)列车运行控制方式:自动控制。

(10)行车指挥方式:综合调度。

轨道高度见表9-12。

轨 道 高 度　　　表9-12

地　段	双块式无砟轨道	地　段	双块式无砟轨道
路基	797mm(含支承层300mm)	隧道	497mm
桥梁	767mm(含保护层140mm)		

(四)设计原则

1. 钢轨

采用60kg/m、100m定尺长、非淬火无孔U71Mn(k)新轨。钢轨质量应符合《350km/h客运专线60kg/m钢轨暂行技术条件》(铁科技[2004]120号)及《客运专线250km/h和350km/h钢轨检验及验收暂行标准》(铁科技[2005]402号)的要求。

2. 扣件

采用Vossloh 300-1U扣件,扣件高度34mm,扣件垫板静刚度为22.5kN/mm,动刚度40kN/mm。采用Skl 15弹条时,每套扣件扣压力约为20kN,采用Skl B15弹条时,每套扣件扣压力约为14kN。

3. 轨枕

采用WG-Ⅰ型双块式预制轨枕,其质量应满足相关技术要求。轨枕间距应不大于650mm,并不小于600mm。轨枕承轨面高出道床板顶面47mm。

4. 道床板

路基上道床板采用C40钢筋混凝土现场浇筑而成,宽2 800mm,厚240mm。道床板顶面根据具体情况设置一定的横向排水坡。纵横向钢筋及纵向钢筋间根据综合接地和轨道电路绝缘要求设置焊接接头或绝缘卡。路基地段道床板构筑于混凝土支承层上,道床板连续设置,但在不同线下基础连接处,设置横向伸缩缝;伸缩缝宽20mm,用20mm厚泡沫板填充,并用沥青封面。

桥梁上道床板采用C40钢筋混凝土现场浇筑而成,宽2 800mm。道床板顶面根据具体情况设置一定的横向排水坡。纵横向钢筋及纵向钢筋间根据综合接地和轨道电路绝缘要求设置焊接接头或绝缘卡。桥梁上道床板构筑于混凝土保护层上,道床板纵向上一般按5 400~7 150mm长度设置,相邻道床板板缝100mm。

隧道内道床板采用C40钢筋混凝土现场浇筑而成,宽2 800mm。道床板顶面根据具体情况设置一定的横向排水坡。纵横向钢筋及纵向钢筋间根据综合接地和轨道电路绝缘要求设置焊接接头或绝缘卡。隧道地段,道床板直接在基础垫层上连续浇筑。

5. 支承层

一般情况下,在土质路基基床表层铺设贫混凝土或C15混凝土支承层。当基床表层采用混凝土时,支承层可采用强度与其相同或较高的混凝土。支承层宽度3 400mm,厚度300mm。混凝土支承层连续摊铺,并不远于5m设一深度约105mm的横向伸缩假缝。施工单位施工前应进行混凝土的配比试验,当采用贫混凝土时,其抗压强度应不小于15MPa,支承层材料实验室样本弹性模量应控制在10 000~20 000MPa范围内。

桥上双块式无砟轨道的道床板下设置C40钢筋混凝土保护层,每块道床板范围内设置三个限位凸台,道床板与保护层之间设置4mm厚聚丙烯土工布中间层。在桥梁混凝土保护层中心沿线路纵向设置伸缩缝,并用聚氨酯防水涂料填充。

道床板采用C40钢筋混凝土现场浇筑而成,宽2 800mm。道床板顶面根据具体情况设置一定的横向排水坡。纵横向钢筋及纵向钢筋间根据综合接地和轨道电路绝缘要求设置焊接接头或绝缘卡。隧道地段,道床板直接在基础垫层上连续浇筑。

6. 曲线地段超高设置

路基地段曲线超高在路基面上实现,超高与曲线半径的关系见表9-13。

超高与曲线半径关系表(设计速度$v=300$km/h)　　　　表9-13

曲线半径(m)	实设超高(mm)	曲线半径(m)	实设超高(mm)
5 500	150	10 000	105
6 000	150	11 000	95
7 000	150	12 000	85
8 000	145	14 000	65
9 000	125		

桥梁地段曲线超高在道床板上实现,超高与曲线半径的关系见表9-14。

超高与曲线半径关系表(设计速度$v=300$km/h)　　　　表9-14

曲线半径(m)	实设超高(mm)	曲线半径(m)	实设超高(mm)
5 500	150	10 000	105
6 000	150	11 000	95
7 000	150	12 000	85
8 000	145	14 000	65
9 000	125		

隧道地段曲线超高在道床板上实现,超高与曲线半径的关系见表9-15。

超高与曲线半径关系表(设计速度 $v=300$ km/h)　　　　表9-15

曲线半径(m)	实设超高(mm)	曲线半径(m)	实设超高(mm)
5 500	150	10 000	105
6 000	150	11 000	95
7 000	150	12 000	85
8 000	145	14 000	65
9 000	125		

7.过渡段无砟轨道设计原则

(1)过渡段设计总原则

当路基长度不大于5m时,路基地段不设置端板和端梁,但需每隔一根枕设置4个销钉;当路基长度大于5m、不大于10m时,在隧道口一侧设置端梁;当路基长度大于10m、不大于20m时,在路基中间设置端梁;当路基长度大于20m时,按(2)和(3)设置端梁和端板。无论路基长度多长,隧道口内均需设销钉。

(2)路隧过渡段

在路隧轨道过渡段处,道床板应设置横向伸缩缝,路基一侧设置端板结构,隧道一侧在道床板与仰拱回填层之间设置4×5列销钉。销钉采用 $\phi25$ 钢筋,用植筋胶进行锚固。

(3)路桥过渡段

在路桥轨道过渡段,根据桥台后路基处理情况在距桥台 $5\sim10$ m 范围内设置C40钢筋混凝土端梁,梁长2.8m,宽0.8m,深1.3m。

8.混凝土设计原则

(1)无砟轨道混凝土结构使用年限应不小于60年。

(2)混凝土应添加适量的粉煤灰,以降低水化热,提高混凝土的抗裂性能。

(3)混凝土应采取措施预防碱—集料反应,并符合《铁路混凝土工程预防碱—集料反应技术条件》(TB/T 3054—2002)。

(4)其余未尽事宜按《铁路混凝土结构耐久性设计暂行规定》(铁建设[2005]157号)及相关规程、规范办理。

(五)设计图纸组成

(1)路基地段平面布置图

(2)路基地段轨道横断面图

(3)路基段道床板配筋图

(4)32m简支梁轨道布置图

(5)32m简支梁凸台布置图

(6)桥上无砟轨道横断面图

(7)32m简支梁保护层及凸台配筋图

(8)桥台上和桥台后过渡段轨道布置图

(9)路桥过渡段端挡配筋图

(10)桥台保护层及凸台配筋图
(11)隧道地段轨道横断面图
(12)隧道内轨道布置及配筋图
(13)明洞地段轨道布置图
(14)道床板接地钢筋平面布置示意图
(15)道床板接地钢筋横断面布置示意图
(16)梁面保护层钢筋接地示意图
(17)路隧过渡段轨道布置图

二、路基段双块式无砟轨道结构

(一)路基上直线段双块式无砟轨道结构

1.结构形式及标准部件选型

路基上直线段双块式无砟轨道由钢轨、扣件、轨枕、钢筋混凝土道床板、素混凝土支撑层等部分组成。轨道结构高度为797mm。典型路基上轨道结构横断面、纵断面和平面布置图如图9-11～图9-13所示。钢轨、扣件及轨枕属于标准部件,规格及尺寸按设计原则执行。

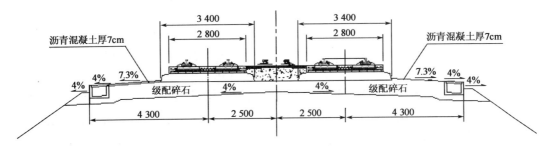

图9-11 路基上直线段双块式无砟轨道横断面图(尺寸单位:mm)

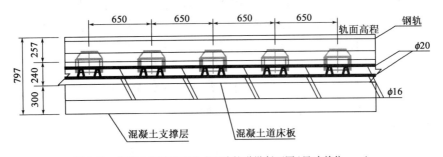

图9-12 路基上直线段双块式无砟轨道纵断面图(尺寸单位:mm)

2.道床板配筋设计

路基上道床板采用C40钢筋混凝土现场浇筑而成,宽2800mm,厚240mm。道床板顶面根据具体情况设置一定的横向排水坡。纵横向钢筋及纵向钢筋间根据综合接地和轨道电路绝缘要求设置焊接接头或绝缘卡。路基地段道床板构筑于混凝土支承层上,道床板连续设置,但在不同线下基础连接处,设置横向伸缩缝;伸缩缝宽20mm,用20mm厚泡沫板填充,并用沥青封

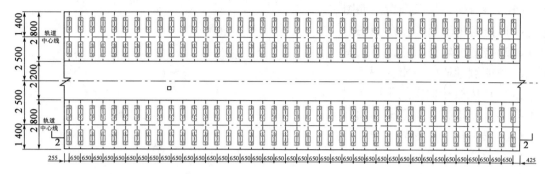

图 9-13　路基上直线段双块式无砟轨道平面布置图(尺寸单位:mm)

面。道床板配筋设计如下:

(1)设计方法

无砟轨道的受力计算可以采用有限元求解和多层弹性地基上叠合梁法计算。弹性地基上叠合梁计算方法比有限元法简单,而计算的结果基本能够满足工程设计的要求。在计算时,将道床板和支撑层沿线路纵向或者横向截取一定宽度,成为纵向或横向截梁,然后用叠合梁理论求解。

叠合梁模型中,钢轨采用弹性均布支承梁模拟;扣件采用均布支承弹簧模拟,弹簧等间距排列,其间距由扣件弹性系数决定;扣件下方的轨道板视作弹性支承梁,轨道板之间连接处有连接缝;道床板下的底座板同样视为下部基础,视为弹性支承梁,均布支承弹簧。这样就形成了三重连续弹性基础叠合梁。但对于双块式无砟轨道这种无中间层的结构,可以根据道床板和支撑层的截面连接状态按照位移协调、刚度相当等原则等效为单层梁,与钢轨一起构成二重连续弹性基础叠合梁模型。称之为弹性地基上等效叠合梁模型。由此建立纵向或横向模型,根据材料力学知识列出微分方程组,由几何关系得到边界条件,求解方程组得到相关内力。

①无砟轨道纵向计算。

a.基本假设如下:

(a)当结构长度大于3倍结构宽度时,可将其当作梁计算。由于路基具有弹性,模型中把道床板和支撑层等效单层梁(以下简称道床板)看作支承于弹性地基上的梁。扣件具有一定弹性,则把钢轨视为支承在弹性基础上的无限长梁。这就构成了等效二重连续弹性基础叠合梁模型。

(b)上层钢轨梁与下层道床板梁间,由扣件简化得到均布弹簧,其弹性系数为一组扣件的刚度除以钢轨支点间距。下层梁为半个道床板和支撑层,由于无砟轨道须设置温度伸缩缝,所以下层梁通常是有限长的。支撑层下层梁支承模拟也为均布弹簧,并符合 Winkler 假定。

(c)模型中设计荷载仅考虑竖向轮载,以机车静轮载基础上考虑一定动荷载系数得到。在普通铁路上,动轮载一般为静轮载的 2~2.5 倍;在高速铁路上,取 3~3.5 倍。

(d)由于无砟轨道在加强轨道垂向结构强度的同时,对轨道横向强度也有极大的加强,且计算时所取动轮载较大,所以通常不再考虑横向力的影响。

(e)由于轨道两股钢轨上的荷载、钢轨和轨道板的刚度、扣件刚度、弹性基础系数均对称于轨道的纵向中心线,因此,作用于两股钢轨上的荷载相等,可把两股钢轨分开计算。

(f)本模型中不考虑钢轨和整体道床的自重。

b. 计算模型和微分方程。

取一半轨道,由一股钢轨及其对应的轨道板、支撑层构成弹性地基上的双层叠合梁模型,如图9-14。

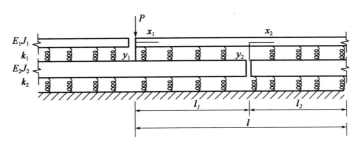

图9-14 弹性地基上双层叠合梁计算模型

上层梁为普通有接头钢轨,忽略夹板的抗弯刚度,简化为铰接。作用在接头处钢轨上的轮载 P 由静轮载乘以一定动载系数得到。

建立两个坐标系,第一个坐标系 $x_1O_1y_1$ 的原点位于钢轨接头处,第二个坐标系 $x_2O_2y_2$ 的原点位于道床板接缝处,将叠合梁分为两个区段。由此列出关于图9-14所示模型的挠度微分方程组

$$\begin{cases} E_1J_1 \dfrac{d^4 y_{11}}{dx_{11}^4} + k_1(y_{11} - y_{21}) = 0 \\ E_1J_1 \dfrac{d^4 y_{12}}{dx_{12}^4} + k_1(y_{12} - y_{22}) = 0 \\ E_2J_2 \dfrac{d^4 y_{21}}{dx_{21}^4} + k_1(y_{21} - y_{11}) + k_2 y_{21} = 0 \\ E_2J_2 \dfrac{d^4 y_{22}}{dx_{22}^4} + k_1(y_{22} - y_{12}) + k_2 y_{22} = 0 \end{cases} \tag{9-5}$$

式中:E_1J_1——单根钢轨的抗弯刚度;

E_2J_2——沿轨道中心线截取的板块道床板的抗弯刚度;

y_{11}、y_{12}——区段 l_1 与 l_2 内钢轨的挠度;

y_{21}、y_{22}——区段 l_1 与 l_2 内道床板的挠度;

k_1、k_2——钢轨和道床板单位长度的支承弹簧系数。

式(9-5)为钢轨和轨道板各截面挠曲位移的表达式,对位移求二阶导数并乘以截面抗弯刚度,即可得到钢轨和轨道板各截面的弯矩。

②无砟轨道横向计算。

a. 板式轨道结构横向计算时采用如下假设:

(a)对于轨道板横向挠曲变形的分析和内力的计算,一般采取从钢轨扣件间距的中间截断的方法,并将其作为弹性地基上的截梁来处理,地基模型采用 Winkler 模型。

(b)横向截梁的宽度为钢轨扣件支承间距,长度为整体道床的全宽。利用梁跨上两处承受均布荷载有限长梁的微分方程解析法,来分析计算整体道床横断面上的内力。

(c)由于横向水平力对整体道床横向截梁产生的影响很小,所以本文模型不考虑横向水

平力的作用。

(d)模型不考虑轨道板的自重。

b. 计算模型和微分方程。

以轮载作用点为中心,截取一段无砟道床,将道床板和支撑层等效梁视为弹性地基上的有限长梁,并拟定钢轨支点设计荷载,以求解道床板横向弯矩、位移等力学参数。

道床板横向力学分析的计算模型如图9-15所示,梁长为道床板的宽度,梁宽为钢轨支点间距。梁下为连续弹性支承,弹性系数可依据基础刚度系数和截梁宽度进行计算。梁上作用有两个支点钢轨压力,分布在一个轨底宽e的范围内。

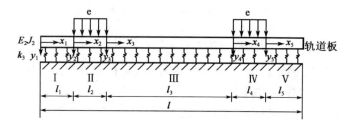

图9-15 轨道板横向计算模型

根据梁的受力特点,可分为5段,依据材料力学的知识,可以列出关于上述计算模型的挠度微分方程组,见式(9-6)。

$$\begin{cases} E_2 J_2 \dfrac{d^4 y_{1,3,5}}{dx_{1,3,5}^4} + k_4 y_{1,3,5} = 0 \\ E_2 J_2 \dfrac{d^4 y_{2,4}}{dx_{2,4}^4} + k_4 y_{2,4} = r \end{cases} \quad (9\text{-}6)$$

式中:$E_2 J_2$——轨道板横向截梁的抗弯刚度;

$y_{1,3,5}$——区段 l_1,l_3,l_5 中各断面的挠度;

$y_{2,4}$——区段 l_2,l_4 中各断面的挠度;

k_4——单位长度截梁的支承弹性系数;

r——钢轨支点横向分布的均布压力。

③轨道结构设计计算流程

轨道板设计计算流程如图9-16所示。

(2)道床板设计基本参数

道床板是路基上双块式轨道结构的主要承重构件。以下为设计计算时所需采用的条件及参数:

①结构安全等级:一级,即重要性系数 $r_0 = 1.1$。

②道床板参数:截面尺寸为 1 400mm×240mm(取半宽截面);支撑层参数:截面尺寸为1 700mm×300mm(取半宽截面)。

③混凝土强度等级为C40,轴心抗拉强度标准值 $f_{tk} = 2.40\text{MPa}$,轴心抗压强度设计值 $f_{sk} = 26.8\text{MPa}$,轴

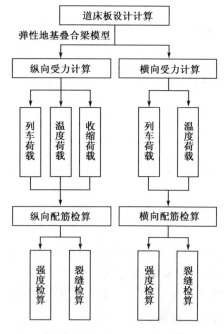

图9-16 轨道板设计计算流程

心抗拉强度设计值$f_{td}=1.65\text{MPa}$,弹性模量$E_c=3.25\times10^4\text{MPa}$,泊松比$v_c=0.2$,线膨胀系数$\alpha=1\times10^{-5}\text{℃}^{-1}$,受压区高度界限系数$\xi_b=0.53$。

④普通钢筋参数:钢筋均采用HRB400级钢筋。HRB400级钢筋的抗拉强度设计值$f_{sd}=330\text{MPa}$,抗压强度设计值$f'_{sd}=330\text{MPa}$,弹性模量$E_s=2.0\times10^5\text{MPa}$。

⑤年温差:最高气温取43℃,最低气温取-18℃,年温差为51℃。

⑥混凝土收缩降温幅值:参照《铁路桥涵设计基本规范》(TB 10002.1—2005)第4.4.5条规定,选用10℃。

⑦混凝土温度梯度:$T_g=43\text{℃/m}$。

⑧保护层厚度:纵向配筋计算时,轨道板上层保护层厚度$a_s=45\sim75\text{mm}$,下层保护层厚度$a_s=45\sim75\text{mm}$;横向配筋计算时,轨道板上层保护层厚度$a_s=45\sim75\text{mm}$,下层保护层厚度$a_s=45\sim75\text{mm}$。

⑨钢轨弹性模量$E=2.1\times10^5\text{MPa}$,钢轨截面的转动惯量$J=3.217\times10^{-5}\text{m}^{-4}$,轨底计算宽度$e=0.3\text{m}$。

⑩钢轨单位长度支持弹簧系数$k_1=40/0.65=61.5\text{MPa}$;轨道板单位长度支撑弹簧系数$k_2=190\text{MPa}$。

⑪高速铁路中动车的平均轴重为200kN,考虑动荷载系数3.0,则作用于单侧钢轨上的动荷载为300kN。

(3)受力计算

①车辆荷载。

a.纵向力。

由于道床板采用连续浇筑,计算模型选取15m长的道床板进行,以中间5m长的道床板作为主要研究对象。即如图9-13所示,选取第一个区段$l_1=2.5\text{m}$,第二个区段长度$l_2=0\text{m}$。

采用Matlab辅助计算,得道床板各截面的位移计算结果如图9-17所示;对位移求二阶导数并乘以截面抗弯刚度,即可得到轨道板各截面的弯矩,如图9-18所示。

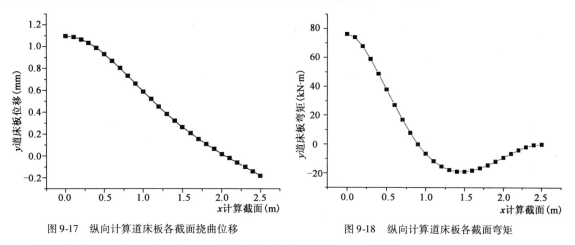

图9-17 纵向计算道床板各截面挠曲位移　　图9-18 纵向计算道床板各截面弯矩

取计算结果中的极值点作为配筋计算的依据,如表9-16所示。

纵向计算结果 表9-16

纵 向	最 大 值	最 小 值
位移(mm)	1.095	-0.1782
弯矩(kN·m)	76.337	-19.002

纵向力计算中道床板的最大正弯矩为76.337kN·m,最大负弯矩为-19.002kN·m。

b.横向力。

将道床板视为弹性地基上的无限长梁,截取两轨枕块之间的一段道床板作为研究对象。钢轨支点间的距离 $s=0.65\text{m}$,轨道板单位长度截梁的支撑弹簧系数 $k_3=190\text{MPa}$。梁长为道床板宽度 2 800mm,所以 $l_1=0.48\text{m}, l_2=0.3\text{m}, l_3=1.22\text{m}, l_4=0.3\text{m}, l_5=0.49\text{m}$。

由计算可得最大支点压力 $R_{\max}=110\,231.65\text{N}$,均布压力 $r=110.231/0.3=367.44\text{kN/m}$。采用 Matlab 辅助计算,得各截面位移计算结果如图9-19所示;对位移求二阶导数并乘以截面抗弯刚度,即可得到轨道板各截面的弯矩,如图9-20所示。

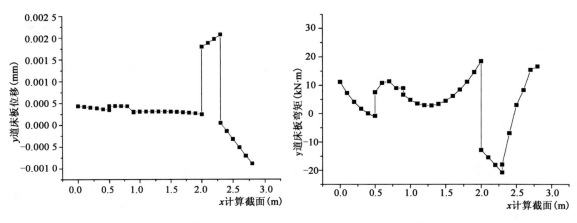

图9-19 横向计算道床板各截面挠曲位移　　　图9-20 横向计算道床板各截面弯矩

取计算结果中的极值点作为配筋计算的依据,如表9-17所示。

横向计算结果 表9-17

纵 向	最 大 值	最 小 值
位移(mm)	0.002 07	-0.000 89
弯矩(kN·m)	18.413	-20.828

横向力计算中道床板的最大正弯矩为18.413kN·m,最大负弯矩为-20.828kN·m。

②混凝土收缩。

混凝土本身的收缩特性在力学上与混凝土降温相似,因此在设计上考虑成轴向降温荷载。参照《铁路桥涵设计基本规范》(TB 10002.1—2005),路基上双块式无砟轨道道床板收缩的等效降温幅度取为10℃。

③温度荷载。

a.纵向温度力。

道床板降温,受拉时因混凝土开裂其弹性模量明显降低,从而温度应力降低,在计算纵向

温度力应当加以考虑。纵向温度力的计算公式为

$$P_t = E_c \alpha_t \Delta T A K \tag{9-7}$$

式中：E_c——混凝土弹性模量；

α_t——混凝土线膨胀系数；

ΔT——累计降温幅值，按年温差与混凝土降温之和计算，取为 60℃；

A——混凝土截面面积；

K——弹性模量降低系数，取为 15%。

同时，轨道板混凝土的纵向温度力还应满足式(9-8)。

$$P_t \leq f_{td} A \tag{9-8}$$

式中：f_{td}——混凝土轴心抗拉强度设计值。

按式(9-7)与式(9-8)计算，结果分别为 1 965.6kN 与 1 108.8kN，计算时应取其中的较小值，即纵向温度力 P_t = 1 108.8kN，单位宽度上的纵向温度力为 396kN/m。

b. 翘曲温度力。

道床板在太阳照射下，其上表面温度高，下表面温度低，由于混凝土的热传导性能差使道床板在厚度方向上存在温度梯度，轨道板热胀冷缩的性质致使轨道板发生翘曲变形。参考德国无砟轨道对温度梯度的取值，本设计混凝土温度梯度：$T_g = 43℃/m$。

本次设计采用 Westergaard 理论计算翘曲温度荷载，翘曲应力以及其引起的弯矩按式(9-9)、式(9-10)计算。

$$\sigma_{qx} = \sigma_{qy} = E_c \alpha_t T_g \frac{h}{2} \tag{9-9}$$

$$M_q = \sigma_q \frac{h^2}{6} \tag{9-10}$$

式中：σ_{qx}——轨道板纵向最大翘曲应力；

σ_{qy}——轨道板横向最大翘曲应力；

T_g——混凝土温度梯度；

h——轨道板厚度；

M_q——因温度梯度产生的弯矩。

根据式(9-9)以及式(9-10)可得，由翘曲温度荷载产生的弯矩为

$$M_q = 3.25 \times 10^{-7} \times 1.0 \times 10^{-5} \times 43 \times 0.24^3 / 12 = 16.10 (kN \cdot m) \tag{9-11}$$

④荷载组合。

道床板设计荷载组合如表 9-18 所示。

道床板设计荷载组合 表 9-18

荷 载 类 型	纵向最大正弯矩	纵向最大负弯矩	横向最大正弯矩	横向最大负弯矩
列车荷载(kN·m)	76.337	19.002	18.413	20.828
翘曲温度力(kN·m)	16.1	16.1	16.1	16.1
纵向温度力(kN·m)	396		—	

(4)配筋设计

①纵向配筋计算。

纵向配筋计算按主力与附加力引起的道床板弯矩进行配筋计算，即列车竖向设计荷载 +

温度荷载。取最大设计组合值作为配筋设计依据,即设计弯矩组合值 $M_d=92.437\text{kN}\cdot\text{m}$。

道床板采用双层配筋,配筋过程如。

截面有效高度计算:

$$h_0 = h - a_s = 240 - 75 = 165(\text{mm}) \tag{9-12}$$

相对受压区高度计算:

$$\zeta = 1 - \sqrt{1 - \frac{2 \times r_0 \times M_d}{f_{cd} \times b \times h_0^2}}$$

$$= 1 - \sqrt{1 - (2 \times 1.1 \times 92.437 \times 10^3)/(13.8 \times 10^6 \times 1.4 \times 0.165^2)} = 0.15 \tag{9-13}$$

$\zeta < \zeta_b = 0.53$,满足最大配筋率要求。

钢筋截面面积计算:

$$A_s = f_{cd} \times b \times h_0 \times \frac{\zeta}{f_{sd}} = 13.8 \times 1400 \times 195 \times \frac{0.15}{330} \approx 1712(\text{mm}^2) \tag{9-14}$$

由于纵向计算截面为道床板的截面的一半,因此道床板截面应配置的钢筋截面面积为

$$A_s = 2 \times 1712 = 3424(\text{mm}^2) \tag{9-15}$$

配筋率检算:

$$\rho_{\min} = \max[0.2\%, 45 \times (f_{td}/f_{sd})\%] = 0.2\% \tag{9-16}$$

$A_s \geqslant \rho_{\min} \times b \times h = 0.2\% \times 1400 \times 240 = 672(\text{mm}^2)$,满足最小配筋率的要求。

综上配筋计算结果,轨道板纵向选用 $11\phi20$(外径 22.7mm,总面积 3 456mm²)的 HRB400 级带肋钢筋,钢筋布置成一排,间距 265mm。

②横向配筋计算。

纵向配筋计算按主力与附加力引起的道床板弯矩进行配筋计算,即列车竖向设计荷载 + 温度荷载。取最大设计组合值作为配筋设计依据,即设计弯矩组合值 $M_d=36.928\text{kN}\cdot\text{m}$。

道床板采用双层配筋,配筋过程如下。

截面有效高度计算:

$$h_0 = h - a_s = 240 - 75 = 165(\text{mm}) \tag{9-17}$$

相对受压区高度计算:

$$\zeta = 1 - \sqrt{1 - \frac{2 \times r_0 \times M_d}{f_{cd} \times b \times h_0^2}}$$

$$= 1 - \sqrt{1 - (2 \times 1.1 \times 36.928 \times 10^3)/(13.8 \times 10^6 \times 1.4 \times 0.165^2)} = 0.057 \tag{9-18}$$

$\zeta < \zeta_b = 0.53$,满足最大配筋率要求。

钢筋截面面积计算:

$$A_s = f_{cd} \times b \times h_0 \times \frac{\zeta}{f_{sd}} = 13.8 \times 650 \times 195 \times \frac{0.057}{330} \approx 322(\text{mm}^2) \tag{9-19}$$

配筋率检算:

$$\rho_{\min} = \max[0.2\%, 45 \times (f_{td}/f_{sd})\%] = 0.2\% \tag{9-20}$$

$A_s \geqslant \rho_{\min} \times b \times h = 0.2\% \times 650 \times 240 = 312(\text{mm}^2)$,满足最小配筋率的要求。

综上配筋计算结果,轨道板横向选用 $2\phi16$(外径 18.4mm)的 HRB400 级带肋钢筋,钢筋布置成一排,间距 325mm。

(5)配筋验算

本次设计采用允许应力法进行配筋检算。假定材料是弹性体,当处于工作荷载的作用下

时,可以采用基于弹性理论的方法求出构件内钢筋和混凝土各自的最大应力,此时要求它们不大于相应的材料允许应力(强度检算),同时满足裂缝限值要求(裂缝检算)。

①强度检算。

a. 钢筋应力检算。

纵向温度力主要靠钢筋承受,钢筋的拉应力按式(9-21)计算

$$\sigma_{g1} = \frac{p_t}{A_{总}} = \frac{1\,108.8\,\text{kN}}{6\,912\,\text{mm}^2} = 160.4(\text{MPa}) \tag{9-21}$$

式中:P_t——纵向温度力;

$A_{总}$——截面钢筋总面积。

列车荷载与翘曲温度荷载作用下的钢筋应力按式(9-22)计算:

$$\sigma_{g2} = \frac{M}{A_s \times (h_0 - \frac{x}{3})} \tag{9-22}$$

式中:M——计算弯矩(列车荷载按两倍净轮载计算);

A_s——受拉区钢筋面积;

h_0——混凝土截面有效高度;

x——混凝土受压区高度。

纵向钢筋受到的总应力按式(9-23)计算:

$$\sigma_g = \sigma_{g1} + \sigma_{g2} \leq f_{sd} \tag{9-23}$$

横向钢筋受到的总应力即为 σ_{g2}。

b. 混凝土应力检算。

受压区混凝土应力按式(9-24)计算:

$$\sigma_c = \frac{2M}{bx(h_0 - \frac{x}{3})} \tag{9-24}$$

式中:M——计算弯矩(列车荷载按两倍净轮载计算);

b——混凝土截面宽度;

x——混凝土受压区高度;

h_0——混凝土截面有效高度。

得纵向和横向钢筋应力和混凝土应力,如表 9-19 所示。

纵横向钢筋及混凝土应力计算结果　　　　表 9-19

项　　目	纵向(底部)	纵向(顶部)	横向(底部)	横向(顶部)
道床板弯矩(kN·m)	76.337	19.002	18.413	20.828
钢筋直径(mm)	20	20	16	16
钢筋根数	11	9	2	2
钢筋面积(mm²)	3 456	2 827	402	402
配筋率(%)	1.03	0.84	0.26	0.26
混凝土受压区高度(mm)	66.74	10.53	11.96	13.57
钢筋应力(MPa)	160.4 + 150	160.4 + 61.1	240	271.5
混凝土应力(MPa)	5.73	6.22	12.4	14.03

根据检算结果,钢筋最大应力在纵向下层,为310.4MPa,小于330MPa;混凝土检算最大应力在横向上层为14.03MPa,小于28.6MPa。符合强度要求检算。

②裂缝检算。

按照《铁路桥涵钢筋混凝土和预应力混凝土结构设计规范》(TB 10002.3—2005)中的计算公式对截面裂缝宽度进行检算,裂缝宽按式(9-25)计算:

$$w_f = K_1 K_2 r \frac{\sigma_g}{E_s}\left(80 + \frac{8 + 0.4d}{\sqrt{\mu_z}}\right) \tag{9-25}$$

式中:K_1——钢筋表面形状影响系数,本次设计取0.8;

K_2——荷载特征影响系数,本次设计取1.2;

r——中性轴距受拉边缘的距离与中性轴距受拉钢筋中心的距离之比,本次设计取1;

σ_g——受拉钢筋重心处的钢筋应力;

E_s——钢筋的弹性模量;

d——受拉钢筋直径;

μ_z——受拉钢筋有效配筋率。

根据《铁路混凝土结构耐久性设计暂行规定》,裂缝宽度允许值可取为$[w_f] = 0.2 \times c/30$(mm),其中 c 为保护层厚度(单位为mm),故本设计裂缝宽度允许值为0.5mm(轨道板上缘)与0.5mm(轨道板下缘)。

计算结果如表9-20所示。

纵横向裂缝计算结果 表9-20

项　目	纵向(顶部)	纵向(底部)	横向(顶部)	横向(底部)
道床板弯矩(kN·m)	76.337	19.002	18.413	20.828
钢筋直径(mm)	20	20	16	16
钢筋根数	11	9	2	2
钢筋应力(MPa)	160.4+150	160.4+61.1	240	271.5
配筋率(%)	1.03	0.84	0.26	0.26
裂缝宽度限制(mm)	0.5	0.5	0.5	0.5
钢筋形状系数K_1	0.8	0.8	0.8	0.8
荷载特征影响系数K_2	1.2	1.2	1.2	1.2
r	1	1	1	1
裂缝宽度(mm)	0.35	0.27	0.42	0.47

根据检算结果,最大值不超过0.5mm,满足设计要求。

(6)绝缘与接地处理

①道床板钢筋接头设计。

路基道床板为连续结构,道床板内纵向钢筋根据《混凝土结构设计规范》(GB 50010—2002)要求进行搭接,搭接长度不得小于700mm。钢筋接头分为两种,即普通接头和绝缘接头

(图9-21)。普通接头即焊接接头(图9-22),焊接长度要求不小于200mm。纵向钢筋与横向钢筋(包括桁架钢筋)交叉处及纵向钢筋搭接处设置绝缘卡,并用塑料带绑扎牢固。

钢筋搭接应相错布置,相错量不少于1000mm,搭接接头面积百分率不得大于50%。

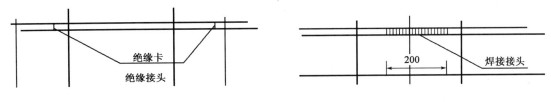

图9-21 绝缘接头　　　　　　　　图9-22 普通焊接接头(尺寸单位:mm)

②道床板接地。

采用3根纵向ϕ20mm结构钢筋作道床板的接地钢筋,横向与50mm×4mm扁钢进行焊接,道床板两端在直径为20mm的钢筋上各焊一个接地端子。板间接地钢筋通过接地连接线连接。接地钢筋的搭接采用焊接接头,焊接长度不小于200mm。如图9-23所示。

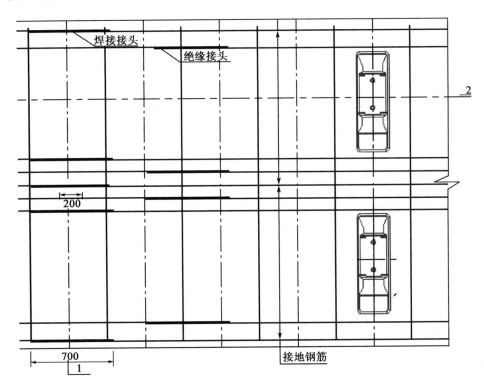

图9-23 道床板接地钢筋布置图(尺寸单位:mm)

每一接地单元范围内,纵向接地钢筋间搭接接头要求进行焊接,相邻两个接地单元接地钢筋进行绝缘处理。

(7)道床板配筋图

综上,得道床板的配筋图如图9-24~图9-26所示。

每延米钢筋用量如表9-21所示。

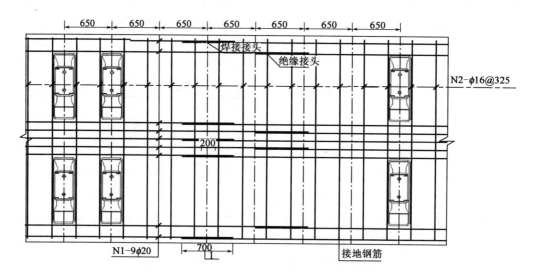

图 9-24 道床板上层配筋图(尺寸单位:mm)

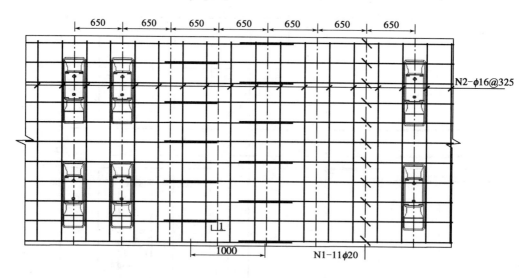

图 9-25 道床板下层配筋图(尺寸单位:mm)

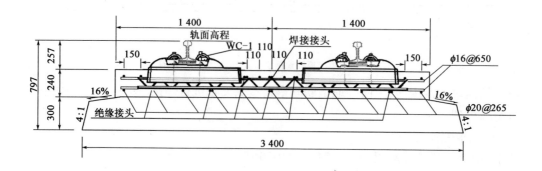

图 9-26 道床板横断面配筋图(尺寸单位:mm)

每延米道床板钢筋用量表   表 9-21

钢筋编号		钢筋种类	钢筋直径（mm）	钢筋数量	单根长度（mm）	总长度（m）	钢筋单位质量（kg/m）	总质量（kg）
道床板上层	N1	HRB400	20	9	1 000	9	2.47	22.23
	N2	HRB400	16	1.54	2 650	4.081	1.58	6.448
道床板下层	N1	HRB400	20	11	1 000	11	2.47	27.17
	N2	HRB400	16	1.54	2 650	4.081	1.58	6.448
每延米道床板钢筋总质量								62.296

（8）支撑层

一般情况下，在土质路基基床表层铺设水硬性混合料支承层，不便于机械化施工的地段可采用 C15 混凝土支承层。支承层宽度 3 400mm，厚度 300mm。混凝土支承层连续铺筑，并在不远于 5m 处设一深度约 105mm 的横向伸缩假缝。混凝土凝固前，应对道床板范围内的支撑层表面进行纵向拉毛处理。道床板直接连续浇筑于支撑层上，道床板与支撑层相互黏结，处于新老混凝土结合面的道床板与支承层之间存在相互约束，这种约束作用表现为两者之间的摩阻力。一般认为道床板与水硬性支承层之间紧密连接（摩擦系数无穷大），两者变形协调一致，形成结合式结构。

撑层端部设置 16% 的排水坡，排水坡延伸至道床板范围内 50mm，防止雨水渗入，支撑层侧面设置 4:1 的斜坡。如图 9-27 所示。

（9）线间填充

两线间采用级配碎石填充，压实度满足规范规定。其顶面采用 10cm 厚的 C25 纤维混凝土封面。且不远于 3m 切一横向缝，缝深 30mm，宽 10mm，并以树脂防水嵌缝胶填充。如图 9-28 所示。

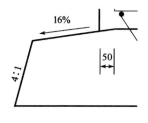

图 9-27 支撑层排水坡设计
（尺寸单位：mm）

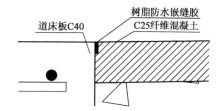

图 9-28 线间封闭层与道床板交接缝

（二）路基上曲线段双块式无砟轨道结构

路基上曲线段双块式无砟轨道结构由钢轨、扣件、轨枕、道床板、支撑层等组成，曲线超高在路基基床表面实现。超高量按路基段无砟轨道设计原则取值。如图 9-29 所示。

曲线段道床板、支撑层与直线段类似，线间根据过水量按一定距离设置集水井。线间封闭层与集水井交接处的处理方式与封闭层与道床板的交接处理方式相同。

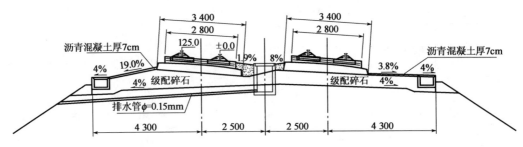

图 9-29　路基上曲线段有集水井处双块式轨道结构横断面图(尺寸单位:mm)

三、桥梁段双块式无砟轨道结构

(一)结构形式

桥上双块式无砟轨道由钢轨、扣件、轨枕、道床板和钢筋混凝土底座(保护层)等组成。其中钢轨、扣件、轨枕和路基上双块式轨道结构一致。如图 9-30 ~ 图 9-32 所示。

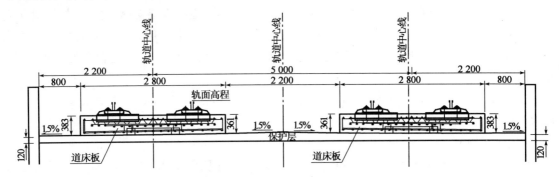

图 9-30　桥上双块式无砟轨道结构横断面图(尺寸单位:mm)

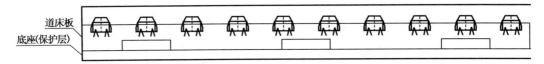

图 9-31　桥上双块式无砟轨道结构纵断面图

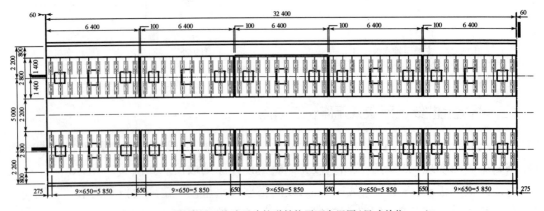

图 9-32　32m 简支梁双块式无砟轨道结构平面布置图(尺寸单位:mm)

底座与道床板之间设置中间隔离层,隔离层采用4mm厚聚丙烯土工布。底座范围内梁面不设防水层,线间及两侧伸缩缝间的防水层和保护层按照桥梁专业规范设计。

(二)道床板设计

道床板采用C40钢筋混凝土现场浇筑而成,宽2 800mm。道床板顶面根据具体情况设置一定的横向排水坡。纵横向钢筋及纵向钢筋间根据综合接地和轨道电路绝缘要求设置焊接接头或绝缘卡。

桥梁上道床板构筑于混凝土保护层上,采用分块式轨道结构,道床板纵向上一般按5 400~7 150mm长度设置,相邻道床板板缝100mm。为方便施工,本设计桥上轨道结构道床板宽度均为6 400mm,32m简支梁内纵向上共五幅道床板,相邻道床板之间设置100mm的板缝。如图9-33所示。

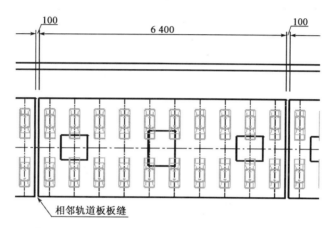

图9-33　道床板平面布置图(尺寸单位:mm)

(三)保护层配筋设计

桥上双块式无砟轨道的道床板下设置C40钢筋混凝土保护层,保护层厚140mm,每块道床板范围内设置三个限位凸台,道床板与保护层之间设置4mm厚聚丙烯土工布中间层。在桥梁混凝土保护层中心沿线路纵向设置伸缩缝,并用聚氨酯防水涂料填充。

保护层采用单层配筋,配筋图如图9-34所示。

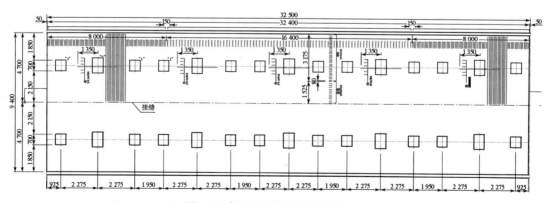

图9-34　保护层配筋图(尺寸单位:mm)

(四)凸台配筋设计

桥上双块式无砟轨道设计方案采用在桥面板上满铺厚度为140mm的桥梁保护层,在保护层上设置厚度为130mm的抗剪凸台,道床板通过抗剪凸台将所承受的纵、横向荷载传递给桥梁保护层。桥梁保护层和桥梁防撞墙之间通过预埋钢筋进行连接,保护层通过防撞墙将其承受的纵、横向荷载进一步传递给桥梁结构,并进一步传递给桥梁基础。

每块道床板范围内设置三个限位凸台,如图9-33所示。各凸台的结构尺寸及配筋图如图9-35、图9-36所示。

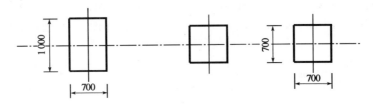

图9-35 凸台基本尺寸(尺寸单位:mm)

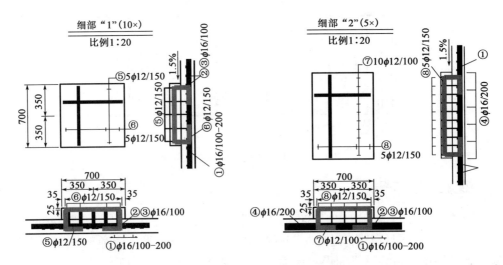

图9-36 凸台配筋图(尺寸单位:mm)

(五)道床板接地设计

桥上道床板接地钢筋布置和路基上基本一致,每块道床板内利用两根横向钢筋与纵向钢筋焊接,道床板间用一根不锈钢钢缆连接组成接地单元,单元长度不大于100m,每一单元用一根不锈钢钢缆与贯通地线单点"T"形连接一次。道床板接地横断面图及其细部图如图9-37、图9-38所示。

(六)梁面保护层接地设计

32m简支梁梁面保护层钢筋网内接头设计与路基上道床板相同,设有两种接头,即绝缘接头和焊接接头。桥梁段保护层接头设计及细部结构如图9-39、图9-40所示。

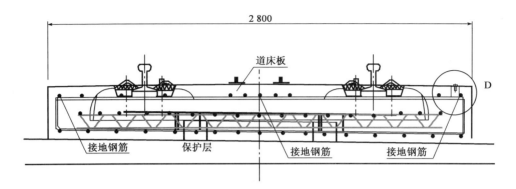

图 9-37 道床板接地横断面图(尺寸单位:mm)

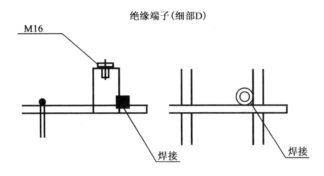

图 9-38 细部图

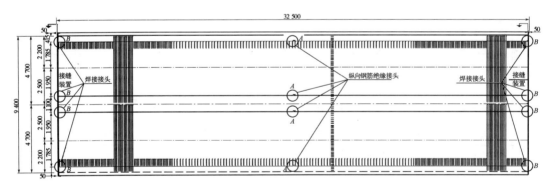

图 9-39 桥梁段保护层接头设计(尺寸单位:mm)

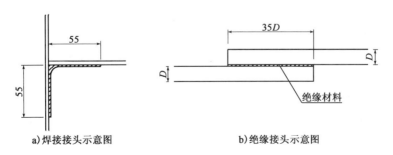

a) 焊接接头示意图　　b) 绝缘接头示意图

图 9-40 细部结构(尺寸单位:mm)

四、隧道段双块式无砟轨道结构

(一)隧道段结构形式

隧道内的双块式无砟轨道从上到下由钢轨、扣件、轨枕、钢筋混凝土道床板和仰拱回填层组成。其横断面图如图9-41所示。平面布置图如图9-42所示。

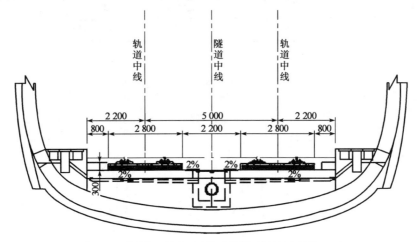

图9-41 隧道段双块式无砟轨道横断面图(尺寸单位:mm)

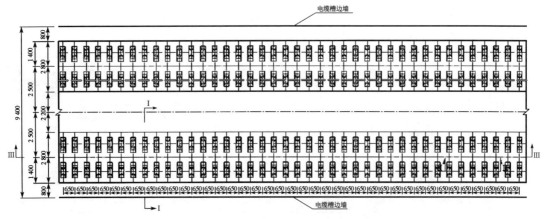

图9-42 隧道段双块式无砟轨道平面布置图(尺寸单位:mm)

(二)明洞段结构形式

明洞地段和隧道段的轨道结构基本一致,从上到下由钢轨、扣件、轨枕、钢筋混凝土道床板和隧道回填层组成。明洞地段的轨道横断面图、纵剖面图及平面布置图如图9-43~图9-45所示。

(三)道床板设计

道床板采用C40钢筋混凝土现场浇筑而成,宽2 800mm。道床板顶面根据具体情况设置一定的横向排水坡。纵横向钢筋及纵向钢筋间根据综合接地和轨道电路绝缘要求设置焊接接头或绝缘卡。隧道地段,道床板直接在基础垫层上连续浇筑。明洞地段,道床板根据变形缝进行分块式设计。道床板在铺设前需对隧道回填层表现进行拉毛处理。道床板配筋图如图 9-46 所示。

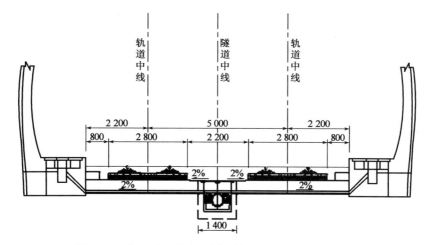

图 9-43　明洞地段双块式无砟轨道横断面图（尺寸单位：mm）

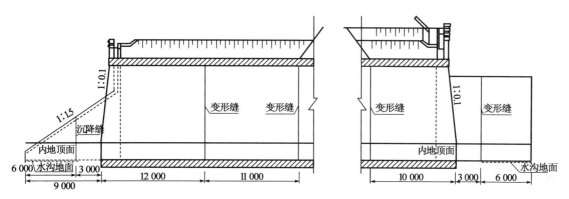

图 9-44　明洞地段纵剖面图（尺寸单位：mm）

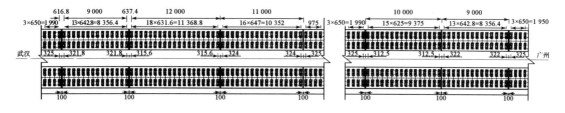

图 9-45　明洞地段平面布置图（尺寸单位：mm）

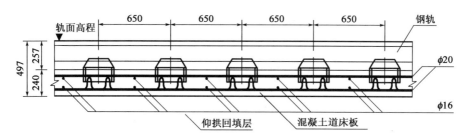

图 9-46　道床板配筋图（尺寸单位：mm）

201

（四）道床板接地设计

隧道段道床板接地处理与路基段相同，在道床板纵向上划分长度不大于100m的接地单元，每一单元用一根不锈钢钢缆线与贯通地线单点"T"形连接一次。接地钢筋利用道床板上层3根结构钢筋，每单元内取一根$\phi 16mm$的横向钢筋作为横向接地钢筋。道床板接地端子应与公共接地端子对应设置。接地钢筋之间采用焊接方式连接，焊接长度单面不小于100mm，双面不小于55mm，焊接厚度至少为4mm。明洞地段接地设计与桥梁段一致。钢筋布置图如图9-47所示。

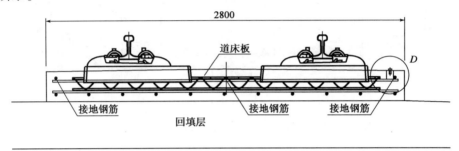

图9-47　隧道内接地钢筋布置图（尺寸单位：mm）

五、过渡段设计

根据过渡段的设计依据，遵循相关设计规范设计如下。

（一）路桥过渡段

1.路桥过渡段设置

在路桥轨道过渡段，根据桥台后路基处理情况在距桥台5~10m范围内设置C40钢筋混凝土端梁，梁长2.8m，宽0.8m，深1.3m。

道床板上设3排（每排4根）销钉，销钉采用$\phi 25mm$钢筋，用植筋胶进行锚固。

路桥过渡段平面布置图及纵断面图如图9-48、图9-49所示。

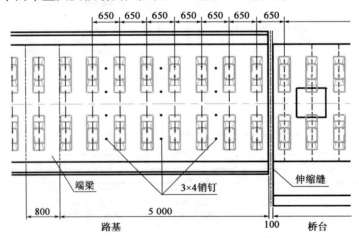

图9-48　路桥过渡段平面布置图（尺寸单位：mm）

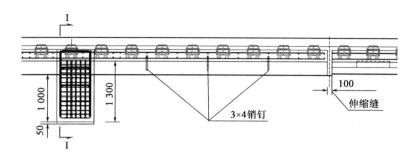

图 9-49 路桥过渡段纵断面图(尺寸单位:mm)

2.路桥过渡段端挡配筋

端梁配筋图如图 9-50、图 9-51 所示。

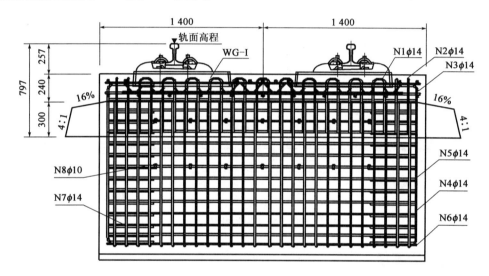

图 9-50 端梁横向配筋图(尺寸单位:mm)

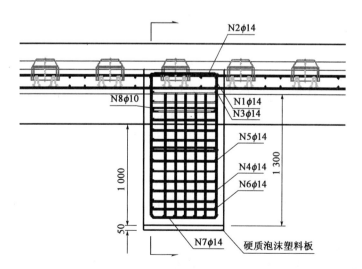

图 9-51 端梁纵向配筋图(尺寸单位:mm)

203

(二)路隧过渡段

在路隧轨道过渡段处,道床板应设置横向伸缩缝,路基一侧设置端板结构,隧道一侧在道床板与仰拱回填层之间设置4×5列销钉。销钉采用φ25钢筋,用植筋胶进行锚固。路隧过渡段平面布置图及纵断面图如图9-52、图9-53所示。

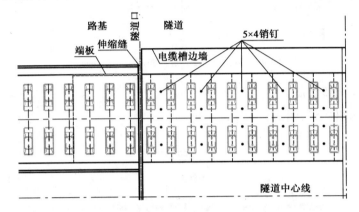

图9-52　路隧过渡段平面布置图

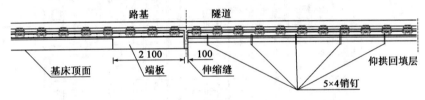

图9-53　路隧过渡段纵断面图(尺寸单位:mm)

六、施工注意事项

(一)无砟轨道施工原则

1.路基段无砟轨道施工原则

(1)支承层施工

①支承层施工前应对基础进行验收,基础应满足铺设无砟轨道的要求,基础顶面应平整,其表面平整度应达到20mm/4m,高程误差为±20mm。

②支承层施工前应对路基表面进行清洁,洒水湿润,并至少保湿2h。

③支承层应沿线路方向每隔5m设置1条约105mm深的横向假缝。

④支承层顶面应平整,其表面平整度应达到15mm/4m,高程误差为+5mm、-15mm。

⑤支承层铺设后至少三天内应进行洒水养护,防止变干。

(2)道床板施工

①在浇筑道床板混凝土前,应对混凝土支承层顶面进行清洁,并提前洒水预湿。

②按设计图纸放置道床板底层钢筋网,并在钢筋上按设计轨枕间距摆放轨枕,安装工具轨,形成轨排。

③用粗调设备将轨排粗调至设计位置,用螺杆支撑架固定。

④架设底层钢筋,同时在纵横向钢筋交叉处,纵向钢筋与轨枕桁架下层钢筋交叉处以及纵向钢筋搭接处设置绝缘卡,并用塑料带绑扎牢固。

⑤架设上层纵横向钢筋,并对纵向钢筋与横向钢筋及轨枕桁架钢筋交叉处以及纵向钢筋搭接范围搭接点,按设计要求进行焊接或设置绝缘卡,并用塑料带绑扎。

⑥道床板钢筋架设完后,应进行绝缘性能测试,确保钢筋绝缘措施符合要求。

⑦架立混凝土模板,将接地端子与接地钢筋焊连,充分湿润轨枕混凝土和支承层混凝土,精确调整轨距、水平、方向后,方可进行道床板混凝土灌注。灌注混凝土时应防止对模板及钢筋绝缘卡的撞击。道床灌注后按设计要求进行抹面,混凝土达到设计强度的70%前,禁止在道床上行车及碰撞轨枕。

2. 桥梁段无砟轨道施工原则

(1) 混凝土保护层及凸台施工

①混凝土保护层施工前应对桥面进行验收,桥面应满足铺设无砟轨道的要求,其顶面应平整,高程误差为±10mm。

②混凝土保护层施工前应对桥梁表面进行清洁,并提前2h进行预湿。

③按设计图纸确定的位置尺寸安放保护层钢筋网及凸台钢筋网,对纵向钢筋与横向钢筋交叉处以及纵向钢筋搭接范围搭接点进行焊接或绑扎。

④灌注混凝土前应进行绝缘性能测试,保证绝缘性能满足相关要求。

⑤分段进行保护层混凝土连续均匀浇灌,灌注混凝土时应防止对钢筋的撞击。混凝土保护层抹面时,应严格按设计进行高程控制,只有达到设计强度的70%以后才能进行凸台混凝土的施工作业。

⑥凸台施工前对凸台范围内混凝土表面进行清洁,并预先湿润。

⑦架立凸台模板,对纵向钢筋与横向钢筋交叉处设计绝缘套管,并用塑料带绑扎牢固。

⑧浇灌凸台混凝土时应防止对模板的撞击,达到设计强度的70%以上后才能进行铺设中间层和垫板的安装作业。

⑨混凝土保护层顶面应非常平整,其平整度要求为6mm/4m,保护层和凸台顶面的高程误差为±0mm,−5mm。

⑩在混凝土保护层及凸台顶面铺设4mm厚聚丙烯土工布时,土工布接缝应与轨道方向垂直,采用对接方式并用胶带粘贴,应注意不能出现折叠和重叠。铺设土工布时,其边缘应比道床板宽出20cm,在土工布边缘处采取固定措施。

⑪根据设计在凸台周围安装橡胶垫板和泡沫板,并用胶带纸封闭所有间隙。

(2) 道床板施工

①架设道床板底层钢筋,同时在纵横向钢筋交叉处设置绝缘卡并用塑料带绑扎。

②设轨枕和工具轨并组装轨排,通过粗调机和支架架设轨排。

③架设中间层和上层纵横向钢筋,并对纵向钢筋与横向钢筋及轨枕桁架钢筋交叉处按设计要求进行焊接或设置绝缘卡并用塑料带绑扎。

④道床板钢筋架设完成后,应进行绝缘性能测试,确保钢筋绝缘措施符合要求。

⑤架立混凝土模板,并固定焊接接地端子,充分湿润轨枕混凝土和保护层混凝土,精确调整轨距、水平、方向后,方可进行道床板混凝土灌注。灌注混凝土时应防止对模板、钢筋和绝缘

卡的撞击。道床板灌注后按设计要求进行抹面,混凝土达到设计强度70%前,禁止在道床板上行车及碰撞轨枕。

3. 隧道段无砟轨道施工原则

(1)隧道内无砟轨道基础垫层验收合格后,方可进行道床板的施工。道床板范围内回填层顶面严禁抹面,高程误差为+5mm、-15mm。

(2)清除垫层顶面浮渣等杂物,并用高压水清洗干净。

(3)按设计图纸放置道床板底层钢筋网,并在钢筋上按设计轨枕间距摆放轨枕,安装工具轨,形成轨排。

(4)用粗调设备将轨排粗调至设计位置,用螺杆支撑架固定。

(5)架设底层钢筋,同时在纵横向钢筋交叉处,纵向钢筋与轨枕桁架下层钢筋交叉处以及纵向钢筋搭接处设置绝缘卡,并用塑料带绑扎牢固。

(6)架设上层纵横向钢筋,并对纵向钢筋与横向钢筋及轨枕桁架钢筋交叉处以及纵向钢筋搭接范围搭接点,按设计要求进行焊接或设置绝缘卡,并用塑料带绑扎。

(7)道床板钢筋架设完后,应进行绝缘性能测试,确保钢筋绝缘措施符合要求。

(8)架立混凝土模板,将接地端子与接地钢筋焊连,充分湿润轨枕混凝土,精确调整轨距、水平、方向后,方可进行道床混凝土灌注。灌注混凝土时应防止对模板及钢筋绝缘卡的撞击。道床灌注后按设计要求进行抹面,混凝土达到设计强度的70%前,禁止在道床上行车及碰撞轨枕。

(二)无砟轨道施工注意事项

(1)混凝土施工前,应进行混凝土的原材料及配比进行试验,合格后方可施工。

(2)应采取切实可行的措施减少道床板混凝土的水化热,控制早期强度。

(3)道床板混凝土浇筑完成后,应松开扣件。松开扣件的时机根据试验确定。

(4)不能在混凝土内部温度很高时拆模,拆模后不能立即浇凉水,且注意保温。

(5)施工中应采取措施防止轨排及钢筋骨架等"上浮"。

(6)混凝土浇灌后应尽早全面覆盖及保湿养护,养护时间应根据所采用的水泥品种及相对湿度来确定,但最低不应少于7d。

(7)无砟轨道施工应严格按照《铁路工程施工安全技术规范》(TB 10401.1—2003)执行。

(8)应注意对到场的轨枕进行合格验收,确保各项性能指标符合要求。

(9)无砟轨道的施工应认真做好过程控制,确保每一道工序达到要求后,才能进行下一道工序的作业。

(10)其他未尽事宜按现行相关规范执行。

第十章　线路大修和综合维修设计指导

第一节　设计流程与设计方法

一、设计意义和任务

铁路线路是铁路的主要技术装备之一,是行车的基础。线路状态在长期的运营过程中,因轮轨相互作用而逐渐恶化,产生不均匀变形并不断积累,导致线路附加力作用增大,钢轨及其轨下基础负担日益增大,承载能力不断降低。为了保证线路的安全、平稳和不间断运输,使线路处于经常完好状态,这就要求根据运输需要及线路设备损耗情况周期性地、有计划地对损耗部分加以维修和更新,恢复和提高线路的强度,延长设备使用寿命,增强线路稳定性和轨道承载力,适应铁路运输不断增长的需要。

线路设备修理分为线路设备大修和维修。

线路大修通常取决于钢轨伤损的发展情况,以全面更换新轨为主要标志。线路设备维修的基本任务是保持线路设备完整和质量均衡,使列车能以规定速度安全、平稳和不间断地运行,并尽量延长线路设备使用寿命。

铁路线路设备大修应贯彻"运营条件匹配、轨道结构等强、修理周期合理、线路质量均衡"的原则,坚持全面规划,适当超前于需要的方针。安排线路大修,对其换铺跨区间无缝线路时,必须整区段配套进行,并尽可能采用跨区间无缝线路。

线路设备大修应由大修设计和施工专业队伍承担,采用必要的施工机械和运输车辆,并安排与施工项目相适应的施工天窗。

线路设备维修应实行天窗检修制度,并实行检修分开的管理体制。

二、主要设计依据与参考资料

线路大修与综合维修设计的主要依据与参考资料主要包括:
(1)《铁路线路修理规则》(铁运[2006]146号),中国铁道出版社,2006。
(2)铁道第一勘测设计院,《铁路工程设计技术手册—线路》,中国铁道出版社,1993。
(3)《铁路线路设计规范》(GB 50090—2006),中国铁道出版社。
(4)《铁路线路设备大修规则》(铁工务[1997]109号),中国铁道出版社。
(5)《铁路路基设计规范》(TB 10001—2005),中国铁道出版社。
(6)《铁路路基大修维修规则》(铁运[1999]146号),中国铁道出版社。
(7)《铁路工程设计技术手册—路基》,中国铁道出版社。
(8)《铁路工务安全规则》,2013(内部资料)。
(9)《线路大修设计手册》,2013(上海铁路局内部资料)。

三、设计内容与资料需求

(一)设计内容

线路大修设计的主要内容包括:
(1)轨道结构类型比选。
(2)线路平面改善设计。
(3)线路纵断面改善设计。
(4)线路换轨大修设计。
(5)线路大修设计中的单项设计。
(6)线路大修作业的施工组织设计。
(7)施工预算等。

(二)资料需求

线路大修设计应调研或提供的资料主要包括:
(1)工程名称及大修设计地段的起讫里程。
(2)既有线路设备类型、状态、病害的外业调研资料。
(3)既有线路平面曲线和纵断面勘测数据。
(4)运营条件数据。
(5)拟采用的主要技术标准及相关设计准则。

四、设计流程与方法

(一)轨道结构类型比选

根据外业调研数据资料,进行归类整理,并分析轨道、路基、桥涵、隧道等设备状态,并对突出问题做重点研究,提出解决方法和预案。其中,轨道结构现状数据调查与整理如表 10-1 所示。

既有线轨道结构状态统计　　　　表 10-1

钢轨			轨枕			道床		
长度(m)	平均磨耗(mm)	单根失效情况%	类型	数量/根(km)	失效情况(%)	种类	不洁程度	一般情况

根据线路设备状态及运营条件的要求,设计选择相应的轨道结构类型与参数。

(二)线路平面改善设计

线路大修平面设计的目的,主要是校正线路的平面位置。平面设计应以原线路设计标准为依据。在直线地段上根据经纬仪穿中测量的资料,拨正线路中线,消除漫弯。在曲线上,则应根据曲线测量资料,对曲线进行校正。

1. 设计原则与技术条件

铁路线路大修平面改善设计,主要是矫正既有线路平面的位置,平面设计应以原线路设计标准为依据,并遵循以下原则和基本的技术条件。

(1)设计曲线时应采用单曲线,仅在困难地段允许保留复曲线,但复曲线的两个圆曲线间,应设缓和曲线连接,其长度由计算决定,且不应短于 20m,如条件困难不能设缓和曲线时,两个连续圆曲线的曲率差应不大于 1/2 000,且每个圆曲线的长度不得短于 50m。

(2)直线与圆曲线间采用缓和曲线连接,其长度(m)应不短于 9×超高度(m)×容许最高行车速度(km/h),特别困难地段也不应短于 7(m)×超高度(m)×容许最高行车速度(km/h),计算结果取 10m 的整数倍,如原线路的缓和曲线标准较高时,应不低于原线路标准。

两缓和曲线间的圆曲线长度应不短于 20m,在特别困难地段,可减至 14m。

(3)两曲线间的夹直线的长度,应不低于原线路的标准。

(4)两线路中心距离在 5m 以下的曲线地段,内侧曲线的超高不得小于外侧曲线超高的一半,否则,必须根据计算加宽两线的中心距离。

(5)线路大修时,应调整线路对桥梁的偏心和建筑限界等。

(6)应按工务段提供的资料设置圆曲线外轨超高和顺坡,并应符合《铁路线路维修规则》规定。

(7)大修平面设计时,应减少或取消直线漫弯。如因建筑限界等原因不能改善时,允许保留原状。

2. 主要内容和方法

(1)既有曲线测量

计算既有曲线的拨距时,需要既有曲线的外业测量数据。而既有曲线的测量一般采用偏角法或矢矩法。

(2)曲线拨正计算

线路大修既有曲线拨正计算,主要采用的方法有偏角法和绳正法两种,但两种方法均以渐伸线原理为基础,从而算出既有曲线的拨道量,将已错动的曲线拨动到正确的位置上来。

(3)设计曲线参数设计

在选配设计曲线半径和缓和曲线长度时,应该遵循以下原则:

①曲线拨动前后其长度应基本不变。

②保证曲线拨动前后的终切线方向不变。

③保证曲线拨动前后的终切线位置不变。

④力求曲线路段大修工程量小。

选配半径的方法较多,一般常用的方法有:平均偏角法、三点法和多点法。

(4)拨距计算

根据渐伸线的定义和特性,曲线拨动时作了如下的假设:

①曲线拨动时都是沿渐伸线移动的。

②曲线拨动前后的长度不变。基于以上的假定,拨距计算式为:

$$\Delta = E_S - E_J \tag{10-1}$$

当 $\Delta > 0$ 时,曲线内压;当 $\Delta < 0$ 时,曲线外挑。

曲线平面曲线拨距计算表如表 10-2 所示。

曲线平面曲线拨距计算表　　　　　　表 10-2

测量资料		曲线渐伸线长度		拨距(m)	主要点里程
测点里程	矢距(m)	既有长度(m)	设计长度(m)		
K10+480	0.000 0	0.000 0	0.000 0	0.000 0	
500	0.370 0	0.002 8	0.001 1	-0.001 7	ZH:490.42
520	0.717 0	0.028 6	0.031 9	0.003 3	ZY:535.42
540	0.957 0	0.161 5	0.150 4	-0.011 1	
560	1.060 0	0.431 3	0.415 8	-0.015 5	
580	0.952 0	0.912 1	0.887 4	-0.024 7	HY:580.42
600	0.612 0	1.624 9	1.615 0	-0.009 9	
620	0.000 0	2.609 8	2.609 4	-0.000 4	
…	…	…	…	…	
900	0.000 0	44.574 2	44.530 3	-0.043 9	
920	0.770 0	49.566 0	49.524 7	-0.041 3	
940	1.270 0	54.827 8	54.785 7	-0.042 1	YH:958.66
960	1.505 0	60.354 6	60.313 4	-0.041 2	
980	1.485 0	66.136 4	66.095 7	-0.040 7	
1 000	1.265 0	72.118 2	72.081 5	-0.036 7	YZ:1 003.66
1 020	0.902 0	78.243 1	78.211 5	-0.031 6	
1 040	0.460 0	84.446 9	84.426 4	-0.020 5	HZ:1 048.67
1 060	0.000 0	90.668 7	90.668 7	0.000 0	

(三)线路纵断面改善设计

1.设计原则

铁路线路大修纵断面设计是一项复杂的工程,而线路大修又是在运营线上及列车间隙内或"天窗"中进行的,这些特点决定了线路大修设计的特殊性,因而,设计时必须充分掌握线路上的设施物的技术状态,结合提高线路质量和改善技术设备的要求,充分考虑设计断面与原有设备的协调性和适应性,并应特别注意以下的原则:

(1)从确保线路行车的安全出发,清除线路纵断面上不符合技术要求的地段。
(2)从改善列车运行的条件出发,提高牵引定数。
(3)从利用列车间隙时间或"天窗"中施工的条件出发,确保安全施工的现实性。
(4)从减少工程量和施工难度出发,应尽量避免落道或过高的抬道。

2.设计技术条件

(1)线路大中修时,应改善线路坡度,如果既有线路超过限制坡度且改善困难时,允许保留,但应符合如下规则:

①尽可能改善原有线路坡度,如原有线路超过限制坡度且改善有困难时,允许保留。
②尽可能设计较长的坡段,坡段的长度一般不短于该区段到发线有效长度的一半,个别困难地段,应不短于200m。
③相邻坡段的连接,应按原来线路标准设计为抛物线形或圆曲线形竖曲线。

采用抛物线形的竖曲线时,若相邻坡段的坡度代数差大于2‰时,应设竖曲线,每20m竖曲线的边坡率,凸形不大于1‰,凹形不大于0.5‰;采用圆曲线形的竖曲线时,若相邻坡段的代数差大于3‰时,应设竖曲线,竖曲线的半径为20 000~10 000m,困难地段不得小于5 000m。并且竖曲线不得侵入缓和曲线、道岔及无砟桥上。

(2)设计电气化铁路纵断面时,应符合铁路限界标准,在困难地段,接触网也应进行适当的调整。

(3)两线路的中心距离不大于5m时,其轨面高程原则上应设计为同一水平,困难地段允许有不大于300mm的高度差,但易受雪埋地段的轨面高程差应大于150mm,道口处不允许大于100mm。

(四)线路换轨大修设计

换轨大修设计要完成无缝线路长轨条的设计和无缝线路布置两项任务。

1. 无缝线路长轨条设计原则

(1)跨区间无缝线路和区间无缝线路的长轨条布置应满足下列要求:

①跨区间无缝线路长推脱长度不受限制,区间无缝线路的长轨条长度应以车站最外道岔间的距离减两个缓冲区长度计算。

②长轨条可由若干单元轨节组成。区间内单元轨节长度宜为1 000~2 000m,最短不应小于200m;每组无缝道岔应按一个单元轨节计。

③下列地段宜单独设计为一个或数个单元轨节:

a. 长大桥梁及两端线路护轨梭头范围之内;

b. 长度超过1 000m的隧道;

c. 大跨度连续梁的两段设置调节器时,单元轨节长度应与每联连续梁长度相同。

(2)普通无缝线路轨条长度应考虑线路平纵断面条件及道岔、道口、桥梁、隧道所处的位置。长轨条布置应符合下列规定:

①长轨条长度不应小于200m,特殊地段不应短于150m。

②下列地段宜单独布置长轨条,并在其两端设置缓冲区:

a. 站内线路;

b. 设有胶接绝缘接头的每个自动闭塞区间;

c. 道岔与长轨条之间或两段长轨条之间;

d. 小半径曲线钢轨伤损严重的地段;

e. 其他特殊地段。

③总长度不足1km的桥梁、隧道,轨条应连续布置。长大隧道长轨条接头宜设在距隧道口内侧50m处;隧道群的长轨条宜连续布置,每座隧道距离隧道口内侧50m范围,应按伸缩区要求加强锁定。

(3)缓冲区宜设置2~4对同类型钢轨。

(4)缓冲区和伸缩区不应设置在宽度大于4.5m的道口上;伸缩区设在桥上时,长轨条接头宜设在护轨梭头范围以外。

(5)单元轨节始、终端左右股钢轨接头相错量不应大于100mm。

(6)绝缘接头性能应符合国家现行标准《铁路钢轨胶接绝缘接头技术条件》(TB/T 2975—2010)的规定。胶接绝缘钢轨长度不宜小于12.5m。

2. 长轨条设计

(1)曲线内轨缩短量计算

由于曲线地段要对内轨进行缩短处理,故可能导致缩短后的钢轨长度不够,所以在配轨计算时需加上曲线段内轨的缩短量。

曲线上(含缓和曲线)的缩短量计算公式为

$$\Delta l = 2\Delta l_0 + l_c = \frac{s_1 l_0}{R} + \frac{s_1 l_c}{R} = \frac{s_1(l_0 + l_c)}{R} \quad (10\text{-}2)$$

式中:l_0——缓和曲线长度(m);

l_c——圆曲线长度(m);

s_1——内外两股轨中线距离(m),取1.5m;

R——圆曲线半径(m)。

(2)钢轨布置

在配置长轨时,除了考虑曲线内轨缩短量外,还需考虑钢轨场内加工的损耗量。一般可按长钢轨长度的0.002考虑。配轨表如表10-3所示。

配 轨 表　　　　　　　　　　　表10-3

钢轨长度(m)	数量(根)	总长(m)
250	66	16 500
200	3	600
…	…	…
12.5	28	350
总计		…

(五)线路大修设计中的单项设计

线路大修设计中的单项设计主要包括结合换轨大修铺设无缝线路、结合换轨大修成组更换正线通过道岔设计、结合换轨大修成段更换混凝土轨枕设计、线路路基边坡设计等。

具体的设计方法从略。

(六)线路大修作业的施工组织设计

结合大修设计任务安排,根据各项任务的施工方法和施工要求,完成其施工组织设计。典型的施工组织设计如大修清筛施工组织设计等。

(七)施工预算

(略)

第二节　设计文件组成与编制深度

一、设计文件组成

线路大修与综合维修设计因设计重点的差异,在设计文件的组成上略有不同。这里以线路大修设计为例,说明其设计文件的主要内容。

(一)绪论

(二)工程概况

1. 线路概况
2. 设计区段
3. 设计依据
4. 技术参数
5. 设计参考资料

(三)平面改善设计

1. 平面设计技术条件
2. 平面改善设计方法
3. 平面改善设计成果

(四)纵断面改善设计

1. 纵断面设计原则
2. 纵断面设计技术条件
3. 纵断面设计方法与步骤
4. 纵断面设计成果

(五)线路大修换轨设计

1. 工程概况
2. 长轨条设计
3. 无缝线路技术要求
4. 无缝线路铺设方案

(六)路基边坡大修设计

1. 设计原则
2. 常用路基边坡防护类型
3. 边坡防护选取
4. 设计说明

(七)大修清筛施工组织设计

1. 工程概况
2. 施工内容与技术要求

3. 施工方法与机械设备

4. 施工程序与作业方法

5. 施工地段日常养护要求

参考文献

(略)

附录

(略)

二、设计图表要求

根据设计内容和设计成果要求,汇总线路大修与综合维修设计的设计图和工程数量表,编制成册。主要图表应包括:

(1)线路平面改善设计图。
(2)平面曲线整正数据表。
(3)线路纵断面设计图。
(4)线路纵断面设计表,含坡段表、起落道表等。
(5)大修换轨设计图。
(6)大修清筛设计图。
(7)大修清筛施工控制图。
(8)路基边坡防护图等。

第三节 设计实例

一、工程概况

本次大修设计线路里程范围为 K35+000～K46+000,大修线路长度 11km。该大修设计区段位于我国一条东西向铁路干线上,干线铁路大部分区段系双线电气化。

二、设计依据

(一)技术参数

(1)线路等级:Ⅰ级。
(2)正线数目:复线。
(3)基础设施速度目标值:140km/h。
(4)轨道结构类型:有砟轨道。
(5)限制坡度:15‰。
(6)最小曲线半径:800m。

(7)到发线有效长度:1 050m。

(8)牵引种类:电力。

(9)机车类型:客车 SS11,货车 N5。

(10)闭塞方式:自动闭塞。

(二)设计参考资料

(略)

三、平面改善设计

(略)

四、纵断面改善设计

(一)纵断面设计的原则及技术条件

(略)

(二)纵断面设计的方法和步骤

大修纵断面设计一般可分为三个步骤,即绘制纵断面图、拉坡设计以及复核。

1. 绘制纵断面设计图

纵断面图是线路大修设计文件的重要组成部分。线路大修纵断面设计图的比例,一般为竖向 1:100,纵向 1:5 000。

2. 拉坡设计

线路大修纵断面拉坡设计的内容,包括确定纵断面的设计坡段长度和坡度以及竖曲线连接。拉坡设计是在既有轨面高程的基础上,优选出一条尽可能满足技术条件的轨面线作为设计轨面线。

拉坡设计常从控制点着手。通常站台、天桥、跨线桥、地道等建筑物因对线路钢轨高程变动量有限制而被称为控制点;又如站场咽喉道岔区、排水设备、高堤深堑、大中桥梁、长大隧道和道口等设备,常因轨面高程变动而引起巨大的附加工程量,也称作控制点。

首先在控制区段参照计算轨面线选定出一个设计坡段,随后向其两端扩展。如果在大修设计区段上存在若干个控制点,那么拉坡设计将由点到区段,由区段到线,直至获得一条满意的设计轨面线为止。

(1)设计轨面高程计算:

$$H_{gn} = H_{g(n-1)} \pm L_C \cdot i \tag{10-3}$$

式中:H_{gn}——n 点的设计轨面高程;

$H_{g(n-1)}$——$n-1$ 点的设计轨面高程;

L_C——计算测点间距;

i——设计坡度(‰)。

(2)起道高度计算:

$$\Delta H_{gn} = H_{gn} - H_{gn}' - \Delta h_{gj} \tag{10-4}$$

式中:ΔH_{gn}——n 点上起道高度;

H_{gn}'——既有线路 n 点轨面高程;

Δh_{gj}——新旧轨框结构高差。

(3)设计道床厚度计算:

$$h_n = h_n' + \Delta H_{gn} \tag{10-5}$$

式中:h_n——n 点设计道床厚度;

h_n'——n 点既有道床厚度;

ΔH_{gn}——n 点起道量。

3. 设计复核

设计上的计算错误或考虑不周等缺欠,如不能及时发现,往往会造成施工或运营上的严重损失。为了消除设计中的缺点,提高设计质量,应认真进行复核工作。复核工作应从技术与经济两方面进行。

(1)技术复核的重点

①为保证列车安全条件,应检查设计中不合理的坡段连接,着重检查坡度代数差。

②为保证列车运行最有利条件,应检查长大坡段处的坡度,消除有害坡度,并尽量减短其长度。

③为保证新旧线路设备的协调,应消除高差及顺坡间的脱节现象。

④为保证施工安全条件,应检查并消除不安全因素。

⑤为保证路堑排水要求,应检查排水坡度不应小于2‰。

⑥为保证计算无误,应检查某段起讫点间的高程差是否等于该段范围内若干坡段的代数和,倘不相符合,说明计算有误,应及时修正。

(2)经济复核的重点

①为节约石砟,应检查设计平均道床厚度及某一段内道床厚度有无偏高的现象,若道床厚度超过1cm,每公里会增加石砟 $50m^2$ 之多,那么必须控制抬道不致过大。

②为节约劳力,应检查路堑及站场落道情况,过多的落道会造成施工困难和劳力过度消耗。

③为便于施工和节约费用,应检查是否可以少做抬高桥梁的工作,以及配合工作是否合理等。

(三)计算机辅助设计

本次纵断面改善设计运用了某大修纵断面改善设计软件,典型界面和成果如图 10-1 ~ 10-2 所示。

(四)拉坡设计方案比选

拉坡设计虽然有一定的设计标准和技术条件要求,但是由于涉及的因素较多,每个设计者在具体操作时基于不同的偏好,会设计出不同的方案。

这里,旨在通过描述某些具体区段内拉坡设计的方案比选过程,以体现如何在满足设计标准和技术要求的前提下,体现相应的设计原则。

具体比较案例从略。

(五)典型设计成果

1. 纵断面改善设计

典型的纵断面设计成果如图 10-3 所示。

第十章 线路大修和综合维修设计指导

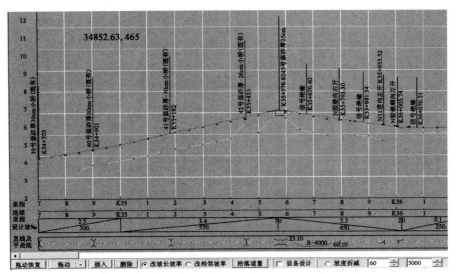

图 10-1 拉坡设计界面

图 10-2 竖曲线与缓和曲线重叠检查

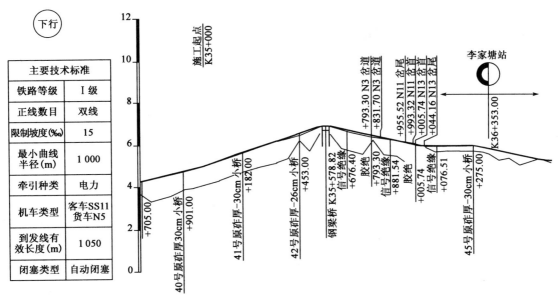

图 10-3

217

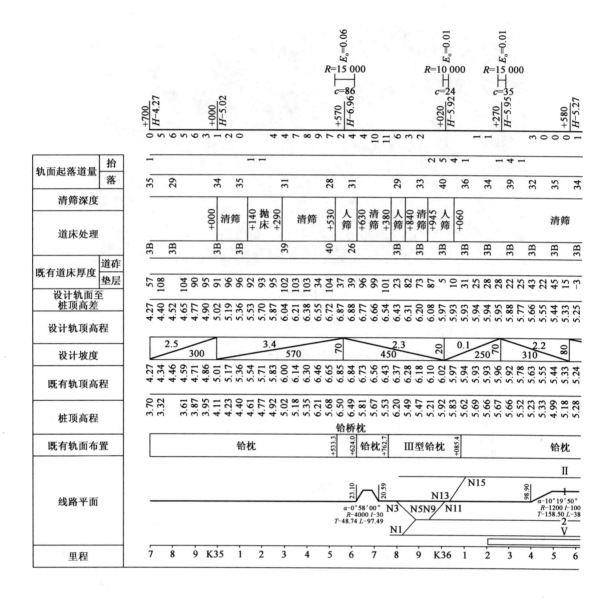

图10-3 纵断面设计图(部分)

2. 设计坡段数据

经过对每一个具体的坡段和边坡点处的方案比选和不断优化,最终的拉坡设计结果如表10-4所示。

3. 竖曲线设置

按照规范,当坡段差大于2‰的时候,需设竖曲线顺坡,本次设计考虑到施工的便捷性,统一采用圆曲线型竖曲线,设计区段内共设16处圆曲线型竖曲线。其中,第2号和第12号竖曲线的半径较小,为10 000m,但本区段内开行速度并未达160km/h,故该设计符合规范要求。

设计区段内的竖曲线及参数见表10-5。

设计坡度表(部分) 表10-4

序号	里程(新测)	变坡点高程(m)	坡段长(m)	坡度 上	坡度 中	坡度 下	竖曲线长度(m)	备考
1	K34+700.00	4.27						
			300	2.5				
2	K35+000.00	5.02						
			570	3.4				
3	K35+570.00	6.96					86	R-15 000
			450			2.3		
4	K36+020.00	5.92						
			250		0.1			
5	K36+270.00	5.95						
			310			2.2		
6	K36+580.00	5.27						
			770			0.7		
7	K37+350.00	4.73						
			690		0			
8	K38+040.00	4.73						
			470	2				
9	K38+510.00	5.67					78	R-15 000
			550			3.2		
10	K39+060.00	3.91					48	R-15 000
			430		0			

竖 曲 线 参 数 表 表10-5

序号	里程	半径(m)	外矢距(m)	竖曲线长度(m)	曲中点高程(m)	坡段代数差(‰)
1	35 579	15 000	0.06	86	6.96	5.7
2	36 020	10 000	0.01	20	5.92	2.4
3	36 270	15 000	0.01	35	5.95	2.3
4	38 510	15 000	0.05	78	5.67	5.2
5	39 060	15 000	0.02	48	3.91	3.2
6	44 140	15 000	0.02	51	4.29	3.4
7	47 550	15 000	0.01	35	3.14	2.3
8	48 360	15 000	0.1	108	5.61	7.2
9	49 060	15 000	0.01	35	3.23	2.3
…	…	…	…	…	…	…

4. 起落道量计算及清筛深度确定

(略)

5. 道床处理

在轨枕间靠近轨底实挖道床,每50m或100m(左、右或道心)一处,深度35～50cm,调查道床(石砟、黄砂)的厚度,道床板结、冒浆情况,估计道床的不洁率,并根据翻浆情况加点找出翻浆分界处。重点调查排水不良地段(如路堑、车站)及工务段、车间反映的路基及道床翻浆地段。

根据现场勘察反馈的道床脏污情况,设计相应的处理方案(机筛、人筛、抛床等),列于设计图中"道床处理"一栏。

五、线路大修换轨设计

结合本设计区间线路的设计成果,完成相应的长轨条设计,形成跨区间无缝线路。

(一)既有状况

(1)通过线路均为 P60-25m 有缝线路,扣配件为Ⅰ型弹条。
(2)设计区段途经车站 3 个(李家塘、春申、新桥)。
(3)道岔除特别说明外,均为 P60 1/12 AT 道岔。
(4)施工区段内钢梁桥 4 座,其余皆为有砟桥。
(5)曲线 19 处,最大曲线半径为 4 000m,最小曲线半径为 1 000m。
(6)道床顶宽为 3.4m。
(7)轨枕除钢梁桥上为木枕,其余均为Ⅲ型铊枕,配置为 1 667 根/km。

(二)换轨设计要求

(略)

(三)长轨条设计

(略)

(四)钢轨布置

本设计的配轨计算从略,钢轨布置如图 10-4 所示。

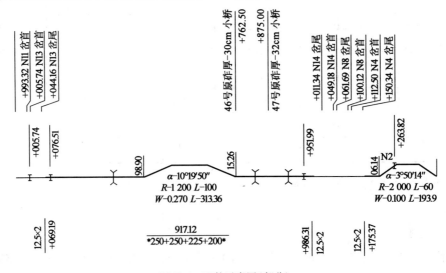

图 10-4 配轨示意图(部分)

(五)无缝线路铺设方案

本工程为铺设区间无缝线路,采用长轨条,经长轨列车运输,卸至施工地点后,线下采用移动气压焊焊接,再铺设成区间无缝线路,并按设计要求放散锁定线路。

(1)施工流程。
(2)长轨运输。
(3)卸长钢轨。
(4)线下焊轨(钢轨胶接)。
(5)长轨铺设、锁定整修线路。
(6)回收旧料。

六、路基边坡大修设计

(一)设计原则

(略)

(二)常用路基边坡防护类型

(略)

(三)边坡防护选取

本设计区段内的路基土主要为软质黏土,且常受雨水冲刷,为了保持路基的稳定性,需对某些地段进行边坡防护设计。经过现场粗略调查,判定下列区段需进行边坡防护设计,并与上海铁路局大修设计所技术人员商讨后确定边坡防护类型。

在几段路基较矮处,均采用干砌片石护坡进行防护;两处路基较高处采用拱形浆砌片石骨架护坡进行防护。详情见表10-6。

路基边坡大修地段表　　　　表10-6

序号	起止里程	长度(m)	平均坡长(m)	设计方案
1	K36+275～K35+345	70	3.5	干砌片石护坡
2	K36+345～K36+500	155	3.5	干砌片石护坡
3	K37+500～K37+640	140	3.5	干砌片石护坡
4	K40+435～K41+920	485	3.5	干砌片石护坡
5	K52+175～K52+295	120	7.4	拱形浆砌片石骨架护坡
6	K52+320～K52+465	145	7.4	拱形浆砌片石骨架护坡

设计的边坡防护类型及横断面图见于图10-5、图10-6。

(四)设计说明

(略)

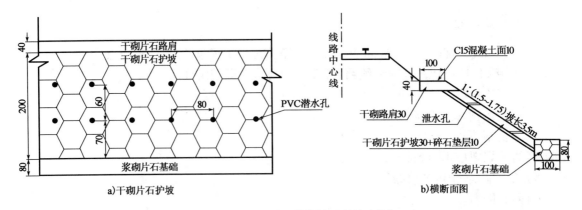

图 10-5 干砌片石护坡及其横断面图(尺寸单位:cm)

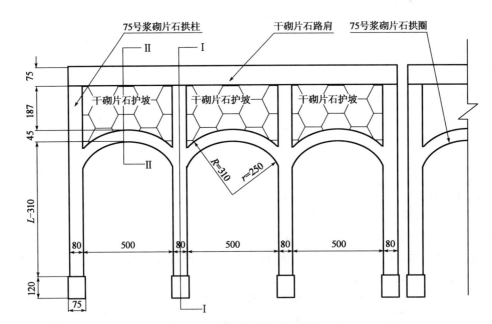

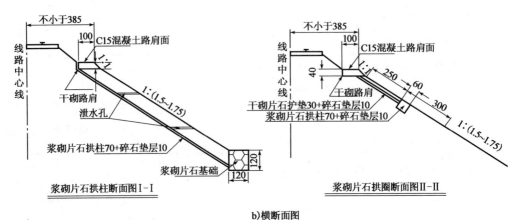

图 10-6 拱形浆砌片石骨架护坡及其横断面图(尺寸单位:cm)

七、大修清筛施工组织设计

该施工组织设计是在参观现场大型养路机械作业过程中,与在场技术人员交流学习而后制定成。主要内容为大修清筛工程,不含路基边坡以及换轨大修施工。在设计中,需贯彻"保证质量、保障安全、节约成本、兼顾效率"的原则。

(一)工程概况

(1)施工地点

沪昆线 K35+000~K55+000 区段,合计大修清筛 20km。

本次设计以 5 月 11 日大机清筛为对象,其余时间的施工组织设计大致相同。

当天清筛作业地段为 K42+500~K43+400 区间,整修作业地段为 K40+300~K42+500 区间。

(2)设备影响范围

施工地段内工务线路设备及道床断面范围内电务、供电、通信过轨缆线等,除工务设备外,电务、供电、通信、车辆设备施工完毕不影响行车正常使用。

(3)施工内容

该工程为线路大修清筛施工,包括大机道床清筛、人工清筛、线路起整捣固,零星更换失效轨枕、电容枕、桥枕等。

(4)工期安排

工期安排为 5 月 4 日~5 月 28 日,共计 25 个天窗,每日天窗时间为 7:43~11:03,日进度 800m,未考虑命令停工、雨工等,施工期间若遇命令停工、雨工等工程需酌情延期。

(5)限速要求

实行滚动施工计划,准每日封锁一站二区间(或一站一区间),封锁前 1h 内限速 45km/h,封锁开通后 1h 内限速 45km/h(其中开通后第 1 列限速 35km/h),其后至下一次封锁前 1h 止限速 60km/h,每处限速长度不超过 4 000m。

(6)主要施工机械及车辆配备

施工队配备 RM-80 清筛机 2 台、捣固车 4 台、稳定车 2 台、配砟整形车 2 台、物料车 2 辆、K 车 40 辆、机车 1 台(租用)、轨道检测仪 1 台。

石砟专列采用大运转机车。配备 K 车 40 辆,道砟专列分 2 组,每组 20 辆,循环运行。

各设备资料如表 10-7 所示。

设 备 资 料 明 细　　　　表 10-7

序 号	设备名称	规格型号	性 能	作业项目	数量(台)
1	道砟清筛车	RM80	1km/h	道床清筛	2
2	捣固车	08-32	1.3km/h	起拨捣作业	4
3	动力稳定车	WD320	2.5km/h	稳定作业	2
4	配砟整形车	SPZ-200	12km/h	配砟整形	2
5	物料车			装运废砟	2
6	运砟车	K13 型	$36m^2$	运砟	40
7	机车	DF4		动力	1
8	轨检仪	KS5745B	4km/h	轨道检测	1

(二)施工程序和作业方法

1. 施工流程

道床清筛：清筛—整修—验交（当实际轨温不满足无缝线路长钢轨作业轨温条件时，清筛作业前需进行应力放散）。

2. 作业方法

(1)道床清筛实行大型清筛机组作业（清筛机挂K车清筛、补砟，捣固车、配砟车、稳定车恢复线路），人工地面配合方式，抛床地段表层道砟采取人工或配砟车整理收集的办法；遇月台、道岔区（含小于75m的夹直线段）、桥梁、车辆检测设备等大机不能清筛地段，采取人工作业方式清筛，根据具体条件配备小型养路机械或大型机械进行线路起道、捣固、稳定。

(2)配备清筛车、捣固车、配砟车、稳定车进行线路起整作业，人工配合整理道床。

(3)零星更换失效枕、桥枕等采取人工单根抽换方式进行。

(4)运余土、清水沟等工作采取人工作业方式完成，遇站场等出土困难地段时，运余土需采用物料车等方式配合完成。

(5)应力放散作业（当实际轨温不满足无缝线路长钢轨作业轨温条件时，在大机清筛作业前组织）委托设备管理单位实施，届时由工务段提前编制专项施工方案，报路局审批。

3. 施工安排示意图

施工安排示意图说明了施工的时间、地点、进度等相关信息，为施工组织设计提出了一个总体上的计划。见图10-7。

4. 施工防护网络图

施工平面布置示意图中包含施工当天的重要信息，表明了各机组的作业内容和顺序。施工停车防护网络图说明了当天施工的作业地段及不同作业任务，并按规定设计出安全防护措施及相关负责人员的位置。施工慢行防护网络图标明了当天施工的限速地段，以及减速标摆放的位置等有关注意事项。典型示意图如图10-8和图10-9所示。

5. 施工节点时分控制图

施工节点时分控制图说明了作业的流程和顺序以及各项作业所需的时间，并标明了每项作业完成时的具体时间节点，能够帮助现场人员把握施工进度，是施工现场作业时间具体微调的一个依据和参考。示意图从略。

(三)技术要求

1. 大机作业要求

（略）

2. 清筛作业要求

（略）

3. 整修作业要求

（略）

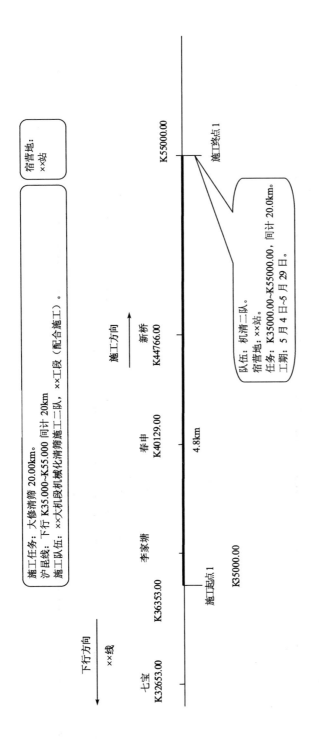

图 10-7 施工计划安排示意图

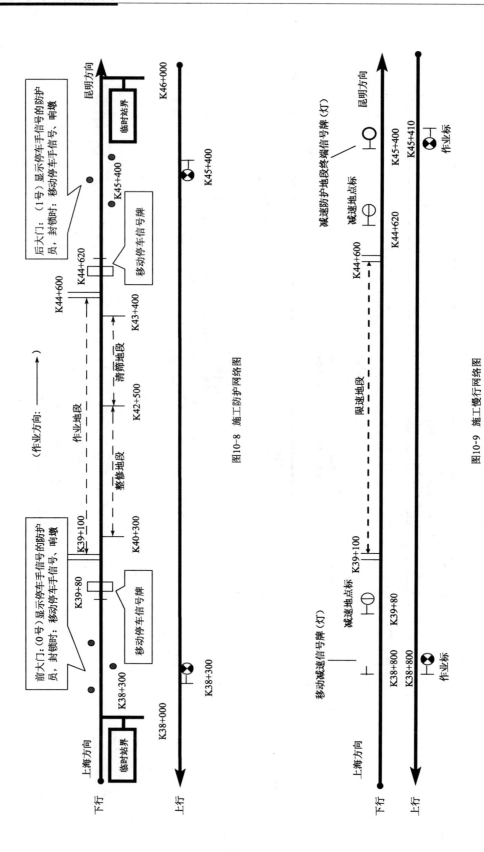

图10-8 施工防护网络图

图10-9 施工慢行网络图

4.施工地段日常养护要求

(略)

八、施工概算

(略)

九、附录

附录主要包括各设计内容的图表成果,此处从略。

第十一章 铁道与城市轨道交通图纸格式和规定

图纸是指导现场施工人员进行工作的重要依据。精湛的设计意图是通过图纸表达给施工人员并最终被实现在建设作品中。设计单位的专业水平从某种程度上,能通过图纸的绘制质量得以体现,因此绘图训练也是毕业设计的重要工作和目的之一。绘图要在遵守行业规范和国家制图标准的基础上,准确和充分地表达设计者的设计意图,图面布置要求平衡美观,标注必要的数据和说明。即使在电脑作图为主的今天,这一点也仍然尤为重要。基于此,本章对制图格式和规定做出了具体描述。

第一节 图纸组成与编排

一、图幅与幅面格式

图纸应按使用需要分为单张图、成册图。

单张图应由设计图样、表、说明、主要图形符号、图标等组成。

成册图应按封面、目次、说明、设计图样、表等顺序编排。在同一张图纸上,如绘制几个图样时,图样的顺序宜按主次关系或以里程为索引的自然序列从左至右、自上而下或自下而上依次排列。

成册图宜采用横式幅面,图纸的幅面图框尺寸应符合表11-1规定。

基本图幅规格(单位:mm) 表11-1

基本图幅代号	A0	A1	A2	A3	A4
$b \times L$	841×1189	594×841	420×594	297×420	210×297 297×210
c	10			5	
a	25				

编制图纸应优先选用3号图幅,成册图纸不宜多于两种图幅。通常表11-1中图幅宽度 b 不应增减,必要时A0~A3号图幅允许长边 L 加长,应按 $L/8$ 的倍数延长,但延长总长度不宜超过 L。成册图延长规格宜统一为1~2种。A4号图幅长宽皆不应延长。

幅面格式应参照图11-1,其中角标、会签栏、图标等格式将在后续说明。

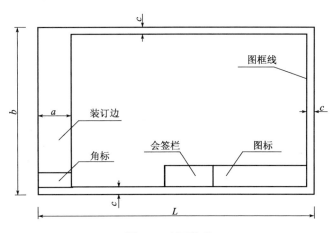

图 11-1　幅面格式

二、图标、角标和会签栏

(一)图标

铁道与城市轨道交通制图中,设计图图标应设在图框内右下角,见图 11-1 中标注。图标应按图 11-2 的格式分区。

毕业设计图纸的图标可按图 11-3 的格式绘制。[注:图标中,线的格式规定见下节"图线"中"(四)幅面格式线"的规定。]

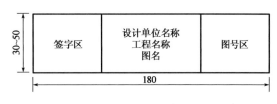

图 11-2　图标分区(尺寸单位:mm)

设计		同济大学 新建时速120km/h客货混运铁路线路 选线设计 ××线××段××设计	图号		
学号			比例		
指导教师			日期		
			第 张	共 张	

图 11-3　设计图图标格式(尺寸单位:mm)

(二)角标

若图纸中含有角标,角标位置应设在图框内右下角,见图 11-1 中标注。角标应按图 11-4 的格式绘制。[注:角标中,线的格式规定见下节"图线"中"(四)幅面格式线"的规定。]

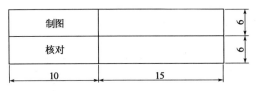

图 11-4　角标(尺寸单位:mm)

(三)成册图纸封面及扉页格式

成册图纸封面及扉页格式如图 11-5、图 11-6 所示。

229

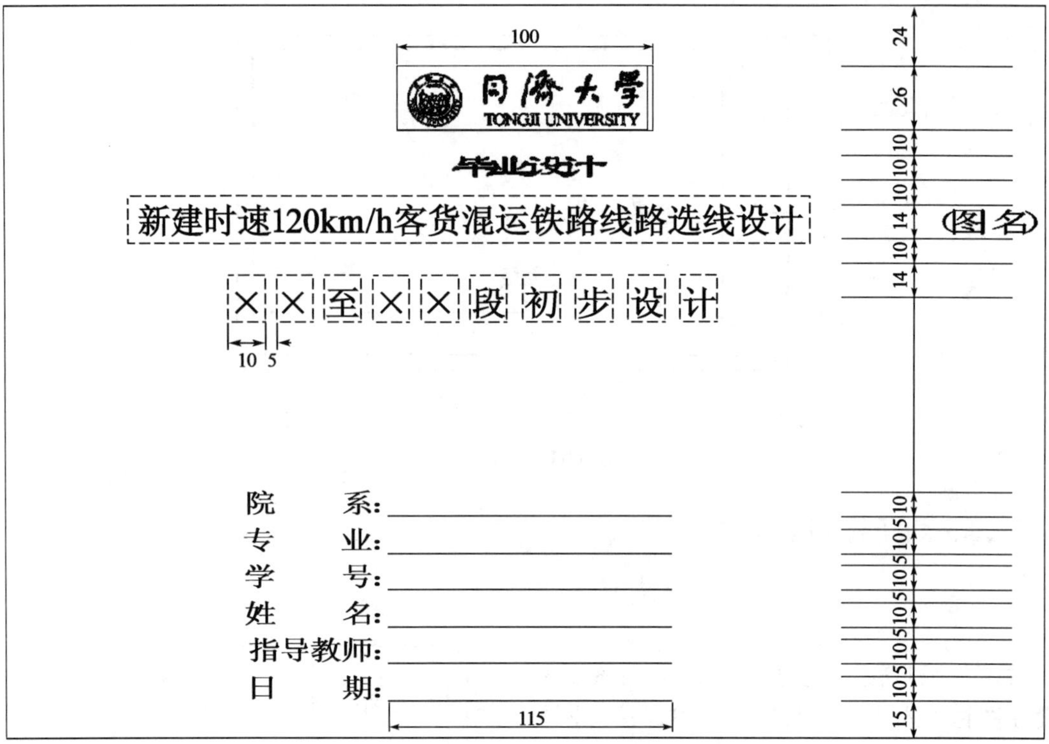
100
同濟大學
TONGJI UNIVERSITY
毕业设计
新建时速120km/h客货混运铁路线路选线设计
(图名)
××至××段初步设计
10 5
院 系：
专 业：
学 号：
姓 名：
指导教师：
日 期：
115
24
26
10
10
10
14
10
14
10
5
15

图 11-5　成册图纸封面格式(尺寸单位:mm)

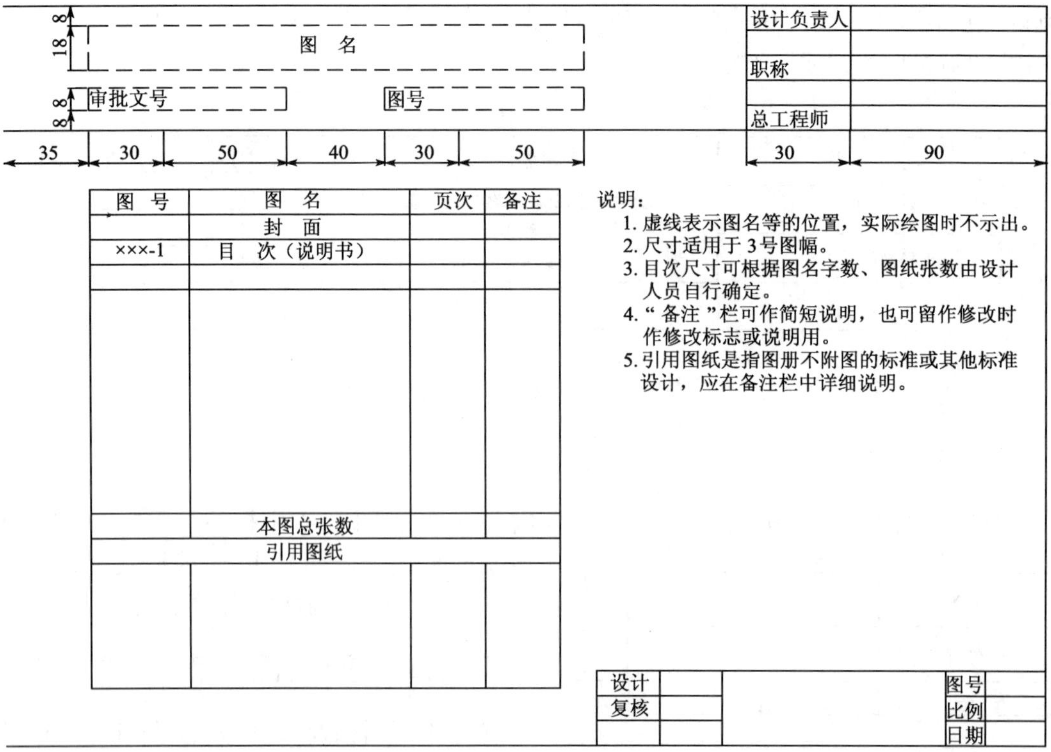
图 名
审批文号
图号
设计负责人
职称
总工程师
35
30
50
40
30
50
30
90
18
8
图 号
图 名
页次
备注
封 面
×××-1
目 次（说明书）
本图总张数
引用图纸
说明：
1. 虚线表示图名等的位置，实际绘图时不示出。
2. 尺寸适用于3号图幅。
3. 目次尺寸可根据图名字数、图纸张数由设计人员自行确定。
4. “备注”栏可作简短说明，也可留作修改时作修改标志或说明用。
5. 引用图纸是指图册不附图的标准或其他标准设计，应在备注栏中详细说明。
设计
复核
图号
比例
日期

图 11-6　成册图纸扉页格式(尺寸单位:mm)

三、图线

(一)线宽

在每张设计图中,一般会应用多种规格图线以突出设计内容,但通常不宜超过4种。绘图之前,应依据图样比例和复杂程度先确定基本线宽 b,基本线宽度 b 应从 2.0mm、1.4mm、1.0mm、0.7mm、0.5mm、0.35mm 中选取(毕业设计优先选取 $b=0.7$mm),确定基本线宽 b 后,再按表 11-2 选用适当的线宽组。

线宽组(单位:mm)　　　　　　　　　表 11-2

线 宽 比	线 宽 组					
b	2.0	1.4	1.0	0.7	0.5	0.35
$0.5b$	1.0	0.7	0.5	0.35	0.25	0.18
$0.35b$	0.7	0.5	0.35	0.25	0.18	0.13

(二)线型

图线的线型有实线、虚线、点划线、双点划线、折断线、波浪线等,各类线型又有粗细之分,其宽度详见表 11-3。表 11-3 中,b 不应小于 0.4mm,相互平行的图线间隙不宜小于其中粗线宽度,且不小于 0.7mm。图线的画法参见图 11-7。

常 用 线 型 及 线 宽　　　　　　　　　表 11-3

名　称		线　型	线 宽 比
实线	加粗		$1.4b$
	粗		b
	中		$0.5b$
	细		$0.35b$
虚线	加粗		$1.4b$
	粗		b
	中		$0.5b$
	细		$0.35b$
点划线	粗		b
	中		$0.5b$
	细		$0.35b$
双点划线	粗		b
	中		$0.5b$
	细		$0.35b$
短点划线			$0.35b$
双短点划线			$0.35b$
空格线			$2b$
折断线			$0.35b$
波浪线			$0.35b$

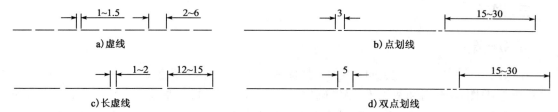

图 11-7　图线的画法(尺寸单位:mm)

虚线与点划线也可根据所绘图形进行设计,虚线的表示和画法参见图 11-8。

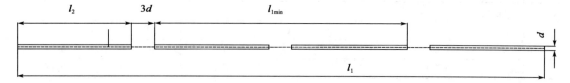

图 11-8　虚线的画法

若虚线线宽为 d,所需绘制虚线长度 l_0,则计算虚线各部分尺寸的公式。

虚线的全长:

$$l_1 = l_0$$

一条虚线内的短画数目:

$$n = \frac{l_0 - 12d}{15d}(一般取整)$$

短画的长度:

$$l_2 = \frac{l_1 - 3dn}{n + 1}$$

虚线的最小长度:

$$l_{1\min} = l_{0\min} = 27d(2 \text{ 条短画 } 12d,1 \text{ 个间隔 } 3d)$$

如果在画虚线时长度小于 $l_1 = 27d$,可以采用将各部分尺寸放大的形式。

点划线的表示和画法参见图 11-9。

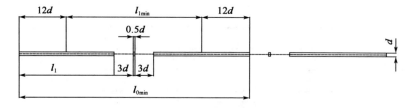

图 11-9　点划线的画法

若点划线的宽度为 d,所需绘制点划线长度 l_0,则计算点划线各部分尺寸的公式:

点划线的全长:

$$l_1 = l_0 + 24d(在可见轮廓的两端线条要延伸出来)$$

在点划线全长内点划线段的数目:

$$n = \frac{l_0 - 24d}{30.5d}(一般取整)$$

长画的长度:

$$l_2 = \frac{l_1 - 6.5dn}{n+1}$$

点划线的最小长度:

$$l_{1\min} = 54.5d$$

(三)线与线及其他制图元素的关系

相交图线的绘制应符合下列规定:
(1)当虚线与虚线或虚线与实线相交时,不应留空隙。
(2)当实线的延长线为虚线时,应留空隙。
(3)当点划线与点划线或点划线与其他图线相交时,交点应设在线段处。
图线不得与文字、数字或符号重叠、混淆,不可避免时,应首先保证文字的清晰。

(四)幅面格式线的规定

图框线、图标外框线、表外框线、图标分格线、表分格线、会签栏线,全部采用实线,依据不同幅面规定如表11-4所示。

图框线、图标线表格线的宽度(单位:mm)　　　　表11-4

幅面代号	图框线	图标外框线、表外框线	图标分格线、表分格线、会签栏线
A0、A1	1.4	0.7	0.35
A2、A3、A4	1.0	0.7	0.35

(五)屏幕上显示 CAD 图形图线的颜色

屏幕上显示图线的颜色,一般按表11-5所示显示,相同类型的图线显示相同的颜色。

屏幕上显示图线的颜色　　　　表11-5

图线类型	屏幕上的颜色	图线类型	屏幕上的颜色
粗实线	绿色	虚线	黄色
细实线	白色	细点划线	红色
波浪线	白色	粗点划线	棕色
双折线	白色	双点划线	粉红

四、字体

图纸上,除岗位签名外,均应使用制图字体。文字、数字或符号等应笔画清晰、字体端正、排列整齐,标点符号清楚正确。文字的字高尺寸系列为 2.5mm、3.5mm、5mm、7mm、10mm、14mm、20mm。当采用更大的字体时,其字高应按$\sqrt{2}$的比例递增。

文字说明不宜用符号代替名称。当表示数量时,应采用阿拉伯数字书写;当表示日期时,封面应用汉字书写,其他应采用阿拉伯数字书写。

(一)汉字字体

标准设计图纸汉字应采用长仿宋体,图册封面、大标题等的字体宜采用仿宋体等易于辨认的字体,封面不得采用空心字。汉字应采用国家公布使用的简化汉字,除特殊需要外不得采用繁体字。

汉字的字高与字宽可按表 11-6 的规定采用，字高不应小于 3.5mm，且说明书及附注的字高不应小于 5mm，图中加注汉字字高不应小于 4mm。

推荐的汉字字高与字宽尺寸（单位：mm） 表 11-6

字高	20	14	10	7	5	3.5	2.5
字宽	14	10	7	5	3.5	2.5	1.8

（二）数字与字母

阿拉伯数字、外文字母、汉语拼音字母笔画宽度，宽体字宜为字高的 1/10，窄体字宜为字高的 1/14。拉丁字母、阿拉伯数字或罗马数字的字高，不得小于 2.5mm。

数字与字母的字体可采用直体或斜体，在同一图册中应统一。直体字横与竖成 90°；斜体字字头向右倾斜，与水平线成 75°；斜体字的高度与宽度应与相应的直体字相等；字母宜采用书写体。

（三）字体与幅面关系

字体与幅面之间选用关系参见表 11-7。

字体与图纸幅面之间选用关系表　　　表 11-7

图幅＼字体 h	A0	A1	A2	A3	A4
汉字	5			3.5	
字母与数字	5			3.5	

注：h 为汉字、字母和数字的高度，单位为 mm。

字符间距参见表 11-8。

字体最小间距、行距表（单位：mm）　　　表 11-8

字体		最 小 距 离
汉字	字距	1.5
	行距	2
	间隔线或基准线与汉字的间距	1
字母与数字	字符	0.5
	词距	1.5
	行距	1
	间隔线或基准线与字母、数字的间距	1

注：当汉字与字母、数字混合使用时，字体的最小字距、行距等应根据汉字的规定使用。

五、绘图比例

图样的比例是指图形线性尺寸与相应实物实际尺寸之比。比例大小即为比值大小，如 1：50 大于 1：100。

比例采用阿拉伯数字表示，一张图纸只有一个图样比例时应标注在图标中，一张图纸有两个及以上的图样比例时,应标注在图名的右侧或下方,字的底线应取平;当竖直方向与水平方向的比例不同时,可用 Y 表示竖直方向比例,用 H 表示水平方向比例;比例的字高可为图名字高的 0.7、0.5、0.25 倍。

六、标注

(一)尺寸标注

尺寸应标注在视图醒目的位置。计量时,应以标注的尺寸数量为准,不得用量尺直接从图中量取。图样上的尺寸,应包括尺寸界线、尺寸线、尺寸起止符号和尺寸数字。

尺寸界线与尺寸线均应采用细实线。尺寸起止符号可采用单箭头表示。尺寸数字宜标注在尺寸线上方中部。当标注位置不足时,尺寸数字可采用反向箭头标注;中部相邻的尺寸数字可错开标注,也可引出标注。

尺寸线宜与被标注的图线相平行,其长度不超出尺寸界线。尺寸宜标注在图样轮廓线以外,不宜与图线、文字及符号相交,图线不得穿过尺寸数字,不能避免时,应将尺寸数字处的图线断开。

互相平行的尺寸线,应从被标注的图样轮廓线由近向远整齐排列,分尺寸线离轮廓线近尺寸线间的间距宜为 5~10mm。

(二)里程标注

里程标注应在正线和其他需要标注里程的线路上标注千米标、百米标及长、短链标,里程桩号标注在垂直于线路的短线上,里程由左向右或由右向左增加时,字头均朝向图纸左端。千米标应注写各设计阶段代号,可行性研究为 AK、初测为 CK、定测为 DK 等,其余桩号的千米数可省略(图 11-10)。里程以 m 为单位,精确到小数后二位。站线里程标程如图 11-11 所示。

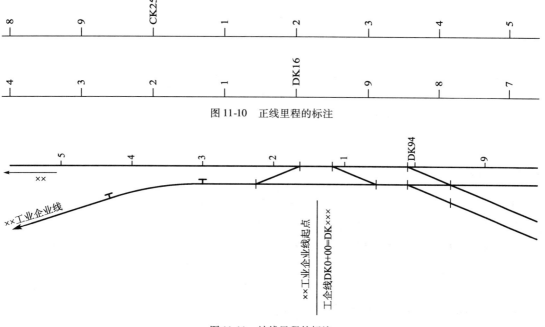

图 11-10 正线里程的标注

图 11-11 站线里程的标注

(三)高程标注

在图样中需要特别指明某些部位(点)的高程时,高程符号应采用细实线绘制的等腰三角形表示,高为 2~3mm,底角为 45°,高程符号的尖端须指至被标注点,尖端可向下,也可向上,当图形复杂时也可采用引出线形式标注。如图 11-12 所示。

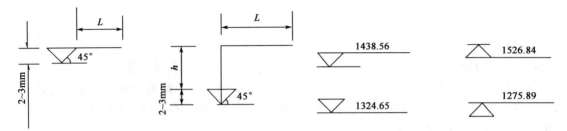

图 11-12 高程符号

L-注写高程(标高)数字的长度,应做到注写后匀称;h-高度视需要而定

轨顶、地下水位及段(所)、房屋总平面布置图的高程符号,宜用涂黑的三角形表示。

高程数值应以 m 为单位,水准点、基线控制点注写到小数点后三位,其他均注写小数点后两位。

(四)坡度标注

给排水管沟、槽及道路、场地、路基面等坡度宜用坡度符号表示。坡度符号应用细实线、单边箭头以及在其上标注千分数或百分数组成,坡度符号的箭头应指向下坡方向。路基、挖沟、堤坝、场地边坡等宜用比值的形式表示,例如 1:m。坡度标注如图 11-13 所示。

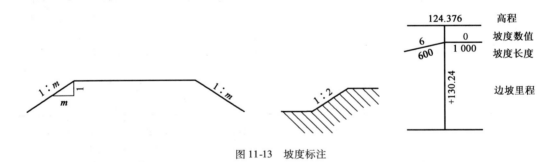

图 11-13 坡度标注

(五)线路曲线标注

铁路正线中心线上的转点应注于中心线的上侧,切线上的转点应注于曲线外侧,曲线控制桩 ZH、HY、YH、HZ 应注于曲线内侧。字头朝图纸左端书写。

中心线上的转点和曲线控制桩宜注加桩里程,可不注千米标。但在局部比较线或改线地段,可注写全里程。

正线、站线上的交点,在曲线外侧应注明交点编号,正线采用转点编号加注股道数值表示,站线采用 V 表示交点编号。曲线要素 α、R、l、T、L 应注于曲线内侧。曲线要素表格式见表 11-9。

曲线要素表格式(尺寸单位:mm)　　　　　　　　　　　　表11-9

线路别	曲线交点编号	曲线要素					坐标值	
		a	R	I	T	L	X	Y
①	JD26-1							
15	15	20	15	15	15	15	20	20

第二节　线路制图要求

本节给出了线路制图中的线型和比例规定,并给出了线路制图图样。

一、线型

线路制图采用的各种线型应符合表11-10规定。

各种线型的用途　　　　　　　　　　　　　　　　　　表11-10

名　　称	用　　途
粗实线	设计线(新建、改建、增建第二线及单、双绕行线)、坡度线
中实线	既有线
细实线	导线、切线、坐标网格线、地面线、标注线
粗虚线	设计线的比较线、隧道中心线
中虚线	预留设计线、既有隧道中心线
粗点划线	设计线的比较线
粗双点划线	设计线的比较线
折断线	断开界线

图样中的各种线型在计算机中分层管理参见表11-11。

图样线型在计算机中分层管理　　　　　　　　　　　　表11-11

标识号	描述[线型按《技术制图　图线》(GB/T 17450—1998)]
01	粗实线,剖切面的粗剖切线
02	细实线,细波浪线,细折断线
03	粗虚线
04	细虚线
05	细点划线,剖切面的剖切线
06	粗点划线
07	细双点划线
08	尺寸线,投影线,尺寸终端与符号细实线
09	参考圆,包括引出线和终端(如箭头)
10	剖面符号
11	文本(细实线)
12	尺寸值和公差
13	文本(粗实线)
14、15、16	用户选用

二、比例

线路制图选用的比例应符合表 11-12 规定。

比 例　　　　　　　　　　　　　　表 11-12

设计图名称	比　例
线路平面缩图	1:50 000～1:500 000;
线路纵断面缩图	横:1:50 000～1:500 000; 竖:1:1 000、1:2 000、1:5 000
线路平面图	1:2 000、1:5 000、1:10 000、1:50 000
线图纵断面图	横:1:10 000、1:50 000; 竖:1:500、1:1 000
线路详细纵断面图	横:1:10 000; 竖:1:500、1:1 000
线路方案平面缩图	1:50 000～1:200 000
简明纵断面图	横:1:50 000、1:100 000; 竖:1:1 000、1:5 000、1:10 000
既有线放大纵断面图	横:1:10 000; 竖:1:100、1:200
通过正式运营列车便线线路平面图	1:2 000、1:5 000
通过正式运营列车便线线路详细纵断面图	横:1:10 000; 竖:1:1 000
改移道路及平(立)交道设计平面图	1:500～1:5 000
改移道路及平(立)交道设计纵断面图	横:1:1 000～1:10 000; 竖:1:500、1:1 000

三、图样

线路设计图除线路平、纵断面缩图的比例应标注在图名下方居中外,其余均应标注在图标中的比例栏内。

同一工程项目的线路平面图与纵断面图制图方向应一致,里程标注应对应。平面、纵断面图宜采用一种高程系,当采用两种高程系时,应标注换算关系和断面高程。

（一）线路平面图

线路平面图应根据不同设计阶段绘制地形、地貌、地物、各类管线以及省、市、县、乡界线、地类界线、沿河绘制泛滥线,每隔 1~2km 标注设计洪水位。图中宜绘制主要地质构造线和重大不良地质现象。

当纸上定线比例≥1:10 000 时,应绘制曲线交点,并应标注交点编号。定测放线时,应绘制控制桩,并应分别标注编号。曲线控制桩标注应垂直于线路中心线引出,并应标注符号和里程。里程的标注符合铁路工程制图标准一般规定,螺旋线、回头曲线字头朝向的改变应符合线路展直后字头仍朝向图纸左端的规定,曲线和里程标注如图 11-14、图 11-15 所示。

（二）线路纵断面图

线路纵断面图横向表示线路长度,竖向表示高程。图中应标注主要技术标准、设计(改建)起终点里程、一次施工地段和第二线绕行地段的起终点里程、接线关系和断链,标注断链关系

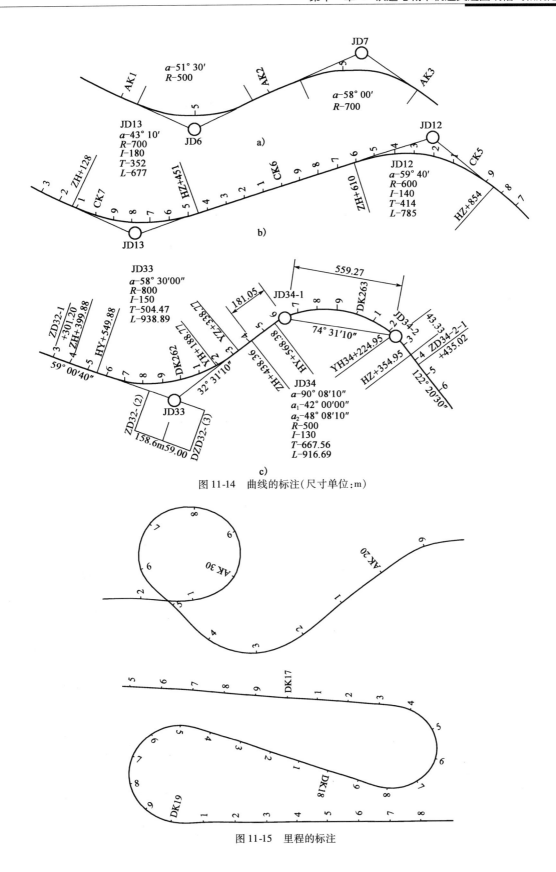

图 11-14 曲线的标注（尺寸单位：m）

图 11-15 里程的标注

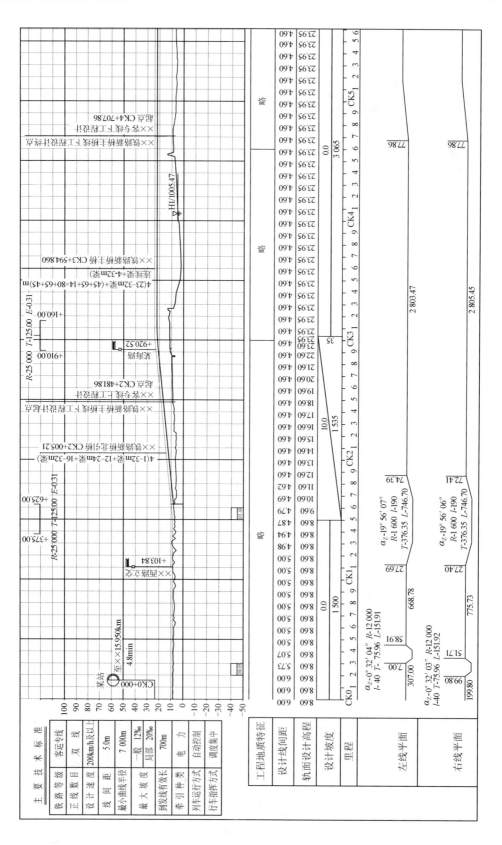

图11-16 线路纵断面图图样

及水准点编号、高程、所在位置。在纵断面起点和高程断开处应绘制高程标尺。图幅上部应绘制图样、下部绘制纵断面栏。

新建双线、增建第二线的纵断面图应按左线连续绘制。预留第二线的纵断面图应按第一线连续绘制。

图样中应绘制设计坡度线和地面线,应绘制桥涵、隧道、平交、立交、车站的图形符号。铁路与铁路立体交叉应标注交叉处的轨面高程或梁底高程。车站还应标注距相邻站的距离和走行时分。

纵断面栏的内容及格式尺寸应根据建设项目的类别及设计阶段确定。

线路纵断面图图样及格式如图11-16、图11-17所示。

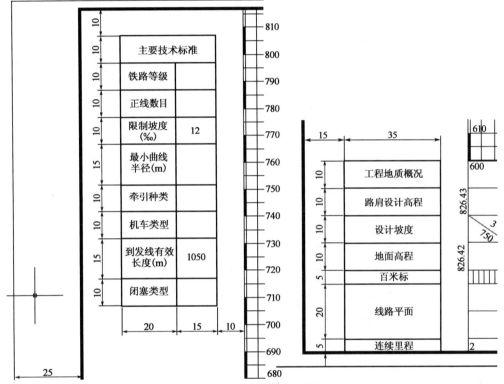

图11-17 纵断面图样格式(尺寸单位:mm)

线路平面曲线应用凸起或凹下的折线绘制。

站间距离和走行时分的标注如图11-18所示。线路平面图和纵断面图如图11-19、图11-20所示。

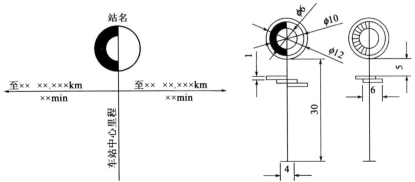

图11-18 站间距离和走行时分的标注(尺寸单位:mm)

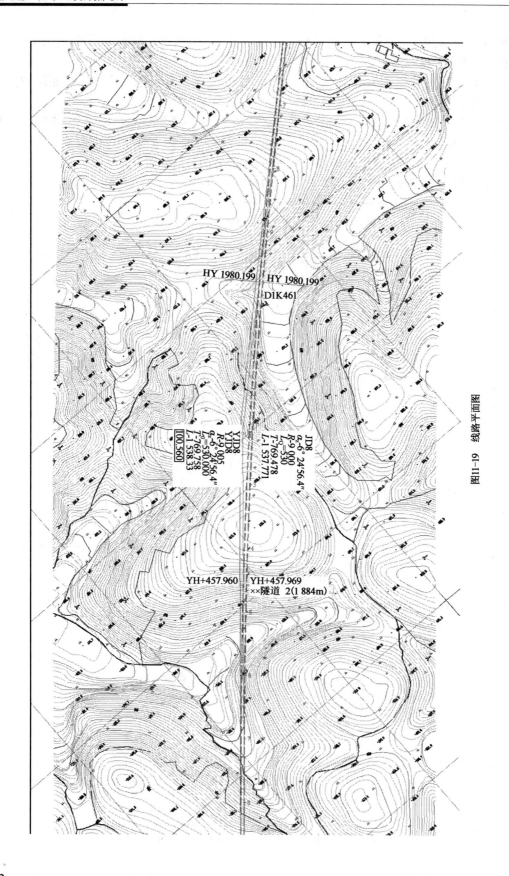

图11-19 线路平面图

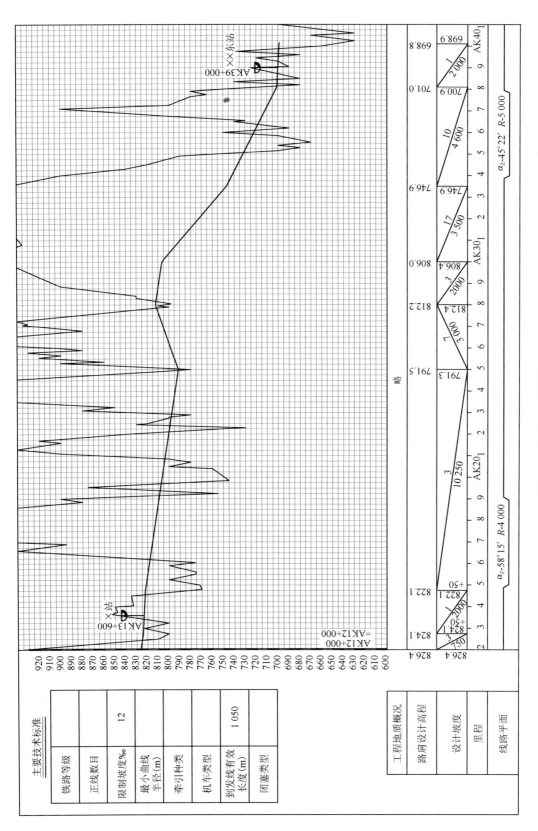

图11-20 线路纵断面图图样

第三节　路基制图要求

一、图线

路基制图采用的各种线型应符合表 11-13 的规定。

各种线型的用途　　　　　　　　　　　　　　　　　表 11-13

名　称	用　途
粗实线	新建线路中心线
中实线	正面图设计的路肩线，横断面设计的路基基本轮廓线，路基附属工程的轮廓线或图形符号
细实线	平面图设计的路基本体及正面图设计的堑顶、边坡的图形符号，设计图的辅助线、既有线路中心线、路肩、堑顶及边坡的图形符号，既有的路基本体及附属工程的轮廓线或图形符号，用地界线、地面线
粗虚线	新建隧道中心线
中虚线	设计的路基本体及附属工程不可见轮廓线或图形符号
细虚线	既有隧道中心线、边坡坡脚线，既有的路基本体及附属工程不可见的轮廓线或图形符号，设计图不可见的辅助线
点划线	横断面的线路中心线
折断线	断开界线

二、比例

路基制图比例应符合表 11-14 的规定。

比　例　　　　　　　　　　　　　　　　　　　表 11-14

图　名	比　例	图　名	比　例
平面图	1:500、1:2 000	横断面图	1:200
纵断面图、正面图	横:1:200~1:2 000；竖:1:100~1:500	结构详图	1:10~1:200
		用地及路基排水系统图	宜与线路平面相同

三、图样

路基一般设计图仅绘制路基横断面图，其绘制方式应以线路前进方向分左右，图面布置应按里程顺序，自左而右、自下而上、均匀布置。

（一）路基本体

路基横断面图除应绘制地面线及线路中心线、路基面、边坡和必要的台阶、侧沟、侧沟平台、路拱设计线外，还应填绘地质资料、水文资料和既有建筑物以及个别设计的各项路基工程措施。线路中心线(双线的左线,车站的正线)下应标注正线里程、填挖高度、填挖全面积或半面积。图上还应标注相应的尺寸、坡度、高程及简要说明。

路基一般设计横断面图中,当有车站、大中桥、隧道及路基个别设计工点时,应在相应里程的横断面间标注缺口的起终点里程及工程名称。车站路基横断面图中,应标注正线间和正线与主要站线间、路基排水横坡变化点、站场路基本体及其附属工程的距离和高程。

路基横断面图画法如图11-21所示。

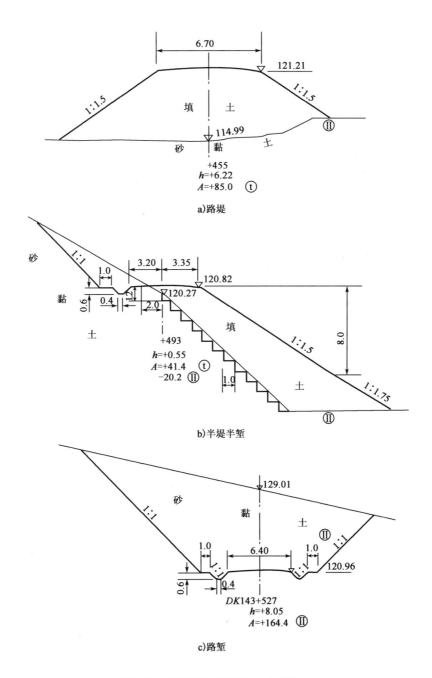

图11-21 路基横断面图画法(尺寸单位:mm)

(二)支挡、防护及排水工程

路基挡护工程(图11-22、图11-23)绘制正面图,系平视坡面,反映建筑物的垂直高度。图中应绘制路肩线、墙顶线、堑顶线、墙趾线、墙趾地面线、伸缩缝、泄水孔,还应绘制必要的地层分界线、设计水位线。

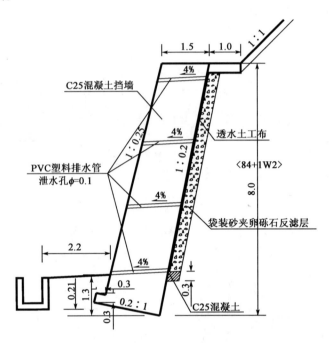

图11-22 挡土墙设计图样(尺寸单位:m)

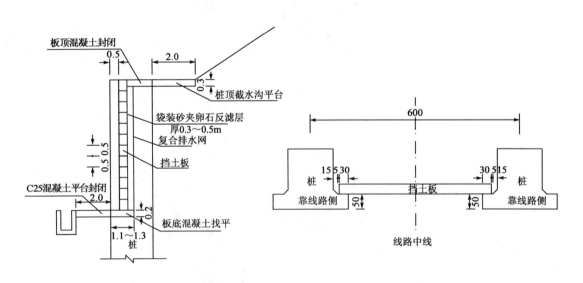

a) 桩板位置侧面图(尺寸单位:m)　　　　b) 桩板位置平面图(尺寸单位:cm)

图11-23 桩板墙设计图样

路基防护及附属工程,当正面图还不能详细表达设计意图时,可正视坡面,采用正投影法绘制法向图及示意图。

用地及路基排水系统宜合并制图,也可各自单独制图。应参照线路平面图绘制线路走向、地貌、地物、低洼积水范围,不绘经纬距网格。山区地段应绘制计曲线,丘陵及平坦地段还应加绘首曲线。

第四节 结构制图要求

一、图幅

轨道交通结构制图各阶段制图应符合表11-15规定。

各阶段制图标准 表11-15

设 计 阶 段	图 幅	说　　明
预、工可(包括方案)阶段	A3	
初步设计阶段	A3,A3加长	长边尺寸最大为841mm
	A2,A2加长	长边尺寸最大为891mm
施工图设计阶段	A3,A3加长	长边尺寸最大为841mm
	A2,A2加长	长边尺寸最大为1 041mm
	A1	

各阶段设计的图幅原则上不应超过两种(含加长图幅,目录除外)。如有特殊情况图幅须进一步加长时,应征得项目负责人、专业负责人及最高审签人的书面认可。

二、线型

轨道交通结构制图采用的各种线型应符合表11-16的规定。

图　线 表11-16

名　称	用　途
粗实线	螺栓、主钢筋线、结构平面图中的单线结构构件线、钢支撑及系杆线,图名下横线、剖切线
中实线	结构平面图及详图中剖到或可见的墙身轮廓线、基础轮廓线、钢、木结构轮廓线、箍筋线、板钢筋线
细实线	可见的钢筋混凝土构件的轮廓线、尺寸线、标注引出线,标高符号,索引符号
粗虚线	不可见的钢筋、螺栓线、结构平面图中的不可见的单线结构构件线及钢支撑线
中虚线	结构平面图中的不可见构件、墙身轮廓线及钢构件轮廓线
细虚线	基础平面图中的管沟轮廓线、不可见的钢筋混凝土构件轮廓线
粗点划线	柱间支撑、垂直支撑、设备基础轴线图中的中心线
细点划线	定位轴线、对称线、中心线
粗双点划线	预应力钢筋线
细双点划线	原有结构轮廓线
折断线	断开界线
波浪线	断开界线

结构制图线宽规定:粗线为 0.5mm;中线为 0.25mm;细线为 0.13mm。在 CAD 绘图中采用的具体线型名称、颜色以及图层的划分见表 11-17。

图层、线型及颜色设定　　　　　　　　表 11-17

图　　层	线　　型	颜　　色
轴线、中心线	CENTER	灰(8)
围护	CONTINUOUS	(151)
支撑	CONTINUOUS	红(1)
加固	CONTINUOUS	灰(9)
桩	CONTINUOUS	(31)
地质	按图例采用	灰(9)
结构-1	CONTINUOUS	青(4)
结构-2	HIDDEN	(200)
钢筋	CONTINUOUS	绿(3)
尺寸	CONTINUOUS	(241)
文字	CONTINUOUS	黄(2)
填充	CONTINUOUS	灰(9)
图框	CONTINUOUS	白(7)

三、比例

绘图时根据图样的用途,被绘物体的复杂程度,应选用表 11-18 中的常用比例,特殊情况下也可选用可用比例。

比　　例　　　　　　　　　　表 11-18

图　　名	常　用　比　例	可　用　比　例
结构平面图 基础平面图	1:50、1:100、1:150、1:200	1:60
圈梁平面图、总图 中管沟、地下设施等	1:200、1:500	1:300
详图	1:10、1:20	1:5、1:25、1:4

四、字体及标注

数字及英文字母采用 JGRomans.shx + JGHztxt.shx 字体,汉字采用 JGSim.shx + JGFs.shx 字体,标点符号采用全角。文字的高度见以下设定,宽高比一般为 0.714。

(1)一般文字、尺寸标注的文字高度:2.5mm。
(2)图纸说明、剖面号、轴线号的文字高度:5mm。

(3)图名的文字高度:7mm。

尺寸标注及文字标注与轮廓线的距离如图11-24所示,平面法表示[图11-25b)]时,第一行文字与轮廓线间距5mm,文字之间间距4mm。

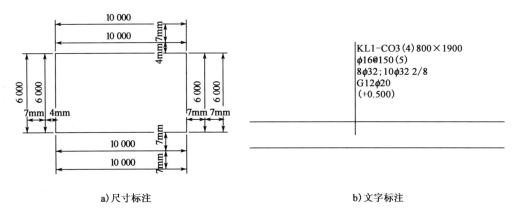

a)尺寸标注　　　　　　　　　　　　b)文字标注

图11-24　尺寸标注及文字标注

五、图样

结构平面图中的剖面图、断面详图的编号顺序宜按下列规定编排:
(1)外墙按顺时针方向从左下角开始编号。
(2)内横墙从左至右,从上至下编号。
(3)内纵墙从上至下,从左至右编号。

地铁结构配筋图中钢筋可采用简化表示方法,绘出钢筋并标注钢筋的直径、间距等。在制图中,点子筋采用do命令,内径0,外径80;点子筋在内侧[图11-25a)],横向筋与轮廓线距离75,点子筋在外侧[图11-26b)],横向筋与轮廓线距离100;标注文字与下划线距离50,斜向标注短线长150,倾角45°;钢筋截断线长150,倾角30°[图11-25c)]。

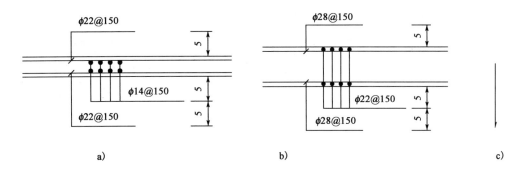

a)　　　　　　　　　　b)　　　　　　　　　　c)

图11-25　钢筋的标注(尺寸单位:mm)

在混凝土构件上设置预埋件时,可在平面图或立面图上表示。引出线指向预埋件,并标注预埋件的代号。

结构配筋图样如图11-26所示。围护结构平面布置图样如图11-27所示。

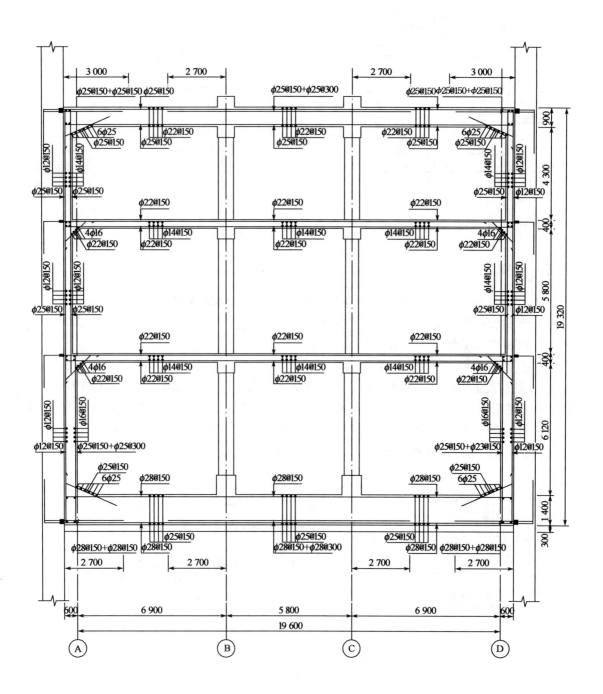

图 11-26 结构配筋图样(尺寸单位:mm)

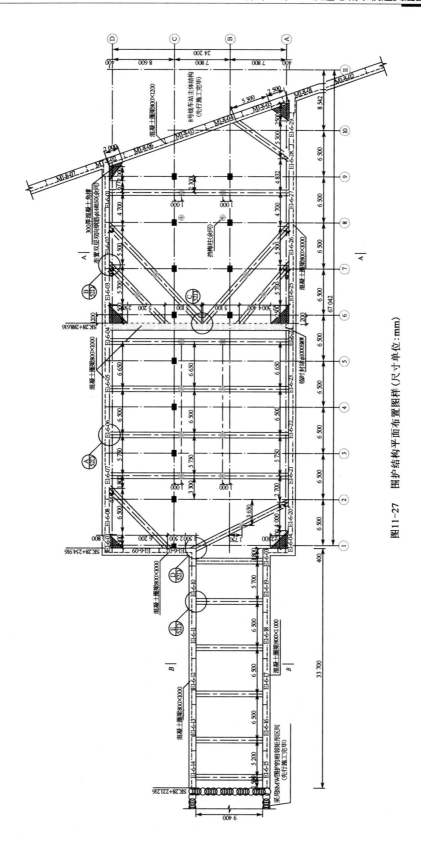

图11-27 围护结构平面布置图样（尺寸单位：mm）

第五节 站场制图要求

一、线型

站场制图采用的各种线型应符合表 11-19 的规定。基本线宽采用 0.7mm。

各种线型的用途　　　　　　　　　　　　　　　表 11-19

名　称	用　途
粗实线	新建铁路正线、新建管线
中实线	新建铁路站线、驼峰纵断面坡度线、路基、道路、排水沟、客货运设施、建筑物、构筑物的可见轮廓线、既有铁路正线
细实线	既有铁路站线、进路符号线、驼峰能高线、速度曲线、时间曲线、既有路基、路基原地面线、道路、排水沟、客货运设施、建筑物、构筑物的可见轮廓线、坐标网线、尺寸线、尺寸界线、引出线、高程符号线、用地界等
粗虚线	预留铁路正线、管线
中虚线	预留铁路站线、路基、道路、排水沟、建筑物、构筑物、客货运设施的不可见轮廓线、路基被遮挡部分的轮廓线
细虚线	预留用地界、既有排水沟、小路等
细点划线	中心线、预留用地界
折断线	断开界线
波浪线	断开界线

二、比例

站场制图选择的比例,应符合表 11-20 的规定。

比　例　　　　　　　　　　　　　　　表 11-20

图　名	比　例
中间站、区段站及其他大站平面布置图	1∶1 000 或 1∶2 000
进站线路疏解平面布置图	1∶1 000 或 1∶2 000
驼峰线路平面图	1∶500 或 1∶1 000
驼峰线路纵断面及等高线图	横 1∶500 或 1∶1 000,竖 1∶20
编组站中轴线纵断面图	横 1∶10 000,竖 1∶1 000;或横 1∶5 000,竖 1∶500
路基横断面设计图	1∶200
区段站及其他大站用地、道路及排水系统图	与车站平面布置图相同
区段站及其他大站车场管线综合布置图	1∶500 或 1∶1 000
改建车站负责的施工过渡方案图	与车站平面布置图相同

三、图样

在站场平面图中,车站应以正线中心线、场段应以该场段内某站线中心线或已定测的基线为坐标 X 轴线,垂直于 X 轴线为 Y 轴线。各点坐标 X 值应以正线里程或基线里程标注,或以车站两端正线上最外道岔岔心为原点标注,或以某基线桩为原点的相对距离标注图。一张图上坐标值应选用一种标注方法(图 11-28)。

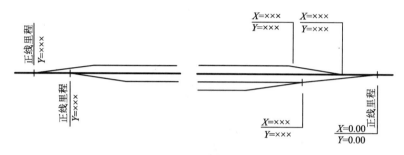

图 11-28 车站的标注方法

当坐标点相距较近时,可采用折线的方法标注(图 11-29)。当标注的坐标点较多时,可标注坐标点代号,坐标数值宜列表示出。站线上的曲线应绘出曲线起终点位置(图 11-30)。

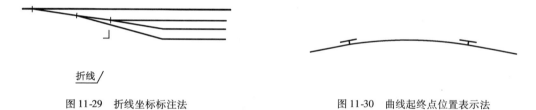

图 11-29 折线坐标标注法　　　　图 11-30 曲线起终点位置表示法

车站平面布置图的绘制应符合下列规定:

(1)线路应采用单线绘制,线路与线路的连接点应采用道岔岔心绘制。

(2)应标注车站站名、车站中心里程、车站中心路基面设计高程或轨面设计高程(改建时标注轨面设计高程)、两端相邻站站名及站间距离、车站所处该线(段)两端大站站名(标注在车站两端最外方正线上、下方)。

(3)铁路正线、站线应标注线路编号(段管线在编号前加规定符号)、列车运行方向、线路间距、线路有效长度(改建时未予改变的均在数值两侧加括号表示),并应匀称标注在线路中部适当位置。注写线路编号、线路有效长度时,图线应断开注写(图 11-31)。

(4)铁路正线、站线(或车场、线束)、站内道路、排水沟均应标注纵向坡度;车站(车场或线束)应标注横向排水坡度。

(5)道岔应标注编号及辙叉号数,曲线交点、车挡应标注编号。

(6)道岔岔心、曲线交点、车挡及道路、排水沟、用地界的转折点均应标注坐标。

(7)警冲标、信号机、水鹤、灰坑、检查坑、转盘、客货运设备等可标注坐标,或标注相对距离。

(8)中间站的坐标可直接标注在图样上;区段站及其他大型车站的坐标,除用地界桩直接标注在桩点上外,其余均应列表示出。

(9)曲线应绘制曲线起终点位置,曲线要素应列表示出。

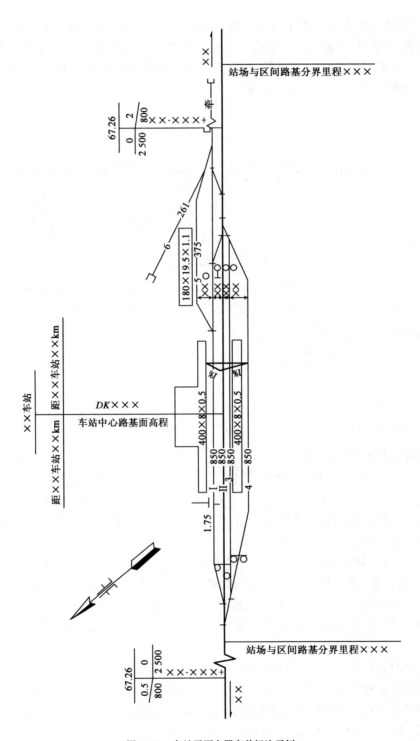

图11-31 车站平面布置有关标注示例

第六节 图形符号及图例

一、车站图形符号

车站图形符号如表 11-21 所示。

车站图形符号　　　　　　　　　　　　　　表 11-21

序号	图形符号	名　称	说　明
1	① ②	编组站 区段站 （有机务设备）： ①既有或新建铁路近期开放站； ②改建铁路近期开放站	
2	① ②	中间站 （有给水设备）： ①在既有或新建铁路近期开放站； ②改建铁路近期开放站	（1）本图形符号适用于线路平纵断面图和车站分布及区间通过能力图； （2）图形涂黑或阴影部分表示站房所在线路的一侧； （3）线路平面图上不绘制机务、给水设备图形符号
3	① ② ③ ④ ⑤	有商务作业的中间站： ①既有或新建铁路近期开放站； ②改建铁路近期开放站； ③改建铁路关闭站； ④改建铁路近期开放远期关闭站； ⑤新建或改建铁路预留站	

续上表

序号	图形符号	名称	说明
4	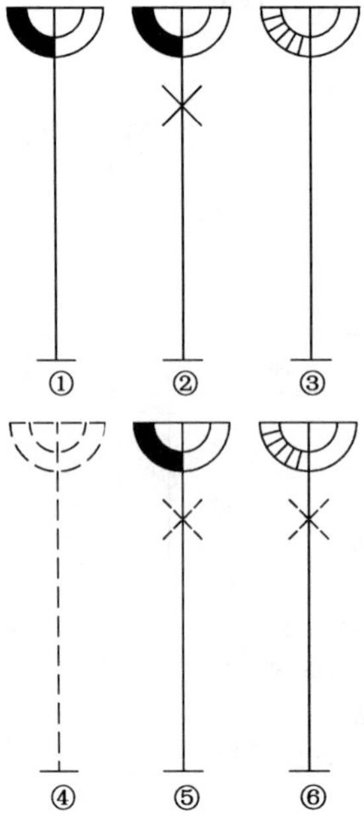 ① ② ③ ④ ⑤ ⑥	无商务作业中间站： ①既有或新建铁路近期开放站； ②既有铁路关闭站； ③改建铁路近期开放站； ④新建或改建铁路预留站； ⑤既有或新建铁路近期开放远期关闭站； ⑥改建铁路近期开放远期关闭站	（4）线路纵断面图、车站分布及区间通过能力图上按实际绘制机务、给水设备图形符号； （5）机务设备图形符号（机务段、机务折返段、机务整备所）不分牵引种类。给水设备符号（双向给水、单向给水）中单向给水符号绘在需要给水方向一侧，区段站不绘给水图形符号； 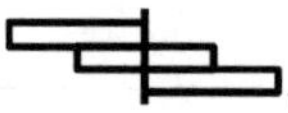  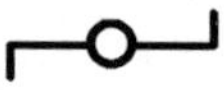  （6）线路所符号倾斜在站房同侧； （7）站中心里程标注在站（所）竖臂左侧； （8）站（所）名称标注在站（所）符号上方居中位置； （9）车站符号中圆直径分别为12mm、10mm、6mm，乘降所矩形长、宽分别为10mm、2mm，线路所矩形长、宽分别为10mm、2mm，辅助所三角形底、高分别为10mm、5mm
5	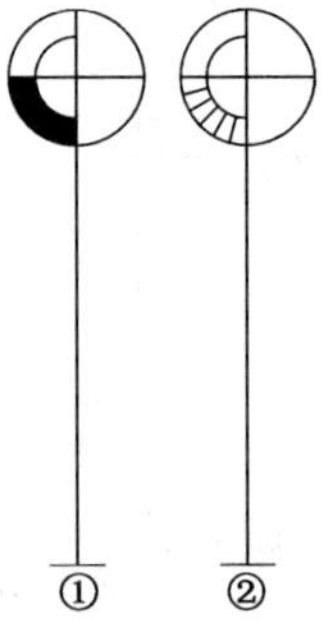 ① ②	无商务作业预留有商务作业的中间站： ①新建铁路； ②改建铁路	

二、线路图形符号

（一）线路平面图形符号

线路平面图形符号如表 11-22 ~ 表 11-24 所示。

测量控制点图形符号　　　　　　表 11-22

序号	图形符号	名称	说明
1	 ⊙	平面高程；控制点	航测控制点和加密点应标注点号和高程；交点应注编号
2	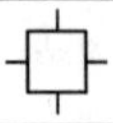 ⌷	线路点	
3	○	高程控制点；水文点；地质点；交点	

续上表

序号	图形符号	名　称	说　明
4	 ⊛	铁路水准点	标注点号和高程,如利用国家水准点,应在括号内标注国家水准点的点名和高程,如 ⊛ $\dfrac{BM35}{623.336}$ $\left[\dfrac{I21}{623.336}\right]$
5	○	导线点	标注点号、里程和高程,如 　　06 CK12+542.72 　　132.11 　　○

平面铁路线和交叉图形符号　　　　　　　　　表 11-23

序号	图形符号	名　称	说　明
1	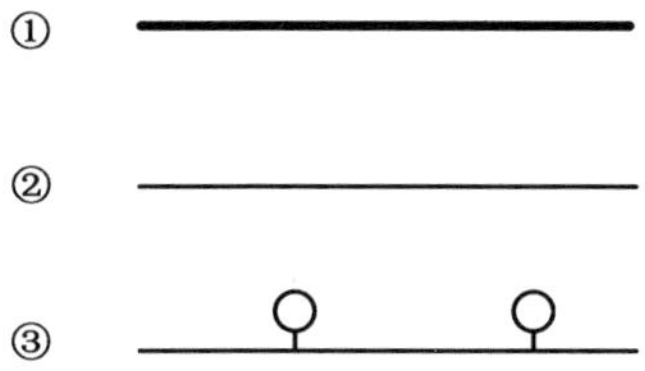 ①——— ②——— ③——○——○——	标注轨距铁路: ①设计线; ②既有线; ③既有电气化线	(1)图形③中的小圆表示混凝土柱或钢柱,按实测绘制; (2)①线宽 0.7mm,②及③线宽 0.35mm
2	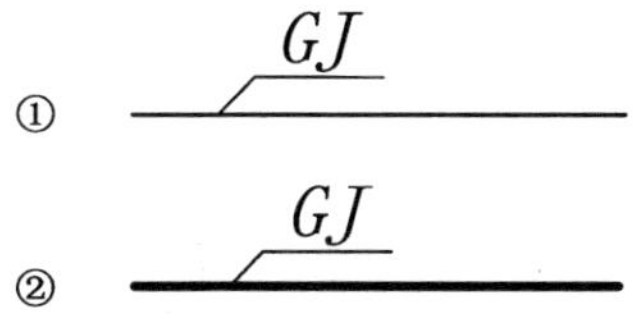 ① —/GJ/— ② —/GJ/—	窄轨距铁路: ①既有; ②设计	(1)轨距窄于标准轨距的铁路加注轨距值,如 GJ762; (2)①线宽 0.35mm,②线宽 0.7mm
3	— — — —	预留线	线宽 0.35mm
4	 —— — —— — ——	比较线	(1)多方案比较时,还可采用点划线、双点划线等; (2)线宽 0.7mm
5	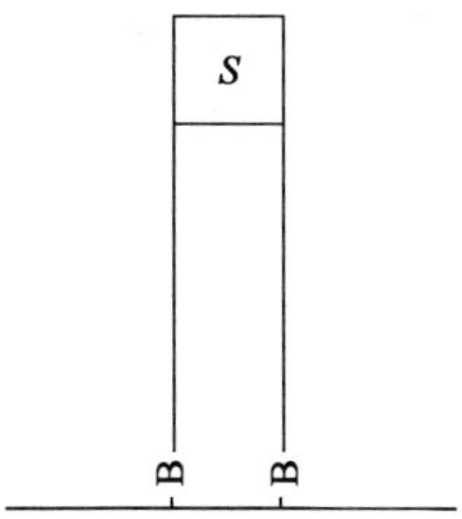 （断链标图示）	断链标	B——百尺标;S——两百尺标间的长度。 以短链为例:  （图示：=DK5+500短链32.7m　67.3／DIK5467.3　5　4）

续上表

序号	图形符号	名称	说明
6	D	内业断链标	(1)适用于新建铁路预留第二线、改建铁路、增建第二线； (2)矩形长、宽分别为15mm、7mm
7	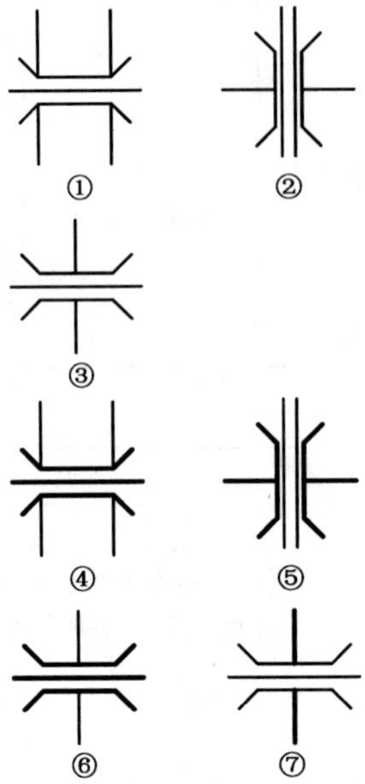 ①②③④⑤⑥⑦	立体交叉： ①既有铁路在道路之上； ②既有铁路在道路之下； ③既有铁路与既有铁路； ④设计铁路在道路之上； ⑤设计铁路在道路之下； ⑥设计铁路在既有铁路之上； ⑦设计铁路在既有铁路之下	注明交叉中心里程

平面桥涵隧道图形符号　　　　表11-24

序号	图形符号	名称	说明
1	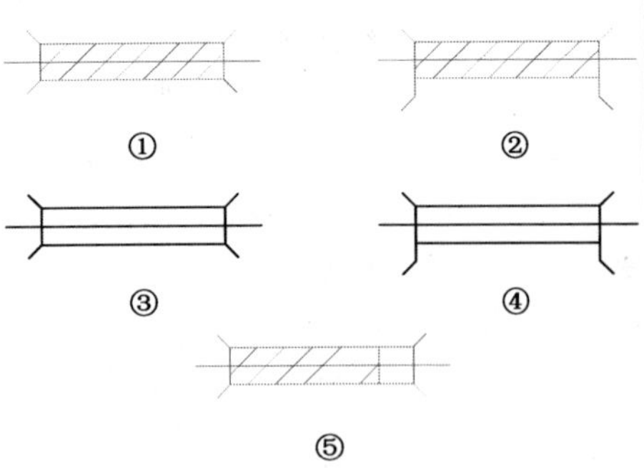 ①②③④⑤	特大桥、大桥、中桥： ①既有； ②既有并建成第二线桥墩台； ③设计； ④设计并预建第二线桥墩台； ⑤改建	(1)注桥名、类型(特大桥、大桥、中桥)、孔跨、式样及中心里程。混凝土梁仅注"梁"、"低高度梁"或"超低高度梁"；钢梁注全称。双线桥或三线桥注2(1~24m)或3(4~32m)；既有桥标注于中线的下侧，设计桥标注于中线的上侧；里程向右或向左增加，标注方法相同，以(3)为例： 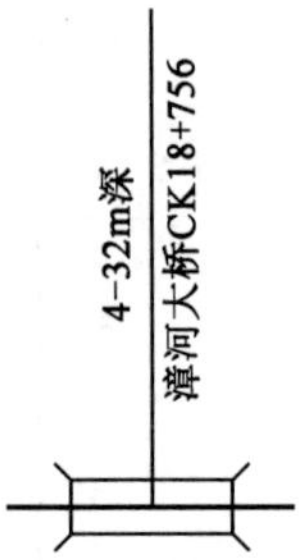 4-32m梁 滇河大桥CK18+756 (2)既有桥改建时，其改建部分用设计的图形； (3)封闭、拆除或改建既有桥时须注明； (4)公铁两用桥亦用此图形

续上表

序号	图形符号	名称	说明
2	① ②	小桥： ①既有； ②改建	（1）线路平面图上绘既有小桥（涵洞），不绘设计小桥（涵洞）； （2）封闭、拆除或改建既有小桥（涵洞）时须注明； （3）既有小桥（涵洞）标注于中线的下侧，改建小桥（涵洞）标注于中线的上侧，里程向右或向左增加，标注方法相同
3	① ②	涵洞： ①既有； ②改建	
4	① ②	隧道： ①既有； ②设计	（1）标注隧道（明洞、棚洞）名称、长度及进出口里程。 不论里程从左向右或从右向左增加，均注在引出线的左侧。 （2）双线或三级隧道（明洞、棚洞）长度注2（洞身长度）或3（洞身长度），如2(370m)或3(370m)。 （3）既有隧道（明洞、棚洞）标注在中线下侧，设计隧道（明洞、棚洞）标注在中线上侧。 以序号4隧道（2）为例：
5	① ②	明洞： ①既有； ②设计	
6	① ②	棚洞： ①既有； ②设计	

(二)线路纵断面图形符号

线路纵断面图形符号如表 11-25、表 11-26 所示。

纵断面铁路线及交叉图形符号　　　　　表 11-25

序号	图形符号	名称	说明
1	S	断链标	S——两百尺标间的长度
2	D ①　　D ②	内业断链标	D——内业断链。里程由左向右增加时,左线按①、右线按②标记;里程由右向左增加时,左线按②、右线按①标记;左、右线均有断链时,按上述方法分别注于同一断链标内;改建既有单线时,取消图形中的横线,将数字写在中部
3	① α- R- l- T- L- ② α- R- T- L- ③ α- R- l- T- L- ④ L_n- α_1- α_2- R_1- R_2- L_1- L_2- l_1- l_2- T_1- T_2-	平面曲线 ①有缓和曲线; ②无缓和曲线; ③预留第二线; ④既有复曲线	(1)曲线起、终点里程标注在小里程侧; (2)可行性研究报告采用图形②但只注 α 及 R,不注曲线起、终点里程,线路平面图比例尺小于 1∶25 000 时只注 R; (3)曲线凸凹方向按实际情况绘制

纵断面桥涵和隧道图形符号　　　　　表 11-26

序号	图形符号	名称	说明
1	① ②	特大桥、大桥、中桥: (1)上承式; (2)下承式	(1)桥下注设计水位,位于水库地段受水库或水位影响的桥,应注明水库的设计水位及正常水位; (2)注桥名、类型(特大桥、大桥、中桥)、孔跨、式样及中心里程。 双线桥或三线桥注 2(1-24m) 或 3(2-64m);既有桥标注在坡度线的下方,设计桥标注在坡度线的上方。但既有线的放大纵断面图的既有桥标注在坡度线的上方

续上表

序号	图形符号	名　称	说　明
1			里程向右或向左增加,标注的方法相同。以①为例: 5-32m梁　沙河大桥CK32+190 H1/100 245.45 (3)封闭、拆除或改建既有桥时须注明; (4)公铁两用桥亦用此图形
2		隧道	(1)注隧道名称、长度和进出口里程。不论里程从左往右或从右往左增加,均注在引出线的左侧; (2)双线或三线隧道(明洞、棚洞)长度注2(332m)或3(332m); (3)既有隧道(明洞、棚洞)标注在坡度线下侧,设计隧道(明洞、棚洞)标注在坡度线上侧。 以隧道为例: 南山隧道332m +84　+51
3		明洞	
4		棚洞	
5		泄水隧洞	既有泄水隧洞标注在坡度线下方,设计泄水隧洞标注在坡度线上方。但既有线的放大纵断面图的泄水隧洞标注在坡度线的上方;里程向右或向左增加,标注方法相同

261

三、路基、桥涵和隧道图形符号

(一)路基及附属建筑图形符号

路基及附属建筑图形符号如表 11-27 所示。

路基及附属建筑图形符号　　　　　表 11-27

序号	图形符号	名　称	说　明
1	① 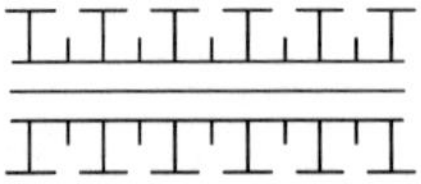 ② 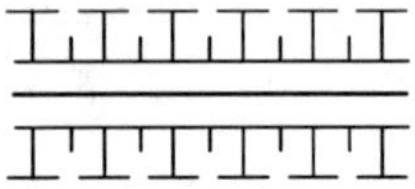	路堤： ①既有； ②设计	1:5 000 的图上可不绘路肩线，如： 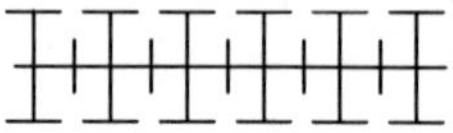
2	① 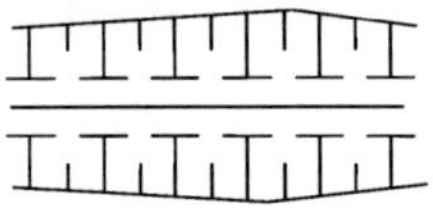 ② 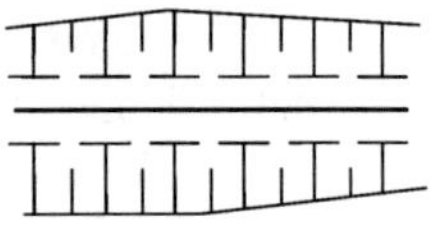	路堑： ①既有； ②设计	1:5 000 的图上可不绘路肩线，如： 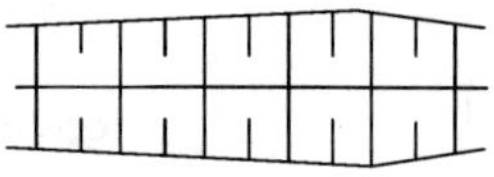
3	① 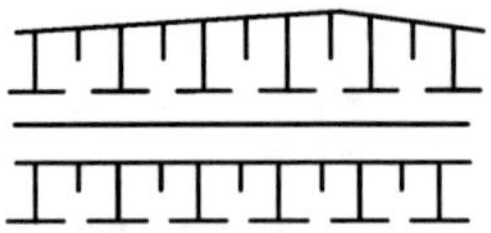 ② 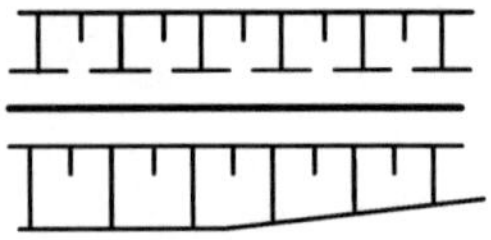	半堤半堑： ①既有 ②设计	1:5 000 的图上可不绘路肩线，如： 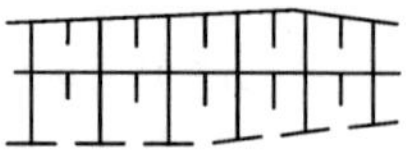
4	① 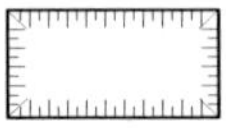 ②  取	取土坑： ①既有； ②设计	既有取土坑隔适当距离注坑底高程及地面高程
5	① 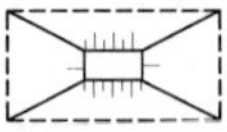 ②  弃	弃土堆： ①既有； ②设计	既有弃土堆应注意顶部高程及地面高程
6	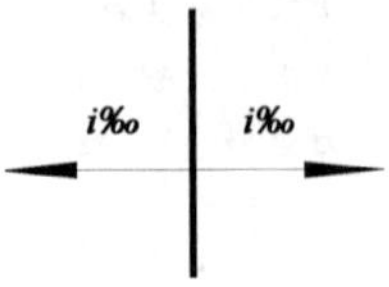 i‰　i‰	侧沟 分水点	用于横断面图中，分水点位置正好在横断面图上时标注高程；分水点位置不在横断面图上时标注高程及里程，i——水沟纵坡

续上表

序号	图形符号	名称	说明
7	→	排水方向	箭头指向低处,箭头长度10mm
8	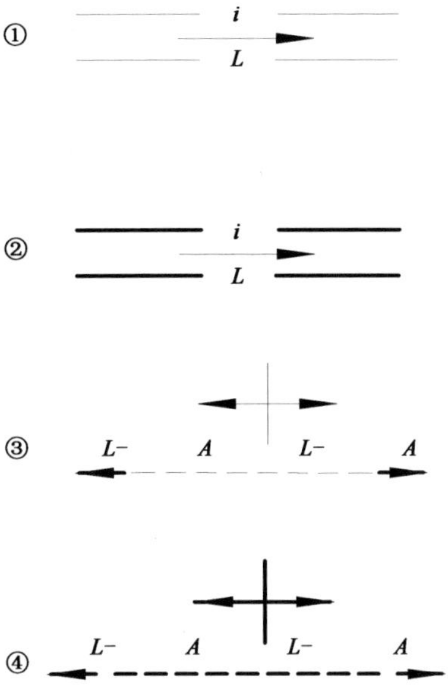 ① $\xrightarrow{i}{L}$ ② $\xrightarrow{i}{L}$ ③ ←L-A—L-A→ ④ ←L-A-·-L-A→	天沟、侧沟、排水沟、截水沟: ①既有; ②设计; ③既有; ④设计	①和②用于大比例的平面图中, ③及④用于小比例的平面图中, 其中: i——水沟纵坡(‰); L——水沟长度(m); A——断面形式编号
9	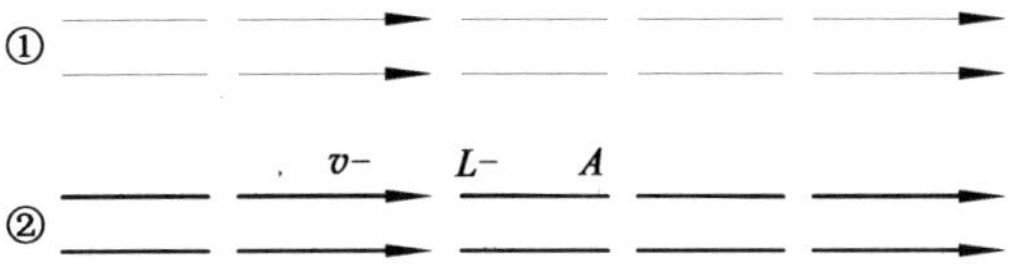 ① →→→→ ② v-L-A →→→→	扩大的天沟、侧沟、排水沟、截水沟: ①既有; ②设计	v——流速(m/s); L——水沟长度(m); A——断面形式编号
10	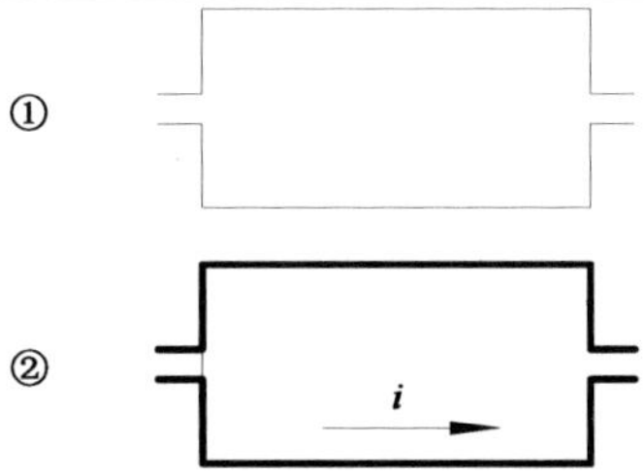 ① (图形) ② (图形 i→)	利用排水的取土坑: ①既有; ②设计	i——排水纵坡(‰)
11	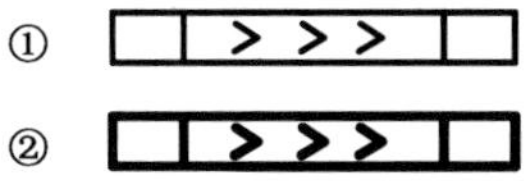 ① [>>>] ② [▶▶▶]	急流槽、吊沟: ①既有; ②设计	">"指朝向低处
12	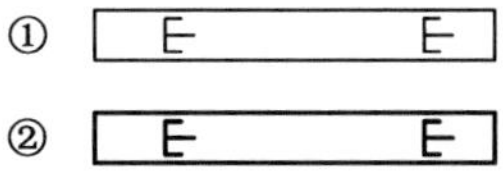 ① [E E] ② [E E]	跌水: ①既有; ②设计	"E"指朝向低处
13	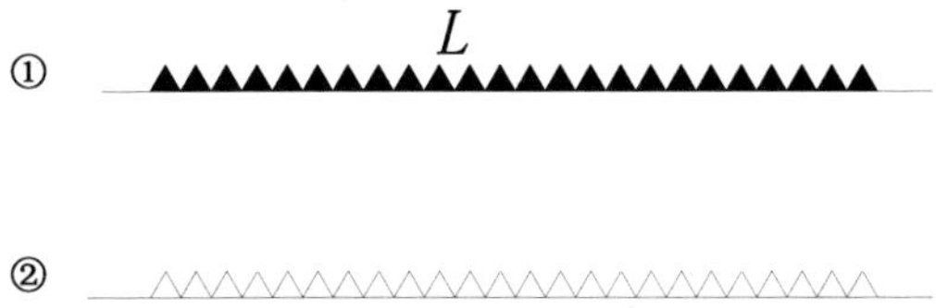 ① ▲▲▲▲▲▲▲▲▲ L ② ▵▵▵▵▵▵▵▵▵	挡水埝: ①既有; ②设计	L为挡水埝长度(m);三角形尖端朝来水方向

续上表

序号	图形符号	名称	说明
14	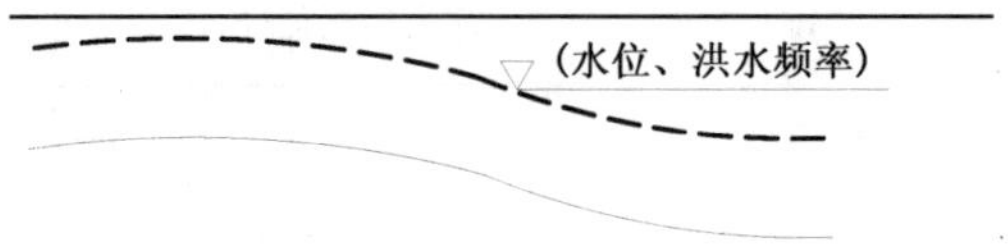 (水位、洪水频率)	泛滥线	设计水位淹没边线仅用于平面图；括号中按实际内容标注，不注括号
15	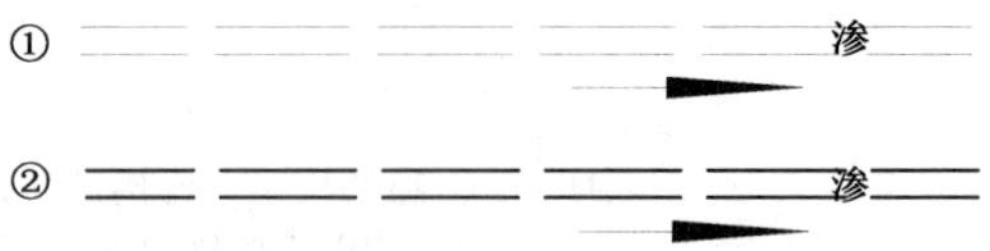 ①渗 ②渗	渗沟：①既有；②设计	小比例平面图中,支撑渗沟图例只写编号(用阿拉伯数字),不必写出"渗"字,在地面上出露的渗沟地段可画成实线,两线间距1mm,箭头长度5mm
16	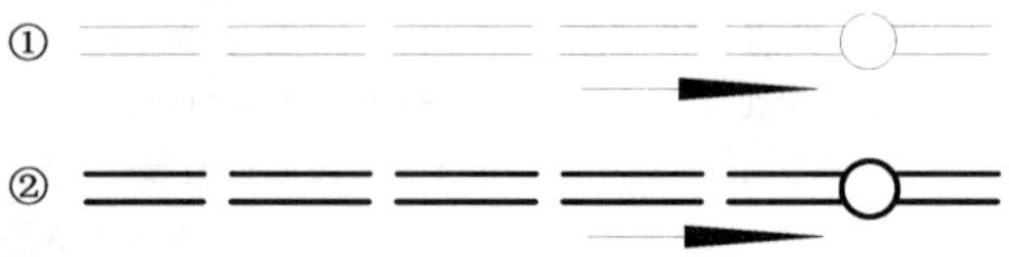 ① ②	带检查井的渗沟：①既有；②设计	圆圈直径2mm；箭头长度5mm
17	 ① ②	渗水隧洞及泄水洞：①既有；②设计	两线间距3mm
18	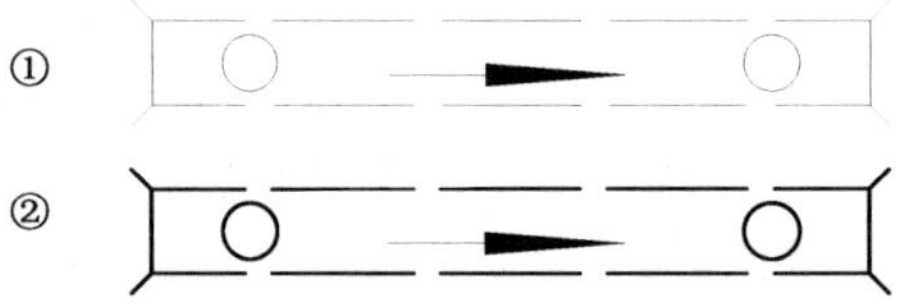 ① ②	带有竖井、渗井的渗水隧洞：①既有；②设计	两线间距3mm；圆圈直径2mm
19	 ① ②	挡土墙：①既有；②设计	适用于小比例平面图,标注长度按实测,被挡土在"凸出"的一侧。大比例平面图按实测并绘圬工图例
20	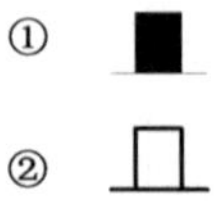 ① ②	抗滑桩：①既有；②设计	大比例平面图按实际外轮廓尺寸绘制,被挡土在"凸出"的一侧；标注桩的编号
21	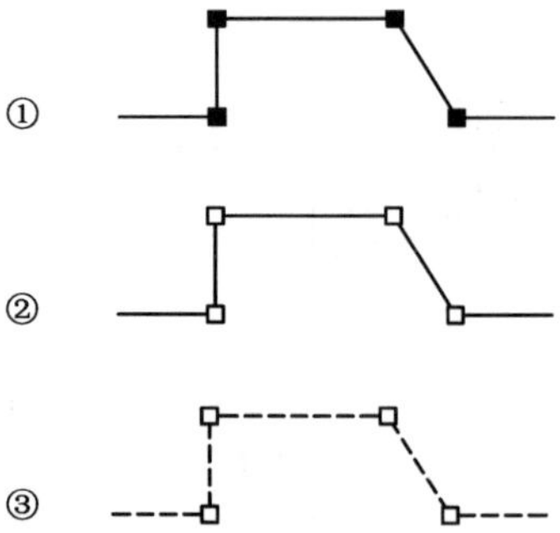 ① ② ③	用地界：①既有；②设计(永久用地)；③设计(临时用地)	标注距线路中心线的距离,字头朝左；也适用于站场

264

(二)隧道辅助坑道和附属建筑图形符号

隧道辅助坑道和附属建筑图形符号如表 11-28 所示。

隧道辅助坑道和附属建筑图形符号　　　　表 11-28

序号	图形符号	名　称	说　明
1	平行导坑	平行导坑	(1)注明平行导坑的起、终点里程； (2)注明平行导坑中心线与线路中心线间距
2	横洞	横洞 (斜井)	(1)注明横洞(斜井)与线路的里程和平面关系及洞口里程； (2)横洞编号用汉字小写数字； (3)名称后(下)注明横洞(斜井)的实长
3	竖井　D—　H—	竖井	注明竖井与线路的平面关系和竖井内净孔的尺寸及深度，其中： D——竖井内径； H——竖井深度
4		小避车洞	
5		大避车洞	
6		大避车洞及余长电缆腔	隧道纵断面横向比例小于1:5 000时，可不绘大、小避车洞位置，应用说明或其他形式设计
7		绝缘梯洞： ①与大避车洞合设； ②单设	
8		无线列调中继器室： ①单设； ②与小避车洞合设	

续上表

序号	图形符号	名　称	说　明
9		轴流风机	注明风机型号和台数
10		射流风机（横向）	（1）风机比例应与所在横截面图相同； （2）悬吊高度按设计需要确定
11		射流风机（纵向）	（1）风机比例应与所在横纵断面图相同； （2）悬吊高度按设计需要确定
12		洞顶仰坡	洞口边坡与本图相同；边坡线上注明坡度
13		洞顶截水沟	箭头指向水流方向
14		弃砟堆	弃砟堆顶部应注高程；边坡线上注明坡度

四、施工组织图形符号

(一)施工总布置图的图形符号

施工总布置图图形符号如表11-29所示。

施工总布置图图形符号　　　　　表11-29

序号	图形符号	名　　称	说　　明
1		拟修汽车运输便道	宽度按1mm绘制
2		材料厂	
3		混凝土成品厂	
4		工程处驻地	
5		轨节拼装场	
6		存梁厂	直径8mm
7		取弃土场	直径8mm
8		矿井	直径8mm,交叉点在圆心,角度为60°,边上注明矿井名称
9		水源	直径8mm,水面线通过圆心,上注编号
10		水井	直径8mm,中注编号
11		电站	圆直径8mm,注电站名称
12		临时给水干管	箭头表示水流方向

续上表

序号	图形符号	名称	说明
13		既有电力干线	小圆直径2mm,箭头长5mm
14		临时电力干线	
15		重大桥梁工点	桥长符号与桥长成比例,但不得短于5mm,圆直径20mm
16		重大隧道工点	隧道符号与隧长成比例,但不得短于5mm
17		黏土产地	直径8mm,斜线角度45°,符号中注明产地编号
18		砖瓦产地	符号中注产地编号
19		石灰产地	
20		料石产地	
21		碎石产地	直径8mm,符号中注产地编号
22		碎卵石产地	

续上表

序号	图形符号	名 称	说 明
23	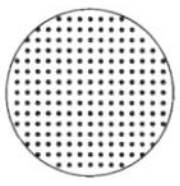 (圆形,点状填充)	砂子产地	直径 8mm,符号中注产地编号
24	 (圆形,内有曲线)	卵石产地	
25	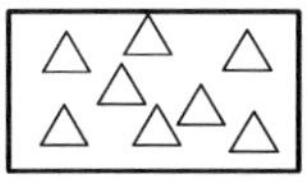 (矩形,内有三角形)	碎石道砟产地	矩形长、宽分别为 12mm、7mm
26	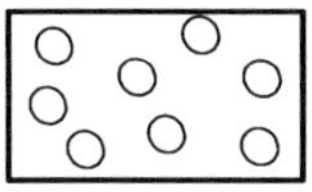 (矩形,内有圆圈)	底砟产地	

(二)施工组织设计进度图的图形符号

施工组织设计进度图的图形符号如表 11-30 所示。

施工组织设计进度图的图形符号　　　　　　　　表 11-30

序号	图形符号	名 称	说 明
1	 ——×——×——×——	施工准备	
2	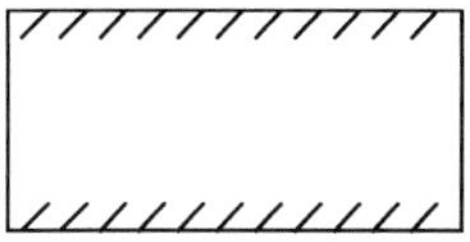 (矩形,上下斜线)	人力施工土石方	开竣工期为粗黑线,施工区段分界线为竖细实线,如与小桥涵合并时,则名称改为"人力施工土石方及小桥涵",斜线角度为 45°
3	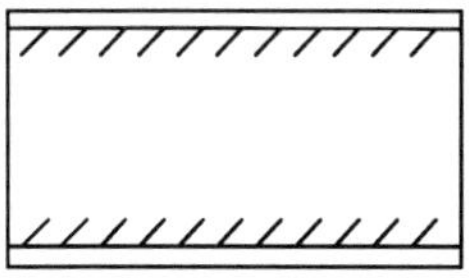 (矩形,上下斜线)	机械施工土石方	开竣工期为粗黑线,施工区段分界线为竖细实线,如与小桥涵合并时,则名称改为"机械施工土石方及小桥涵",斜线角度为 45°
4	 ——○——○——	临时通信	小圆直径 2mm,两圆心距 15mm
5	——●——●——	永久通信	
6	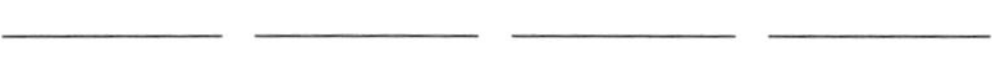 — — — — —	小桥涵	用粗虚线绘制,也可不单独显示施工进度,与土石方合并显示其开竣工期限
7	 (粗竖条)	大中桥	线条宽度按 2mm 绘制

269

续上表

序号	图形符号	名 称	说 明
8		特大桥	为求图形美观,符号的宽度可小于桥梁长度,但不得小于3mm
9		隧道	符号宽度按隧道长度绘制,长隧道可小于隧道长,但符号宽度不得小于5mm
10		电力工程	贯通线及地区电力工程采用同一图形符号,地区符号为竖立型
11		给排水工程	长管路及地区给排水工程采用同一图形符号,地区符号为竖立型
12		铺轨	宽2mm
13		铺底砟	等边三角形边长3mm
14		铺面砟	等边三角形边长3mm
15		站后综合配套	客货运和工务其他建筑设备
16		电气化工程	铁路电气化工程的内容很多,设计仅绘出工程开竣工期限,做宏观上的安排
17		房屋	宽2mm,横线间距1mm
18		信号	小圆直径2mm,圆中心距10mm
19		工程验收交接	

所要参考的制图规范文件如下：
(1)《铁路工程制图标准》(TB/T 10058—1998)。
(2)《铁路工程制图图形符号标准》(TB/T 10059—1998)。
(3)《技术制图　字体》(GB/T 14691—1993)。
(4)《技术制图　图线》(GB/T 17450—1998)。
(5)《技术制图　明细栏》(GB/T 10609.2—2009)。
(7)《技术制图　复制图的折叠方法》(GB/T 10609.3—2009)。
(8)《国家基本比例尺地形图分幅和编号》(GB/T 13989—2012)。
(9)《国家基本比例尺地形图更新规范》(GB/T 14268—2008)。
(10)《铁路路基设计图式》[壹线(85)1018]。

参 考 文 献

[1] 张凤祥,朱合华.盾构隧道[M].北京:人民交通出版社,2004.

[2] 刘建航,侯学渊.盾构法隧道[M].北京:中国铁道出版社,1991.

[3] 程骁,潘国庆.盾构施工技术[M].上海:上海科学技术文献出版社,1990.

[4] 刘铁雄.日本隧道标准规范(盾构篇)及解释[M].四川:西南交通大学出版社,1988.

[5] (日)地盘工学会,译者:牛清山.盾构法的调查设计施工[M].北京:中国建筑工业出版社,2008.

[6] (日)小泉淳,译者:官林星.盾构隧道管片设计:从容许应力设计法到极限状态设计法[M].北京:中国建筑工业出版社,2012.

[7] 中华人民共和国国家标准.GB 50090—2006 铁路线路设计规范[S].北京:中国标准出版社,2006.

[8] 铁道部第一勘测设计院.铁路工程设计技术手册(线路)[M].北京:中国铁道出版社,1989.

[9] 叶霞飞,等.轨道交通线路设计[M].上海:同济大学出版社,2010.

[10] 易思蓉.铁路选线课程设计指导书[M].成都:西南交通大学出版社,2006.

[11] 张中央.列车牵引计算[M].北京:中国铁道出版社,2013.

[12] 铁路工程建设标准汇编综合(上、下)[S].北京:中国铁道出版社,2010.

[13] 中华人民共和国行业标准.TB 10001—2005 铁路路基设计规范[S].北京:中国铁道出版社,2005.

[14] 中华人民共和国行业标准.新建时速200公里客货共线铁路设计暂行规定(铁建设函[2005]285号)[S].北京:中国铁道出版社,2005.

[15] 中华人民共和国行业标准.TB 10621—2009 高速铁路设计规范(试行)[S].中国铁道出版社,2010.

[16] 练松良.轨道工程[M].北京:人民交通出版社,2009.

[17] 谷爱军.铁路轨道[M].北京:中国铁道出版社,2005.

[18] 卢耀荣.无缝线路研究与应用[M].北京:中国铁道出版社,2004.

[19] 广钟岩,高慧安.铁路无缝线路[M].北京:中国铁道出版社,2001.

[20] 赵国堂.高速铁路无砟轨道结构[M].北京:中国铁道出版社,2006.

[21] 高亮.轨道工程[M].北京:中国铁道出版社,2010.

[22] 中华人民共和国铁道部.铁路线路设备大修规则[M].北京:中国铁道出版社,1997.

[23] 铁路线路修理规则(铁运〔2006〕146号)[M].北京:中国铁道出版社,2006.

[24] 铁路工务技术手册(轨道)[M].北京:中国铁道出版社,1994.

[25] 铁路工务技术手册(线路)[M].北京:中国铁道出版社,1994.

[26] 王其昌.铁路线路大修工程[M].北京:中国铁道出版社,1994.